わたしはこうして執事になった

ロジーナ・ハリソン　新井潤美 監修　新井雅代 訳

Gentlemen's Gentlemen
From Boot Boys to Butlers
by Rosina Harrison

白水社

わたしはこうして執事になった

First published in Great Britain by Arlington Books（Publishers）Ltd 1976.
First Sphere Books edition 1978.
Reissued by Sphere, an imprint of the Little, Brown Book Group, in Great Britain in 2015.

装丁　柳川貴代

お屋敷奉公の世界のわが友人たち

ゴードン・グリメット
エドウィン・リー
チャールズ・ディーン
ジョージ・ワシントン
ピーター・ホワイトリーに

わたしはこうして執事になった　目次

まえがき

この本の副題はちょっぴり間違った印象を与えてしまうかもしれません。正確には〝お屋敷奉公の世界の友人の何人か〟とでもすべきなのでしょう〔一九七六年刊の原書ハードカバー版の副題は〝お屋敷奉公の世界の友人たち〟。ペーパーバック版で変更された〕。

よく、本当の友人を数えるには片手の指だけで足りると言われますが、わたしの場合は両足の指まで入れてもまだ足りません。それはたぶん、わたしがずっとお屋敷奉公の世界で生きてきて、自分の仕事をこなす都合上、職場の同僚たちを信頼し、彼らが自分の役目をきちんと果たしてくれることを当てにしなくてはならなかったからでしょう。だれが信頼できる相手かはすぐにわかりましたし、わたしが思うに、信頼こそは長続きする本物の友情の土台です。それはこの本を読めばわかっていただけると思います。というわけで、この本のなかで人生を紹介し、献辞に名前をあげた五人の男性は別格としても、四十五年にわたる使用人人生のなかで苦楽をともにした、すでにこの世にいない人々も含めたそれ以外の数多くの友人たちにも、わたしは感謝しています。

まだほかにも感謝すべき相手が残っています。この本の執筆に当たっては、以下の人々にもお世話になりました。つねにわたしの力を信じ、支えてくれた二人の妹オリーヴとアン、そして義弟のシリル・

プライス。わたしのエージェントであるとともにこの本の発行人でもあり、作業を楽しいものにする名人のデズモンド・エリオット。忠実なタイピスト兼秘書のジェニー・ボーラム。そして最後に、リー・〝レジー〟・クラッチリー。あなたがいなければこの本は出せませんでした。

1 プロローグ

『おだまり、ローズ──子爵夫人付きメイドの回想』を書きはじめたとき、わたしは自分自身を物語の中心に据え、お付きメイドとしての自分の生活ぶりを紹介するつもりでした。ところが気づいてみれば、できあがったのはレディ・アスターとわたしという、階級も育ちもまったく違う二人の女をめぐる物語でした。あの本のなかで、わたしは事実をありのままに伝えようとしました。奥様を心からお慕いしていたことだけでなく、そういう気持ちをつねに持ちつづけるのが、奥様のせいでどれほど難しかったかも。しじゅう喧嘩《けんか》しながら暮らし、歳月とともにお互いにとってなくてはならない存在になっていったことを。しがない庶民の出で教育もないわたしは、頭の切れではとうてい奥様に太刀打ちできません。けれどもヨークシャー生まれのわたしのずけずけした物言いには、奥様を面食らわせ、いらだちのあまりわめきださせる力がありました。もっとも奥様はどうやら、わたしのそんな態度を喜んでいらしたようですが。

あくまでも真実にこだわるわたしは、自分が書こうとしている内容に間違いがないことを確認するために、かつて奥様にお仕えしたことのある古い友人たちを次々に訪ねてまわりました。この本は主としてその旅の産物です。というのも『おだまり、ローズ』では、そのとき聞いた話の一部しか紹介できなかったからです。友人たちの話を聞くことで、わたしはお屋敷奉公の世界を二十世紀初頭までさかのぼり、なかでも今年九十歳になるリー氏は、それよりさらに古い過去にわたしを連れていってくれました。リー氏の話には、いかにもヴィクトリア朝中期風の主人と使用人の姿、両者の関係が封建時代からほとんど変わらない地域で暮らし、働いている人々が登場します。そんなわけで、この本はただ何人かの使用人の人生を紹介するだけではなく、社会の二つの階層が持ちつ持たれつの関係にあったことを示す、ちょっとした社会史にもなっているのではないかとうぬぼれています。

いまの世の中を見ていると怖くなります。まるでだれもがお互いとお互いの持ち物に嫉妬の目を向けているようで。それが自分には決して手の届かない地位やものだと知って、〝持てる者〟たちを破滅させようとする〝持たざる者〟たち。わたしたちは嫉妬の鬼と化しています。でも、いったい何を目当てに？　幸福でしょうか？　公爵夫人よりも幸せだった厨房メイドを、わたしは何人も知っています。わたしが現役だったころ、地位と財産には、わたしのような階級の人間には果たしようのない種類の責任がつきものでした。わたしがお仕えした方々は、社会に対して果たすべき義務があることを心得ていたのです。遊びだけでなく義務を果たすことにも熱心で、ときとしてその二つをはっきり区別しにくいほどでした。多くの晩餐会で、ひとりまたはそれ以上の出席者が高額の小切手を切り、それは世のため人のために使われたからです。

いまは世襲というと眉をひそめる風潮が強いようですが、わたしの経験では、いわゆる特権階級の子女は他者に対する奉仕の精神を持つように育てられ、教育されていました。それがいまでは事情が変わり、ジャックはご主人と対等になったため、ご主人はもうジャックに対してなんの責任も感じません。貧乏人だけでなく、お金持ちまでジャックに〝私はうまくいっている。おまえがどうなろうと知ったことか〟と言い放つ時代になったのです。ジャックがご主人をその座から引きずりおろしたがっていることを隠そうとしていない以上、だれがご主人を責められるでしょう？

同じようなことは、使用人と主人の関係だけでなく生活全般にも見受けられます。わたしが少女だったころは、政府による社会保障制度はなかったかわりに、隣近所とのいい関係から生まれた、より人間味のある助け合いがありました。村に困っている人がいれば、だれもが自分にできる範囲で手をさしのべ、急場を救うだけでなく、完全に自分の足で立てるようになるまできちんと面倒を見たのです。もちろん困っている人自身も、努力しなくてはなりません。たかり屋は冷たくあしらわれました。

父はリポン侯爵お抱えの石工でした。多いときでもせいぜい週一ポンドの稼ぎしかなく、それで四人の子を育てたのです。けれども父が死ぬと、他者のために尽くした者への敬意の印として、村じゅうの人が葬儀に出席しました。父の死後、母の手元にはほとんどお金がありませんでした。入ってくるのは洗濯物を引き受けて稼ぐお金だけ。わたしたち子供は当時の風習に従って仕送りをし、母がなるべくよく面倒を見てもらえるように気を配りました。その後、わたしは自分の稼ぎで母のために小さな平屋の家を買っていますが、それはわたしにとって自己犠牲ではなく、大いなる喜びでした。

今日ではだれかが生活苦に陥ると、それが不運のせいか本人のせいかにかかわらず、親戚や友人はどこで政府の援助を受けられるかを記したリストを渡し、あなたには援助を受ける権利があると告げ、あとは本人が自分で問題を解決するに任せます。わたしが思うに、権利は努力した者だけに与えられるべきもの。人間はあまりにたやすく手に入るものにはありがたみを感じないのです。

人々のそんな考え方の変化は、この本で紹介する物語からも読みとれるはずですし、わたしはそれがちょっとした問題提起になることを期待しています。科学の進歩がもたらした幾多の道具や娯楽を手に入れて、わたしたちは以前より幸せになったでしょうか？　昔と比べて、人間として進歩したでしょうか？　ふんだくるのは、努力して手に入れるのと同じくらい立派なことでしょうか？

ひとしきりお説教めいたことを言って頑固なヨークシャー女の胸がすっきりしたところで、そろそろ現実に戻ることにしましょう。お付きメイドとしての生活が性に合っていたため、わたしは結婚はしませんでした。結婚をまったく考えなかったわけではないものの、婚約したまま九年が過ぎた時点で、やめておいたほうがいいと判断したのです。とはいえ、いまは亡き母の言葉ではありませんが、わたしは昔から男の子が大好きでした。男の子といっしょに過ごすのを楽しみ、ダンスに目がなく、罪のない恋愛ごっこをしたこともあります。ただし、いかがわしいことは抜きという条件で。越えてはならない一線は心得ていましたし、相手にもその点はきっちり理解させました。若いころからキャリア志向が強く、仕事優先で生きていたため、会う機会のある男性はもっぱら職場の同僚や、ほかのお屋敷の使用人ばかり。勢い、いわば自分の同類のなかから男友達を見つけることになりました。女性の友人もたくさんできましたが、この本でとりあげるのは男性の友人だけ。ひとり以外は全員が執事になっていますが、そこまで登りつめる過程でランプボーイ、ページボーイ、ホールボーイ、雑用係、下男、従僕、副執事などの仕事も経験しています。

わたしは四十五年にわたってお屋敷奉公をしました。レディ・アイアーニ・タフトンのもとで五年、レディ・クランボーン（現在の先代ソールズベリー侯爵夫人）のもとで五年、そして最後にウォルドーフ・アスター卿ご夫妻のもとで三十五年。お屋敷勤めを始めて最初の十年間はまだ成長途上で、長続きする人間関係は築いていません。たとえ築いていても、当時の同僚をこの本に登場させることはできなかったでしょう。そのころ同じ職場にいた男性使用人はみな、すでにこの世の人ではなく、自分の人生をわたしに語ることは不可能だからです。そしてあくまでも真実を語り、それが真実だという証拠を示すことにこだわった結果、ここに登場してもらう友人は、わたしが書いた内容を裏書きできる人々のなかから選びました。そのため五人の語り手はみな、一度はアスター一族のために働いた経験のある人物ばかりになっています。

一九六四年にレディ・アスターが亡くなられたのを機に引退したものの、それでお屋敷奉公とすっぱり縁が切れたわけではありません。それからもかつての同僚たちに会いに行き、奥様のお供で滞在したことのあるお屋敷の使用人が病気になったり休暇をとったりすれば、助っ人として一時的に現役復帰したこともあります。そんな形でお屋敷奉公の現場とつながりを保つことで、わたしはかつての職場の変わりようを目の当たりにし、新しい秩序のもとで家事使用人になった若い世代の人々とも親しくなれたのです。

というわけで、わたしは五人の友人たちの目と口を通して、二十世紀はじめから現在までのすべての期間と、また聞きも含めればさらに長い期間について、男性使用人がどのような立場に置かれていたかを紹介するとともに、二度の世界大戦がもたらした変化や、イギリスの（そして、ときにはアメリカの）人々の社会に対する姿勢を描きだすことができるのです。文章を書いたのはわたしですが、少しでも語り手自身が語っている感じが出るように、できるかぎり五人の個性を捉え、それぞれに独特の言い回しや話し方の癖を再現するよう心がけました。

もっとも、この本に登場するのは使用人だけではありません。使用人の世界があるところには雇い主の世界もあるわけで、となれば、もうひとつの肖像、すなわち貴族や地主階級の人々の生活ぶりやふるまいも描かれることになります。これはいわば使用人の手になる肖像だけに、とりわけ主従が対立している場面では、片寄った描き方をされているように思えるかもしれません。けれども、たとえお屋敷の旦那様や奥様が批判されることがあっても、そこには悪意ではなく親しみが感じられるはずです。

わたしの友人たちはひとりの例外もなく、自分たちが働いてきたお屋敷奉公の世界のシステムを弁護し、自分たちが仕えた特権的な社会が過去のものになろうとしていることを嘆いています。だれもがかつての豪奢ときらめき、気品と格式を恋しがっているのです。彼らがなによりも恋しがっているのはおそらく〝身のほどをわきまえる〟こと、そして〝分を守る〟ことでしょう。わたしの友人たちはこの本のなかで、自分自身だけではなく自分たちが仕えた人々に対しても、これらの表現を使っています。

どちらの表現もわたしの現役時代にはごくありふれたものでしたが、いまでは説明が必要かもしれません。アスター家に勤めはじめたとき、執事のリー氏はレディ・アスターを評してこう言いました。

「奥様はきみが考えているような意味での淑女ではないよ、ミス・ハリソン」

これは実に雄弁なひとことでした。わたしはこれからお仕えするのがルールを守れないか守る気のない女性で、そのせいで毎日が危険に満ちた先の見通せないものになることを知ったのです。レディ・アスターがご自分の〝分〟を心得ていない以上、わたし自身が自分の分を守ることも難しくなるでしょう。それに対して、リー氏がアスター卿を〝どこまでも紳士〟と評したときは、それだけで旦那様にお仕えするのにはなんの苦労もなさそうだとわかりました。

いまでは多くの人が悪いものと決めつけているかつての主人と使用人の関係は、ルールにのっとったものであれば、心の平和だけでなく、しばしば社会的・経済的安定ももたらしました。〝ルールを守って行動する〟ことは、イギリスの学校で学んで実践するだけのものではなく、生きていくうえでの行動規範でもあったのです。そしてそれは、豪壮なお屋敷を運営するうえではとりわけよく当てはまったように思えます。

多くの人が、これは政治的な本で、わたしは極端な保守派だと言うでしょう。でも、これはそういう本ではありませんし、わたしも極端な保守派ではありません。もしかすると、どこがそうとはっきりは言えないものの、ちょっぴり宗教がかったところはあるかもしれません。どういう意味か説明してみたいと思います。

この本に登場する友人たちもわたしも、教会に通うことが生活の一部になっているような、地方の村で生まれ育ちました。意識するしないにかかわらず、それはわたしたちに影響を与え、ある種の価値観を植えつけました。そのため大人になってさまざまな決断を迫られたとき、わたしたちは正しい道を選び、学校では学ばなかった類いの責任を引き受けることができたのです。

もっとも、わたしはこの本の真面目な面を強調しすぎているかもしれません。これはなによりもまず愉快なお話です。お屋敷奉公には一定のルールがあったとはいえ、人が違えばルールの解釈も違い、それがいざこざにつながりました。さらに、ルールはもちろん破られるためにあるわけで、どちらの側もときとしてルールを破り、それがゲーム展開と、それについて書くことをいっそう面白くしてくれています。

ロンドンの大邸宅で暮らす一家とそこに住みこんでいる使用人たちの生活を描いた連続テレビドラマ『アップステアーズ・ダウンステアーズ（上の階、下の階）』は、かつてのお屋敷奉公がどんなものだったかを広く世間に紹介し、ドラマという制約のなかでとはいえ、その世界をほぼ正確に描きだしています。そして使用人の立場から言わせてもらえば、あのドラマの功績はそれだけではありません。あのドラマのおかげで、わたしが生涯を捧げた仕事は、いままでは見過ごされていた重みと意義を持つものとして見直され、わたし自身やわたしの友人・同僚たちも、血が通った社会の一員として描いてもらえたのです——先行きが明るいとは思えないことも手伝って、今日の人々が郷愁とともにふり返るひとつの社会の、誠実で有益な一員として。

2 ゴードン・グリメット

最初に登場してくれる友人はゴードン・グリメットです。彼に一番手を務めてもらうことにした理由は、再発見の旅で真っ先に訪問した相手だったこと、とても話し上手で自分だけでなく職場の同僚たちの仕事内容も正確に説明できることに加えて、最初の奉公先だったバース侯爵の居館ロングリートで、十九世紀のお屋敷奉公の歴史と実態について多くの知識を得ていたから。

やんちゃぶりが災いして、ただでさえお粗末な初等教育をいっそうお粗末なものにしてのけたとはいえ、ゴードンは頭が切れて好奇心旺盛、すぐれた記憶力と細部をしっかり見てとる眼力の持ち主です。フルタイムでお屋敷奉公をしていた期間は長くはなく、いくつかの半端仕事を経て農産物のセールスを生涯の仕事に選び、国内有数の農業地帯の地区責任者まで出世して引退しました。ろくすっぽ教育を受けていないという不利をはね返し、商業の世界でみごと成功を収めたゴードン。それでいてゴードンは、だれかと話をすると決まって使用人時代のことを話題にし、そのときの表情と口ぶりからは、それが彼にとっていちばん楽しい時代だったこと、当時の思い出を宝物のように大事にしていることが伝わってきます。

フルタイムでお屋敷奉公をしていたころのゴードンとは面識がありませんが、アスター家に勤めはじめると、しじゅうその名を耳にするようになりました。そしてほどなく、当の本人と顔を合わせる機会がめぐってきたのです。セントジェイムズ・スクエアでの晩餐会とレセプションに臨時雇いの下男《フットマン》としてやってきたゴードンは、背が高く男前で、目にはつねに楽しげなきらめきが宿っていました。その印象は七十四歳のいまもほとんど変わりません。真面目な態度が長続きしない人で、こんな人がなぜリー氏とこうもしっくり行っているのかとびっくりしたものです。その謎はじきに解けました。軽薄に見えても、ゴードンはとても優秀な下男だったのです。まるで役者のように、袖で出番を待つあいだはふざけていても、舞台に出た瞬間に完全に役になりきってしまう。ゴードンを魅了したのは、お屋敷奉公が持つお芝居の要素でした。華麗なお仕着せに身を包み、どこか時代劇めいた物腰で動きまわり、クリヴデンのロココ風の食堂にふさわしい大袈裟な身ぶりをすること。声高らかに告げられる客人たちの到着と、客人たちの美々しい衣装や宝石、そして気品と洗練。ゴードンはそんな豪奢な場面に出入りするのが大好きでした。舞台熱にとりつかれていて、だからこそ機会があるたびに古巣の劇場に戻ってきたのです。

ランプボーイの話

親父が郵便屋だという理由で、友人の多くがうちの一家を自分たちより格上だと思っていた。ひょっとすると、あの絵のせいかもしれない。大きく傾きながら暴風雨のなかを進む馬車と竿立ちになった馬が描かれ、〝それでも郵便馬車は進む〟という言葉が添えられた絵。当時は庶民のあいだでその手の絵が人気で、多くの田舎家《コテージ》の壁にランドシーアの『追いつめられた雄鹿』と並んで飾られていた。あるいは連中の頭のなかでは、制服を着ている郵便屋は警官の仲間で、権力はなくても権威の象徴だったのかもしれない。そんなふうに見られていることに気づいていたとしても、親父はそれらしくふるまおうとはしなかったし、その点はおれも同じだった。週一八シリングぽっちの稼ぎで八人の家族を養っていた親父が、そうそう大物ぶれるはずもない。学校でのおれもご同様で、少なくとも教師から見れば立派な落ちこぼれだった。だから劣等感にまみれていても不思議はないのに、そうならずにすんだのは、教室でも校庭でもとっくみ合いのけんかの指揮をとるのが得意だったからだ。褒められたことじゃないが、そんな子供時代のはちゃめちゃぶりを恥じてはいない。勉強のほうはさっぱりだったおれは、その埋め合わせを必要としていた。だから達成感を味わうために、ほかの悪がき連中とアスコットの街路やバークシャーの田園地帯をうろついていたのだ。悪さといっても、大したことはしちゃいない。商店主を相手にちょっとした悪ふざけをしたり、果樹園を荒らしたり。果樹園を荒らすのは、果物目当てというよりスリルを味わうためだった。当時は現行犯で捕まると、その場で思いきりぶん殴られ、それを親父に知られると、帰宅後にまた同じ目に遭わされる。だから、ばれないようにやるのが果樹園荒らしの目的であり醍醐味でもあったのだ。

　二十世紀初頭のアスコットは静かな市場町で、年に何度か、競馬場が上流階級の社交の場になるときだけ活気づいた。おれたちがきんちょにとっては、お偉いさんたちの馬車を引いている馬の口をとって小遣い稼ぎをするいい機会だ。昼間はシルクハットをかぶった男たちが町にあふれ、夜には町の周囲にあるいくつもの大きな屋敷でティアラをつけたご婦人たちが談笑する。遠くない将来、自分がそんな屋敷のひとつで暮らし、殿様方の着替えの手伝いや身のまわりの世話をすることになるとは、当時は思ってもみなかった。

　ときたま両親がおれのふるまいに眉をひそめ、おしおきをすることはあっても、家庭生活はいたって幸せだった。おふくろは家計のやりくりがうまかった。金がないので、やりくり上手にならざるを得なかったのだ。幸いにもおふくろは十分に間隔をあけて子供を産んでいたため、おれが八歳のときには兄貴と二人の姉貴はすでに家を出て働いていた。兄貴は庭師で、姉貴のひとりはノーサンバーランド公爵の居城アニック城の食料品貯蔵室づきメイド、もうひとりの姉貴はロンドンのなんとかいう屋敷のメイド。三人とも、当時は子供が当然するものとされていた実家への仕送りをしていて、その金はおれと弟と妹の食費の足しになっていた。服はもちろんお下がりばかり。継ぎが当たっていたって着られないわけじゃない。親父は地元の葬儀屋で棺運びをして余分に金を稼ぎ、やがてはおれもゴルフ場でキャディーをし、コースをまわっているときに見つけたゴルフボールを売って、少しは家計に貢献できるように

10歳のゴードン・グリメット。母親にとっては目のなかに入れても痛くない大事な息子も、先生たちにとっては頭痛の種。

なった。だから食うのに困ったことはないが、食事は質素で肉はめったに登場せず、現にお屋敷奉公を始めるまで、おれは一度も鶏肉を口にしたことがない。それでも親父が毎晩〝サリーんとこ〟に通っていなければ、もう少しましな暮らしができただろう。といっても外に女を囲っていたわけじゃない。サリーは地元のパブ〈ナーサリー・イン〉のおかみで、親父は毎晩その店でビールを飲み、ドミノをやっていた。昼飯どきに飲みに行くこともあって、とくにそれが多いのが午後に葬式がある日。なぜ知っているかというと、あれでは棺桶をおろしている最中に墓穴に転げ落ちるのも時間の問題だということで、いつそうなるか親父の友人たちが賭けをしていたからだ。だが家族はだれも親父の飲酒に目くじら立ててはいなかった。とくに、おふくろは。飲ませておけば親父は機嫌がよかったし、たいていの家では大黒柱が酒を飲んでも文句は言われない。苦々しげに舌打ちしながら町をうろついて、労働者階級の人間のあいだに面倒の種を蒔いてまわるのは、慈善家ぶったお節介焼きどもだけだった。

子供のころの自分をふり返ると、つくづくおれはおふくろにとって期待はずれだったに違いないと思う。おふくろの念願は、奨学金をもらって近所にあるウィンザー・グラマースクールに行ける息子を持つことだった。いい親はみな――そして、そういう親は大勢いた――息子が自分よりもうまくやり、労働者階級というわだちから抜けだすことを願っていたのだ。だが当時のおれには学習意欲などみじんもなかった。向学心が生まれるのはお屋敷奉公の世界に入ってからで、おれはよく観察し、しっかり聞き耳を立て、人のまねをすることでさまざまな知識と技能を身につけていくことになる。それにしても、おふくろも気の毒に。せめてスポーツでもできれば少しは慰めになっただろうに、学校の授業では団体競技はやらなかったのだ。

とはいえ、得意なことがまったくなかったわけじゃない。石投げは大の得意で、それこそ百発百中。ただ残念ながら、この特技は面倒の種になっただけだった。さっき話に出た、競馬観戦に来る紳士連中がかぶっているシルクハット。あれは的としてあまりに魅力的だった。それに見つかって捕まるかもしれないというスリルも味わえる。最初のうちは気をつけて安全な物陰に身を隠し、百発百中の名人芸で友人たちを喜ばせていたが、成功が続いて油断したのがまずかった。一週間に三回捕まって被害者たちに軽く痛めつけられ、校長に通報された。鞭でぶたれるのにはもう慣れっこだったとはいえ、体罰も一週間に三回となるとさすがにきつい。おまけに風呂に入った夜におふくろに尻の痣《あざ》を見られ、ことの次第を知られてしまった。てっきりおふくろか親父に新たにお仕置きを食らうだろうと思ったのに、きゅっと唇を結んだおふくろに晩飯抜きでベッドに追いやられただけで、その件についてはニ人ともそれきり何も言おうとしない。数日後、おれは校長室に呼びつけられた。「ああ、来たな」校長が満面に笑みを浮かべて口を開く。「お母さんとちょっと話しあって、きみには環境の変化が必要だということになった。来週からはクランボーン（ウィンザー近くの村）の学校に通うように。心を入れ替えて一から出直すいい機会だ。この機会をせいぜい生かせるように願おうじゃないか、え？」

どうせ無理に決まっていると言わんばかりの口調。退室しようとしたとき、後ろから声が飛んできた。「そうそう、クランボーンにはアスコットほどたくさん石が落ちていないらしいぞ」そして、がははという高笑い。

校長が笑うのを聞いたのは、それがはじめてだった。気持ちのいい笑い声ではなかった。おれは与えられたチャンスをしっかりつかみ、校長の予言は見事にはずれた——と言いたいところだが、残念ながらそうじゃない。学校が変わったというより、体罰用の鞭が変わっただけ。卒業を許されたのは十三歳のときで、転校先の校長はそのとき、教えられることはすべて教えたと言ったが、あれはどうも気に入らない言い方だった。

一年前に第一次世界大戦が始まっていたため、戦争に協力しようと軍需工場で働きはじめた。なにやらご大層に聞こえるが、そんなことはない。工場は車庫を改造しただけの代物で、入れられたのは夜勤組。同じことを繰り返すだけの退屈で味気ない仕事だった。

年の割に体の発育は早く、相変わらずほかの悪がき連中とつるんでうろつきながらも、異性の魅力にどんどん目覚めはじめていた。少しばかり余分に稼ごうと、地元の八百屋の小僧として野菜を配達していて、配達先のなかにアスコットのホワイト・コテージという小さな屋敷があった。この屋敷ではケント出身のウォーターハウスという名の若い姉妹が、料理人とハウスメイドをしていた。おれは姉妹の両方にひと目惚れし、たぶんあちらにも面白いやつと思われたのだろう。しょっちゅう招きいれられ、お茶やおしゃべりや煙草でもてなされた。二人が愛用している香料入り細巻き煙草——箱に〝薔薇のごときかぐわしさ〟と書いてあるやつ——をくゆらして、大いに悦に入ったものだ。ときどきキスを、といっても小鳥がついばむようなごく軽いのをしたことも覚えている。相手は姉妹のどちらだろうと構わなかった。

だが、おれの人生にとって重要なのは、どれほど他愛ないものであれ、異性とつきあう楽しさを知ったことじゃない。肝心なのは、この姉妹との友情が、お屋敷奉公の世界に入るきっかけになったことだ。大部分は人から聞いた話だろうが、二人はあちこちの豪勢な屋敷について語り、おれには自分が華やかな生活に近づく方法はそれくらいしかなさそうに思えた。そこである日、二人からアスコットを離れてバースのカントリー・ハウスで働くことにしたと聞かされると、おれはあとを追う気満々で帰宅した。芽生えたばかりの野心を真っ先に告げられたおふくろは、もろ手を挙げて大賛成。ただし、その理由はおれから見ると的はずれなものだった。「下の子たちも大きくなってきたし、おまえにも部屋を空けてもらわないとね」いの一番に頭に浮かんだのは、それだったらしい。「さっそく〈ミセス・ハンツ〉に手紙を書くとしよう」

〈ミセス・ハンツ〉はロンドンにある有名な使用人専門の職業紹介所で、当時はそういう店を口入れ屋と呼んでいた。「場所はバース方面がいいって伝えるのを忘れないでよ」おれは言った。

おふくろはそうすると約束したものの、なぜバースにこだわるのかわからなかったらしい。理由を訊かれたが、教えてやらなかった。話したら大笑いされて決まりの悪い思いをするのが落ちだっただろう。当時は思春期の少年の恋はひどく滑稽なものと見なされていて、とくに子供たちにその傾向が強かったから、おれは容赦なくからかわれたに違いない。

驚いたことに、おふくろの手紙にはほとんどすぐに返事が来た。本当のところ、こんな若くて経験のない子供を雇いたがる人間がいるとは思えなかったのだ。おれの頭からすっぽ抜けていたのは、当時は戦争中で、一九一五年にはすでに男の使用人が不足していたことだった。紹介された奉公先はウィルトシャーにあるバース侯爵の居館ロングリート・ハウスで、職種はランプボーイ。ランプボーイが何者でどんな仕事をするのかさっぱり見当がつかず、まわりの人間に質問してまわった。とっぴなことを言うやつが何人かいただけで、どうやらだれも知らないらしい。「行ってみればじきにわかるよ」というのがおふくろの役にも立たない発言だった。

おふくろは茶色いブリキのトランク、といってもただの大きなブリキの箱のようなやつを中古で買い、わずかばかりの荷物を入れてロープの切れっ端で縛った。そしてお屋敷奉公をするつもりだと最初に口にしてからわずか二週間後くらいには、おれはひとりで列車に乗り、ロングリート・ハウスの最寄り駅であるウォーミンスターに向かっていた。最初はみじめで心細い気分だった。おふくろは別れるときに何粒か涙をこぼし、まるで息子を戦場に送りだすかのようだったし、こちらはどうにか泣くのはこらえたものの、喉にクリケットの球くらい大きな塊がつかえているように感じていたからだ。だが、おれはじきに気を取り直した。なんと言ってもこれは冒険なのだし、帰りたければいつでも家に帰れるのだ。親父はわざわざそう言ってくれていた。気がかりなのはただひとつ、制服を買わなかったこと。おふくろは制服は向こうに行けばもらえると言ったが、はたして信用していいものかどうか。でもまあ、とおれは思った。アスコットにはランプボーイがどういうものか知ってる人間がだれもいないんだから、地元の仕立て屋にもどんな服を作ればいいかわかんなかっただろうし。

二時半にウォーミンスターでおれを迎えたのは、幌つきの荷馬車を毛むくじゃらの馬に引かせたロングリートの運送屋だった。いまにして思えば、あの男はバーキスに似ていた。ディケンズの『デイヴィッド・コパフィールド』に出てくる運送屋だ。男はサンドイッチの包みを渡してよこし、「おめさんの昼飯だ」と言う。「食っとかんと身が持たんぞ。あっちこっち届け物をするんで、お屋敷に着くのは五時くらいになっから」

荷馬車に揺られながらサンドイッチをむしゃむしゃ食っていると、しばらくして男がくすくす笑いはじめた。最初は小さかった笑い声がだんだんでかくなり、おれは相手の正気を疑いはじめた。やがて男はけたたましい声で笑いだし、次の瞬間、ぴたりと笑いやんだ。「なんで笑ってんのか不思議に思ってるだろ」と訊かれ、礼儀正しくそのとおりだと答える。「おめさんのブリキの箱だよ。そいつを見て、若いハウスメイドを駅まで迎えに行ったときのことを思いだしちまった。それがまたでかい娘でよ。バースまで迎えに行って、間違った側に出ちまわないようにホームに上がってってたんだ。こっちが『馬車はこの連絡橋の向こう側だよ、姉ちゃん』と言うと、娘っ子のやつ、『だけどあたし、ブリキのトランクを持ってるのよ』と言いやがる。だから間髪入れずに言ってやったよ。『ブリキのトランクがなんだってんだ。たとえブリキのケツを持ってようが〔オーストラリアの俗語で〝とてもついてる〟の意〕、馬車が待ってんのは連絡橋の向こう側だよ』ってね」男はそう言うと、とどろくような声で笑いだした。

何がおかしいのかわからないまま、適当に調子を合わせて笑ってみせる。だが相手は満足しなかった。「わっかんねえかな。ブリキのトランク、ブリキのケツだよ」

まだちんぷんかんぷんながら、今度は精いっぱいの大声で笑ってみせる。相手はどうやら満足したらしいが、その後もずっと「ブリキのトランク、ブリキのケツ」と唱えてはばか笑いしていた。

永遠に続くんじゃないかと思うほど長い旅の果てに、馬車はようやくロンググリートの敷地内の小道を進みはじめた。馬が一歩進むごとに、屋敷はのしかかるように大きくなってくる。それに比例して自分がちっぽけな取るに足りない人間になっていくようで、なんとも心細い。御者は馬車を屋敷の横手にまわし、「どうどう」と声をかけて馬を止め、おれが飛びおりると、最後の「ブリキのトランク、ブリキのケツ」とともにトランクを渡してよこした。「そんじゃ、坊主、またな」という言葉を残し、馬車はくすくす笑う男を乗せて去っていった。

戸口に歩み寄って呼び鈴を鳴らすと、おれよりちょっと年かさの少年が出てきた。「よお」少年が言う。「新しいランプボーイだろ? おいらはアズウェイト、ボブ・アズウェイトってんだ。頭にH《アイチ》がつくんだが、こちとらロンドンっ子でね〔ロンドンの下町訛りではhの音を落として発音する〕。家令のミスター・ブレイザーんとこに連れてくよう言われてっけど、その前にひとつ教えといてやらあ。あの人と話すときは忘れずに〝サー〟をつけな。そうすりゃ出だしは上々よ」

たとえボブ・ハズウェイトの忠告がなくても、ブレイザー氏を呼ぶときは〝サー〟をつけていただろう。とにかく見るからに堂々としていたのだ。背が高く厳格そうで、年齢は五十歳前後。とても血色がよく、頭には美しい銀髪をいただいている。口調は思いのほかやさしかったが、これがときとしてくせ者だということはあとでわかった。「グリメット、ゴードン・グリメットだね?」

「はい、サー」と答える。どうやら効果はあったらしい。

「大変よろしい、ゴードン。きみとはうまくやっていけそうだ。サンドイッチは食べたことだし、今度は少しお茶を飲むといい。ロバートが連れていってくれる。それがすんだら寝る場所に案内してもらい、仕事の内容を説明してもらうように。ひとまずいまはそれだけだ」

ボブに連れられていったサーヴァンツ・ホール〔使用人の居間兼食堂〕はでかい部屋で、真ん中に細長いテーブルがひとつ。テーブルの両側にはベンチが並び、両端には彫刻を施した大きな椅子がひとつずつ置かれている。もちろん緊張していたし、雰囲気にのまれてもいた。といっても、黒いドレス姿で音もなく動きまわっているハウスメイドたちが目に入らないほどじゃない。ふっとウォーターハウス姉妹を思いだした。バースに手紙を書き、近くの屋敷に奉公が決まったからもうすぐ会えるはずだと言ってやったのに、二人からはなんの音沙汰もない。でも周囲の女の子たちを見ていると、そんなことはどうでもいいような気がしてくる。ここでボブが、屋敷の三階は開戦後に軍に提供され、負傷兵の療養所になっていると教えてくれた。看護婦たちの魅力を語るのにたっぷり時間をかけたところを見ると、どうやらボブもおれと同じく色気づいていたらしい。

お茶がすむと、ボブが上階にある寝場所に案内してくれた。寄宿舎の共同寝室風の小さな部屋にベッドが六つ。おれのベッドは隅っこのやつだ。リノリウム張りの床に化粧台がひとつと、がたのきた椅子が四脚ほど。家具はそれで全部だった。同室者は下級下男が二人と雑用係一人、配膳室づきボーイ、そしてホールボーイのボブとのこと。この待遇を喜ぶべきか、がっかりすべきかわからなかった。比較の対象がないので、そんなものかと思うだけだ。それからサーヴァンツ・ホールに戻り、その夜はずっとそこにいた。

何人かの同僚に紹介され、ボブはおれの仕事の内容に加えて、ロングリートのだいたいの間取りと簡単な歴史、屋内スタッフの人員構成、各自の好き嫌いや癖について、精いっぱい説明してくれた。男の使用人が何人か戦争にとられていたので多少の欠員はあったものの、穴埋めに女の使用人が雇われていたため、屋内スタッフはほぼ定員を満たしていて、おれの記憶では、たしかこんな感じだった。

家令（執事）、副執事、客室接待係、従僕、下男三人、雑用係二人、配膳室づきボーイ、家令室づきボーイ、ホールボーイ、そしてランプボーイのおれ。女の使用人はハウスキーパー、お付きメイド二人、ハウスメイド八人、裁縫メイド二人、食料品貯蔵室づきメイド二人、洗濯場メイド六人。厨房には料理人、厨房メイド二人、野菜係のメイド、洗い場メイド、それに通いの手伝い。屋外スタッフのほうは、ただの一度も正確な人数を把握できたためしがない。運転手や馬丁が何人か、スチールボーイ（仕事は馬具の金属部分を磨くこと）、それに〝タイガー〟と呼ばれる少年がいた。

タイガーは小柄で顔がかわいいのが望ましいとされ、仕事は馬車の御者台にすわること。そんな少年がお仕着せ姿で御者台にすわり、腕組みをしていかめしい表情を浮かべている光景は、いまでは滑稽《こっけい》に思えるだろう。だが、おれたちは自分のところのタイガーが滑稽だなどとは思わなかったし、当の本人も大真面目だった。坊ちゃん嬢ちゃんが乗馬をするときポニーの手綱をとるのもタイガーの役目だが、ロングリートのお子様方はすでにその段階を卒業していたから、当然ながらこの仕事はしていない。運転手と馬丁は、当時はどこの屋敷でも不倶戴天の敵同士で、新旧の交替がほとんど絶えることのない小競り合いをもたらしていた。もちろん戦争中は公式行事でも華美なことはいっさい抜きで、ロンドンの社交シーズンも本来の姿を失っていたが、かつての華やかな日々については話を聞かされたし、バース侯爵夫妻が戴冠式やバッキンガム宮殿での舞踏会、謁見式、国会の開会式に行くときに使った黄色い馬車は、実際にこの目で見ている。六段重ねのケープに身を包み、喉元から裾までずらりと並ぶ紋章入りの銀ボタンをきっちりとはめ、銀モールつきの三角帽をかぶった御者の晴れ姿は、きっと豪華な馬車に負けないくらい立派だったに違いない。

庭師も男女合わせて四十人ほどいて、女たちは戦争による採用組。ほかに自作農場のスタッフ二十数人と、大工、煉瓦職人、塗装工などの外部からの保守要員もいたから、週に一度のダンスや音楽会が混雑したのも当然だろう。看護婦や病棟づきメイドその他の医療スタッフも参加したからなおさらだ。娯楽面では、おれたちはとびきりついていた。近くにあるオーストラリア軍の駐屯地が、患者たちを楽しませるために定期的に慰問団を送りこんできて、おれたち使用人も広間の後ろで鑑賞するのを許されたからだ。

スタッフ関係はともかく、屋敷についてのボブの説明はかなりあやふやで、なかでも歴史についてはひどいものだった。もっともおれだって、当時は古いものにはまったく興味がなかった。目の前の現実だけで十分に刺激的だったのだ。それがお屋敷奉公の世界を離れるまでには、周囲の環境と雇い主、そして同僚たちの影響で向学心に目覚めていたわけで、それを含めた数多くの理由から、おれは若いころの自分のなりわいを生涯ありがたく思いつづけるだろう。いまのおれにはロングリート見学ツアーの案内人を務め、家具調度や歴史について正確かつ行き届いた説明をする自信がある。

ロングリート・ハウスを建てたのはサー・ジョン・シン。土台が築かれたのが一五六七年で、十三年後に完成している。一五一五年に生まれて一五八〇年に亡くなったサー・ジョンは、エドワード六世の摂政を務めた護国卿サマセット公爵のお気に入りで、ピンキーの戦いでの戦功によってナイトの称号を授けられている。護国卿は絶大な権力にものを言わせてサー・ジョンの蓄財を助け、サー・ジョン自身もロンドン市長の娘で女相続人のクリスティーン・グレシャムと結婚することで、さらに財産を増やした。

裕福な臣下たちの様子を嗅ぎまわって正確な収入金額とその使いみちを突きとめようとしていたエリザベス女王が、ロングリートにも滞在したことは言うまでもない。チャールズ二世もロングリートに滞在し、サー・トーマス・シンをウェイマス子爵にしている。

バース侯爵の居館、ロングリート

次の当主である第二代子爵は、使用人ならだれもが知っている伝説を作った。妻レディ・ルイーザの愛人と決闘し、殺して地下室に埋めたのだ。それから何世紀もあと、おれが屋敷を去ってから何年もして、第五代侯爵がセントラルヒーティングを設置しようとした際に犠牲者の骨が発見された。完璧な状態を保っているように見えた犠牲者の革長靴は、空気に触れたとたんに粉々になったという。この色男はおれがロングリートにいたころも十分に人騒がせで、おれの活動範囲のあちこちに姿を現わしていた。おまけに決闘の場となった廊下にはレディ・ルイーザの幽霊も出没し、この廊下は〝緑の貴婦人の歩廊〟と呼ばれていた。おれが思うに、二人はときどき逢い引きしていたらしく、どちらも地下室で見たことがある。

三代目のウェイマス卿の時代にはジョージ三世がロングリートに滞在し、その結果、一家の称号はふたたび変わることになった。王が滞在中、ウェイマス卿にバース侯爵の位を授けたからだ。

イギリスの貴族階級に見られる、親子や兄弟でありながら名前が違うという奇妙な状態はこうして生まれる。娘たちと次男以下の息子は頭にレディやオノラブルをつけてレディ・何々・シン、オノラブル・何々・シンと呼ばれる〔実際には侯爵家の場合、次男以下の息子の称号はロードで、何々卿〕のに対して、長男はウェイマス卿で、父親はバース侯爵。仕組みを知っている人間にとってさえ、これはかなりの混乱のもとになる。

それ以降はイギリスの王や女王がロングリートを訪れたことを示す記録はない。ヴィクトリア女王が訪れていないことははっきりしている一方、女王の信任厚いビーコンズフィールド伯爵ベンジャミン・ディズレイリは、第四代侯爵の時代に滞在している。女王が館に寄りつかなかったのは、そのせいかもしれない。賓客のために寝室にわざわざ臨時のトイレが設置されたにもかかわらず、ディズレイリはこの館がまったくお気に召さず、寒いしインクを手に入れるのにも苦労するという不平不満の手紙を書いているのだ！

おれがお仕えしたのは第五代侯爵で、当時五十代のすばらしい紳士だった。やさしく思いやりがあり、美男子なのに気どりがない。自然ににじみでる非の打ちどころのない礼儀正しさは、みんなのお手本だった。侯爵夫人はどこか近寄りがたく、旦那様と同じくらいの年齢なのになぜかずっと年上に見えた。たいそう信心深く、そのため礼拝堂でのおれの仕事（詳しい内容はあとで説明する）の関係で、よく顔を合わせた。いつもとてもやさしく、そのくせ親しみは感じられない。どこかはるか遠くにいるようで、ときどき本当におれが見えているのか疑問に思ったほどだ。

お子様は四人。そのうち三人は令嬢で、レディ・キャスリーン・シン、のちにノーザンプトン侯爵と結婚するレディ・エマ、そしてのちにレディ・ナンバーナムになるレディ・メアリー。ご子息のウェイマス卿は十二歳くらいで、おれたちはヘンリー卿と呼んでいた。ウェイマス卿の称号は一九一六年に戦死した兄上のアレクサンダー卿から受け継いだものだ。

令嬢たちはお母上と同じで、最後までよそよそしかった。おれから見ると、三姉妹は退屈な暮らしをしていた。田舎に埋もれ、若い男と顔を合わせる機会はろくにない。もっとも、めぼしい男はほとんどが外国で祖国のために戦っていたが。ときたま上京してグロヴナー・スクエア二九番地のタウン・ハウスに滞在するときも、いつも厳重に守られ、監督されていた。こっそり羽を伸ばす機会も多少はあったのかもしれないが、それらしい兆候を目にしたことはない。ウェイマス卿のほうは、のちによく知ることになる。

だが、ちょっと先走りすぎたようだ。話を戻そう。仕事の内容を説明する段になると、ボブは急に歯切れが悪くなった。「口で言ってもちょっとな。明日、屋敷のなかを案内しながら説明してやるよ」

ボブは抜け目のない少年だった。まさに典型的なロンドンの下町っ子。のちにわかったところによると、仕事の内容をはっきり説明したがらなかったのは、自分の仕事のかなりの部分をちゃっかりおれに押しつけるためだったんだ。その企みはしばらくは成功したものの、ほどなくほかの使用人たちがだまされていることを教えてくれた。それについてボブを恨んだことはない。出世の階段を上がる段になって、おれも同じことをしたからだ。

やがて寝床に入る時間になった。来るのを恐れていた時間だ。最初のひと晩か二晩は、同室の連中に手荒い歓迎を受けるだろうとボブから聞いていたからだ。その予言は当たった。なんだか服を脱ぐのが恥ずかしくてもじもじしていると、さっそく手伝いを買ってでて、やれ大きいの小さいの、だれと比べてどうのと言いたい放題。やがて騒ぎは少し下火になったものの、トランクを開けておふくろが餞別にくれた新品の寝室用スリッパを出すと、連中はけたたましく笑いだした。いまにして思えば、そのときのおれはさぞかし滑稽に見えただろう。労働者階級の人間にはパジャマも寝間着も無縁なものだった時代とあって、下着のシャツ姿で真っ赤な布製のスリッパを履いていたのだから。だが、どんなにからかわれてもスリッパを履くのはやめなかった。冷たいリノリウムの床をはだしで歩くことを思えば、からかわれるほうがまだしもだ。セントラルヒーティングは屋敷のどの部分にも導入されておらず、老ビーコンズフィールド卿と意見が一致した朝は数知れない。かの老政治家も、洗顔するためにまず水差しの氷を割らなくてはならないことがよくあったのだ。

　翌朝は六時に起き、ボブと二人で屋敷内をまわって靴を集めた。最終的には、ご一家のと看護婦たちのとで、六十足ほどが地下室にたまり、磨かれるのを待つことになる。ときどきどちらか片方が作業を中断してどこかの階に行き、白い琺瑯《ほうろう》の水差しに湯を満たして寝室に配ってまわった。片手に三個ずつ、合計六個までは一度に運べるが、水差し同士がぶつかりあって少々やかましい。八時にサーヴァンツ・ホールで朝食。どこかピクニックを思わせる食事で、各自が仕事の都合に合わせててんでに食べに来ては去っていく。献立はほとんど変わらず、平日はケジャリー〔米、魚、ゆで卵などをバターやクリームで煮こんだインド生まれのイギリスの朝食料理〕で日曜日はベーコンだった気がする。戦時中とあってバターはひとりにつき週四分の一ポンド〔約一一〇グラム〕が支給され、それを小さな缶に入れておく。割り当て分がなくなると、何もつけないトーストをかじることになる。

　朝食後はナイフ磨き。骨の柄がついた鋼のナイフだ。作業には大きな丸いナイフ研磨器を使った。表面にうがたれたいくつもの穴に磨き粉をふりこみ、ナイフをさしこんでハンドルをまわす。ナイフがすむと次はフォーク。もちろん銀のフォークではなくサーヴァンツ・ホールで使うやつだ。それ以外はすべて手作業で磨かなくてはならない。

そうこうするうちに九時十五分前になり、キャンドルボーイも兼ねているおれは、日課を果たすために礼拝堂にすっ飛んでいく。礼拝堂には百四十本の蠟燭が灯され、その光景は実に美しい。礼拝前にその蠟燭を灯すのはおれの仕事だった。この作業に使うのは棒の先っちょにつけられた細い蠟燭で、反対端には蠟燭を消すときに使う小さなベルの形の金具がついている。それを蠟燭にかぶせて火を消すとにおわないとされていたが、そんなことはない。煙と悪臭があたり一面に充満し、礼拝堂はガス室さながらのありさまになる。

教区司祭のために普段用の黒い祭服《キャソック》と白い礼拝着《サープリス》を用意し、着るのを手伝うのもおれの仕事だ。実際、司祭には着替えを手伝う人間が必要だった。なにしろ降ろうが照ろうがホーニングシャムの村から九マイル半〔約一五・三キロ〕の道のりを歩いてくるのだ。冬の日に一フィート〔約三〇センチ〕の雪のなかをえっちらおっちら歩くはめになった司祭が、疲れきってよろめきながら入ってくるのを見たことがある。最後に司祭が使う羽ペンを削れば、礼拝前の仕事はおしまいだ。

礼拝は二十分ほどで終わるのが一日に一回あり、日曜日にはもちろん、もっと長いのが二回あった。使用人はどうしても持ち場を離れられない者を除いて全員が出席を義務づけられていて、欠席を認められるのは基本的に厨房スタッフだけ。厨房スタッフの魂はすでに堕落しきっていて救われる見込みがないと見なされていたか、侯爵ご夫妻が神よりも自分たちの胃袋を優先していたかのどちらかだろう。これまでに働いてきたあちこちの厨房で見聞きした言葉やふるまい全般から判断すると、おそらく前者だったに違いない。

さっきも言ったとおり、侯爵夫人は人並みはずれて信心深かった。礼拝堂にはいつも小さな手帳を持ってきて、家族とともに陣どった桟敷席から下々の者がすわる一階席にじっと目を凝らしている姿をよく見たものだ。祈禱の合間に身を起こして手帳に何か書きこむのは、欠席者がいるのに気づいたか、しゃべったりふざけたりしている者を見とがめたとき。そんな侯爵夫人にも、おれの名前を手帳に記入する機会はなかった。その他もろもろの仕事に加えて、ふいごを動かしてオルガンに空気を送るのもおれの役目だったからだ。退屈に感じる者もいただろうが、おれは違った。姿を見られずにすむから気楽だし、祈禱やお説教のあいだは本や漫画を読んでいられる。そして、あまり大きな声で言うべきではないんだろうが、この仕事にはもうひとつ魅力があった。

二週間に一度、日曜の夜の礼拝に、いかした女の子がやってきて賛美歌や聖歌を独唱する。その子が立つ演台が、おれがふいごを動かしている場所のすぐ上にあるのだ。その子がどんなにきれいな脚をしているか、おれほどよく知っている人間はそうはいなかっただろう。どうしてもその脚から目を離せず、どこか自分自身と張りあうような気持ちで、どこまで上のほうまでのぞけるかと懸命に目を凝らしていたのだから。一度か二度、覗きに没頭しすぎて仕事がお留守になり、空気切れでオルガンの音が出なくなったことがある。このときは会衆の一部から笑い声があがった。日曜の晩のすけべなお楽しみのことは、同僚たちに打ち明けていたからだ。オルガン弾きの小言に対しては、美しい歌声にすっかり心を奪われてしまったのだと言っておいた。

礼拝が終わって蠟燭を消したら、今度は蠟燭のお手入れだ。新品同様に見えるように、脇に垂れた蠟を削り落として先をとがらせる。長さが二インチ〔約五センチ〕を切ったら新しいのとお取り替え。蠟燭の燃えさしはおれの〝役得〟で、地元の食料品屋に一ダースいくらで売ると年に一、二ポンドの小遣いが入る。当時はたとえ一ペニーでもばかにできなかったのだ。

礼拝堂を出ると、いよいよ職名にふさわしい仕事——ランプの手入れにとりかかる。

ふと思ったのだが、ランプボーイというおれの職名に首をかしげる人も少なくないかもしれない。一九一五年ともなれば電気はすでに目新しい発明品ではなく、大きな屋敷のなかには本線から電気の供給を受けているところもあれば、それが無理な僻地《へきち》では自家発電装置を備えている屋敷もあったのだから。電気まではちょっとということで、ガスを使っている屋敷もあった。だがバース侯爵は違った。電気やガスの導入は屋敷の美しさを損ねると考えていたのだ。屋敷内の部屋は灯油ランプや蠟燭を使うことを前提に設計されている。照明を電気に変えようとすれば、天井や壁を傷つけかねないうえに部屋の性格まで変わってしまうというわけだ。侯爵はセントラルヒーティングの導入にも否定的だった。

紳士階級にはこれについて同じように考えている人間が多く、おれが思うに、その最大の理由は、セントラルヒーティングが女々しさの極致とまでは行かなくても不健全だと見なされていたことだ。イギリスのパブリックスクール制度は、上流の子弟にスパルタ生活をよしとする感性を植えつける。そして若いころに体に染みこんだ思想は、簡単には抜けないらしい。その点、外国の貴族は違っていた。連中は軟弱にできていて、だからこそ大英帝国は誕生したのだし、これからも永遠に消えることはない。そして大英帝国を誕生させたその偉大なるパブリックスクール精神のせいで、おれは毎日四百個のランプを集めて掃除し、芯を切り、油を満たさなくてはならなかったのだ。

もっとも、これは文字どおりの真実ではない。ひとりで四百個ものランプの手入れをするのは人間業では不可能だし、四百個のなかには当然ながら病院の分も含まれていたからだ。ときどき雑用係や家令室づきボーイ、ホールボーイが助っ人として派遣されてきたし、作業があまりにも遅れたときは、執事の指示で下男も手伝いに来た。だが公式には、ランプの手入れはおれの管轄だった。別の言葉で言えば、ランプに関して何かまずいことがあれば、おれの責任になったのだ。

すべてのランプを集めてもとの場所に戻すだけで、毎日何マイルか〔一マイルは約一・六キロ〕歩くことになる。もっとも、これも大半はハウスメイドと下男が持ってきてくれた。ランプは形も大きさもさまざまで、壁掛け式のランプ、一般的なランプ、卓上ランプ、吊り下げ型のランプなどがある。その多くは世界各地から集められたもので、たいそう美しく、値打ちも半端でなく高かった。

最初の作業は芯を点検し、必要なら専用の鋏で先を切り詰めること。これは見た目は普通の鋏の大きいやつに似ているが、刃の部分に丸い受け皿がついていて、切った芯がランプのなかに落ちないようになっていた。いまでは骨董品としての値打ちが出ているので、ひとつとっておかなかったのが残念だ。

次はランプに油を満たす。油は大きなタンクに入っていた。廊下と使用人の領域にあるランプにはパラフィン、ご一家の居住区にあるランプには菜種油。明かりの色がまろやかで、においもあまりきつくないとされていた菜種油は、おれにとっては迷惑な代物だった。パラフィンよりとろりとしているため、うっかりタンクの栓を開けっぱなしにすると、たらたらと音もなく床にこぼれ落ちる。気づくのが遅れて地下の作業場を洪水にしてしまったことは数知れない。油を入れたら漏斗とか煙突とか呼ばれていたガラスの火屋《ほや》を磨き、最後に台をきれいにする。幸いここは磨くことはできなかったが、油の痕跡が残らないよう、ていねいに拭きあげなくてはならなかった。

一度に二十個かそこらを集めてきて、手入れがすんだら屋敷内をまわってもとの場所に戻し、次の分を集めてくる。ここまで単調な仕事はそうはない。といっても、ランプが提供するのはあくまでも全体的な照明だけだったことを忘れちゃいけない。食堂や客間では枝つき燭台や蠟燭立てが使われ、ありがたいことにこちらは下男の管轄だった。ランプのなかには重りを使って天井から吊るしてあるものもあり、回廊には三つずつ組になったのが鎖でぶらさがっていた。このランプは持ち運ぶには重すぎたため、その場で手入れをして油を満たさなくてはならなかった。

ある日、いいところを見せようとハウスメイドの前で作業を実演していたときのことだ。「ほら、こうやって上に戻すんだ」と言って鎖を引くと、ひゅーっ——ランプは勢いよく天井にぶつかり、がちゃん——割れた笠が落ちてきた。

大きな音に驚いて、侯爵が階段を駆けあがってきた。幸いにも度を失っていなかったおれは、ひょいとかがんでガラスの破片を拾い、それを頭にのっけると、がたがたふるえながらその場に立っていた。

「おお、かわいそうに。大丈夫かね？」侯爵が言い、肩に腕をまわしてくる。

おれは頭に手をやってみせ、けなげな笑みを浮かべた。「はい、旦那様。ちょっとびっくりしただけです。ぼくのことは心配しないでください」おれはこの芝居を楽しみはじめていた。

「部屋に行って横になりなさい」よろめきながら立ち去ろうとすると、侯爵が言った。「きみは実に勇敢な若者だ」

おれもそう思っていた——パーカー夫人の腕のなかに転がりこむまでは。階段の上に立っていたハウスキーパーは、押しころした声でなじった。「まったくなんてずる賢いんだろう、この嘘つき小僧。わたしは全部見てたんだよ。あんなふうに旦那様をだまくらかすなんて。あとでミスター・ブレイザーにも話すから覚悟しといで。さあ、頭の上のガラスを片づけてとっとと仕事にお戻り」

パーカー夫人の言葉はただの脅しじゃなかった。おれは家令室に呼びつけられてブレイザー氏に大目玉を食らい、新しい笠の代金を給料から差っ引かれた。ただし真相を侯爵の耳には入れずにおいてくれたので、侯爵はそれ以来、ずいぶんとおれの健康を気にかけてくださるようになった。ひと芝居打った甲斐はあったと思う。なにはともあれ侯爵に顔を覚えてもらえ、それによってようやく屋敷の一員になれたように感じたのだから。

正午になるとランプの手入れを中断して昼食をとる。これは儀式張った食事で、スタッフ全員が顔を揃える。ただし厨房スタッフは例外で、連中はしきたりなど無視して、自分たちの、というよりシェフもしくは料理人のしたいようにしていた。それにしても、あれは奇妙な儀式だった。まず下級使用人が集まってきて、細長いテーブルを囲んで自分がすわるべき位置に立つ。ついで雑用係がハンドベルを鳴らすと、上級使用人が序列の高い順に列を作り、二人ずつ並んで入ってくる。執事とハウスキーパーを先頭に、お付きメイド、従僕、客室接待係。滞在客のお供で来ている上級使用人がいれば、もちろんその連中も列に加わっている。上級使用人一同は上階にある家令室、いわゆるパグス・パーラーで事前に落ちあっていた。

執事の合図を受けて、全員が着席する。雑用係とホールボーイの手で肉料理が運びこまれ、ブレイザー氏が切り分けるか盛り分けるかしたものを雑用係とホールボーイが配ってまわる。野菜の皿はテーブルのところどころに置かれていた。

肉料理を食べおわると、家令室づきボーイがうやうやしく残った料理を下げ、上級使用人らが入ってきたときと同じ順序であとに続く。上級使用人一同は家令室に戻って食事の続きをすませ、さらにパーカー夫人の部屋に移動して食後のお茶かコーヒーを飲む。これはロングリート独自のしきたりではなく、一般的な習慣として当時の大きなカントリー・ハウスのほとんどで実践されていた。

ロングリートでは食べ物に不自由したことはまったくない。ご主人のお供でやってきたよその使用人に、「まるで戦争中じゃないみたいだ」と言われたほどだ。

毎週、使用人を含めた屋敷の住人のために、それぞれ種類の違う三頭の羊が屠られた。サウスダウン

ロングリートの大広間。壁にハンティング・トロフィー（鹿の頭の剝製）が並んでいる。

種、ウェストモーランド種、ブリタニー種。ほかにキジ、ウズラ、鷺鳥、鹿、野生の兎と飼い兎も出てきたが、牛肉が食卓にのぼったことはほとんどない。肉料理に続いて、さまざまな種類のプディングとチーズが出された。ガスも電気もないので調理にはすべて炭火が使われた。またロングリートはおれが奉公した屋敷のなかで唯一いけすを備えていて、なかでは季節によってカワカマスまたはマスが泳いでいた。領内の湖で捕ったのを、泥臭さを抜くために入れておくのだ。

一度、重さが二〇ポンド〔九キロ〕もあるカワカマスを捕まえて、しばらくいけすに放しておいてから殺し、入念に梱包して家に送ったことがある。ところが何か手違いがあったらしく、届いたのは二週間後。礼状が来るはずが、おふくろに大目玉を食らうはめになった。

ロングリートではビールはちょくちょく飲むことができた。開戦直前まで自家製ビールを作っていたというだけあって、大きな銅のジョッキに入ったやつが朝食にまで出てくる。

ここまでビールが愛好されるようになったのは、

ひょっとすると第三代バース侯爵夫人の時代からかもしれない。この奥方は、一八二九年に書いたよき作男になる方法についての本のなかで、真っ先にビールの上手な醸造法を紹介したあと、お茶を飲む習慣についてこう述べている。「お茶は百害あって一利なしです。しばしば不眠の原因になり、例外なく神経の乱れと弱りを招くことはよく知られています」さらに、ちょっとした算数をやり、有害無益なお茶を飲んだ場合の家計の出費が年一〇ポンドなのに対して、百薬の長がある自家製ビールを飲めば年七ポンド五シリングですむことを示している。ちなみに、奥方はパン作りについてこう書いている。「身分の高低にかかわりなく、女性はみなパンの作り方を心得ているべきです。そうでない女は信頼に値しません」

さて、サーヴァンツ・ホールに話を戻そう。主菜を食べるあいだは、だれもが黙りこくっている。記憶にあるかぎり、会話があったのは猟の獲物か鹿肉が出たときだけだ。料理人が肉を寝かせておく期間がまちまちだったため、ブレイザー氏は切り分けた肉をまず従僕のピグリム氏に配り、「熟しすぎか、まだ若いか」と尋ねる。ピグリム氏は肉を味見し、唇と舌をぴちゃぴちゃ言わせ、眼鏡の奥でまばたきをしてから、おもむろに意見を述べる。答えが〝熟しすぎ〟だとブレイザー氏はため息をつき、肉を切り分ける作業は続けるものの自分の皿にはのせず、野菜を大盛りにするだけですませていた。

上級使用人が退場し、仕切り役が副執事と洗濯場メイド頭になると、サーヴァンツ・ホールの規律はゆるんで話もできるようになる。ただし上級使用人のだれかがスタッフに指示を与えに戻ってきたときに備え、声はいつも抑えていた。席が近かったこともあって、おれはじきに、食事が終わりに近づくにつれて家令室づきボーイがいらいらと落ちつかなげになることに気づいた。

どうやらこいつは食い意地が張っているらしく、早くパグス・パーラーに食器の片づけに行きたくてやきもきしていたのは、上級使用人のプディングがおれたちのより上等で、それがときどき手つかずで残っているからだった。村からサンドイッチ持参で来ている裁縫メイドの姉妹もプディングを狙っていて、上級使用人一同がハウスキーパーの部屋に移動したあとどちらが先にパグス・パーラーに駆けつけられるかを、家令室づきボーイと競っていた。競争に負けたときに家令室づきボーイが浮かべた憎々しげな表情は、世にもすさまじい無念の形相として一生記憶に残るだろう。

食事がすむと、またランプの手入れに戻る。

さっきは省略したが、おれには昼食の直前に果たすべき日課がひとつあった。ロングリートの正面玄関近くのテラスに寝椅子を出すことで、降ろうが照ろうがこれは変わらない。

寝椅子は侯爵家の息子で跡とりのウェイマス卿のためのもの。この坊ちゃんはあまり丈夫でなく、当時は寄宿生活のできる体ではなかったため、個人教授について勉強していた。その後、健康状態はよくなって、ウェイマス卿はハロー校に行っている。

ランプの手入れは基本的に午後の早いうちに終わるので、いつのころからか、寝椅子を片づけに行くと坊ちゃんに犬の散歩に誘われるようになった。犬はグレイハウンドとテリアが一頭ずつで、名前はドレイクとベン。二頭の犬が兎狩りで見事な名コンビぶりを発揮していたのに対して、おれたち二人は一風変わったコンビだった。おれのほうが二つ三つ年上だから、兄貴分としてこちらがリードする面もある。だが立場と生まれと当時の社会的慣習からいえば、あちらのほうがはるかに目上なのだ。おれはウェイマス卿から多くを学んだし、それはあちらも同じだったのではないかという気がする。妬みは感じなかったし、そもそも雇い主を妬んだことは一度もない。たぶんウェイマス卿のおかげで、早い時期に現実を受けいれ、自分自身や自分が送るはずの人生と折り合いをつけられたのだろう。字を読むこと、つまり読書の楽しさを知ったのもウェイマス卿のおかげだ。坊ちゃんはカウボーイやインディアンが登場する物語のすばらしいコレクションを貸してくれ、おれたちはそれを土台にしたさまざまなゲームを楽しんだ。

四時にはお茶。これも朝食と同じ、くだけた形式の食事で、お茶のほかにバターを塗ったパンが出され、ときにはジャムがつくこともある。お茶がすむと、冬はランプを灯して鎧戸を閉める時間だ。これは当番の下男とホールボーイとおれの仕事だった。下男が客間と一、二階のおもだった部屋のランプに、ボブとおれが廊下全部と各種貯蔵室を含む地下部分のランプに火を入れる。鎧戸を閉めるのはかなり骨の折れる作業で、こちらは三人がかりでやっつけた。鎧戸は木でできたでかいやつで、昼間は折り返して壁にはめこんである。そいつを引っぱりだして窓をふさぎ、開かないようにくぼみに鉄の棒をさしこんで固定したら、そこに防犯ベルとしてハンドベルを留めつける。泥棒が鎧戸を開けて押しいろうとすればベルが鳴るという理屈だ。もちろん実際にはそんな音がだれかの耳に入るとは思えないが、ありがたいことに、おれの奉公期間中にこの警報装置が威力を試されることはなかった。想像力過多な少年だったおれは、強盗に入られたときのことを考えるまでもなく、ロングリートにまつわる幽霊話の数々だけで十分に妄想をかきたてられていたのだ。

そのうち、〝緑の貴婦人〟の怪談はすでに紹介した。おれは幽霊話を聞くとすぐに具体的な姿や形が頭に浮かんでしまうほうで、その傾向はいまでもあるとはいえ、当時はランプや蠟燭の明かりが、想像力をかきたてるのに大きな力を発揮していたことは間違いない。

鎧戸を閉めてランプを灯すと、そろそろ夕食の時間だ。出るのは肉料理とプディングだが、昼食ほど形式ばった食事ではなく量もそれほど多くない。おれはそのあと九時まで仕事がなく、いつもトランプをして時間をつぶしていた。

九時が近づくと、ゲームに集中できなくなってくる。また屋敷内をまわって、廊下にある小型のランプに油を足さなくてはならない。たまにランプの火が消えてしまっていることがあり、これは時刻が遅くなればなるほどおっかない。こうしてふり返っても、よくも仕事を続けたものだと思わずにはいられない。ほかに選択肢がなかったからだろう。〝緑の貴婦人〟だけで十分にびびっていたおれは、ほどなくそれとは別の言い伝えを耳にするはめになった。シャーロット・ウィックスにまつわる怪談だ。

「シャーロットにはもう会った？」奉公を始めて何週間かしたころ、ハウスメイドのひとりに訊かれた。

「まだだけど。どんな仕事してる人？」

「へえ、前のランプボーイはばっちりお近づきになったのにね」相手は答えた。「なんたってシャーロットのせいで辞めたんだもん」

どうやら色っぽい話らしいと踏んだおれは耳をそばだて、シャーロットについてもっと詳しく教えてほしいとせがんだ。聞かされたのは期待していたような話じゃなかった。シャーロット・ウィックスは第四代バース侯爵の厨房メイド頭で、肉のロースト全般を担当し、鹿の腿肉や子羊の鞍下肉などの大きな肉の塊を焼き串に刺し、下の容器にしたたり落ちる熱い脂を長い柄がついた金属製のお玉ですくって肉にかけるのも仕事のうちだった。焼きあがった肉は焼き串からはずし、食卓に出す時間が来るまであたためたオーブンに入れておく。

ある日、シャーロットは肉をはずそうとしていて足をすべらせ、回転している焼き串に髪がからまって火のなかに引きずりこまれた。髪に、そして服に火が燃え移る。やっとのことで身をもぎ離すと、シャーロットは燃えさかる松明さながらの姿で廊下を疾走しながら、だれかに気づいてもらおうとお玉で壁をたたきつづけた。しかし助けは来ず、シャーロットはついにおれの作業場であるランプ室の床に倒れて息絶えた。その話をしてくれたメイドによると、それ以来シャーロットはこの部屋が気に入ってしまい、しじゅうランプ室に姿を現わしておれの前任者の肝をつぶさせていたという。ボブ・ハズウェイトにその話をすると、ボブはばかばかしいという意味のことをもっとあけすけな表現で言い、ほかにも何人かの使用人が同じことを言ったが、いくら同僚たちが鼻であしらっても、その話はおれの頭にこびりついて離れなかった。

その話を聞いた数日後、おれはいつもより遅い時間に廊下のランプに油を注ぎたす作業をしていた。ランプを四つ回収し、両手に二つずつ持ってランプ室に向かう途中、地下の廊下で二つが消えた。油の補給にとりかかったとたんにまたひとつが消え、焦ったおれは最後に残ったランプの芯を逆にまわしてしまい、次の瞬間、わが地下牢は墨を流したような闇に包まれていた。手元には火のついたランプもなければマッチもない。こうなるともう、焦るどころの騒ぎではない。おれはおびえきっていた！

廊下の構造は頭に入っていたので、壁を手探りして一〇〇ヤード〔九〇メートル強〕ほど離れたサーヴァンツ・ホールに戻ることにした。何歩も進まないうちに、何かをたたいているような音が聞こえた気がした。おれは立ちどまった。間違いない。等間隔に響くコツンコツンという音。しかも、その音はこちらに近づいてきている。うなじの毛がぞわりと逆立ち、こわばるのがわかった。シャーロットと金属製のお玉。きっとそうだ。そうとしか考えられない。音はいよいよ近づき、大きくなってくる。おれは勇気をふりしぼって音がするほうを見た。少し離れたところにぽつんと明かりが灯り、左右に揺れているように見える。シャーロットと燃えあがる髪だ。泡を食ったおれは絶叫しながらそちらに突進し、シャーロットの幽霊とおぼしきものに殴りかかった。握りこぶしが何か実体のあるものにぶつかり、それは叫び声をあげて倒れた。明かりがけたたましい音をたてて床に落ちる。おれは立ちどまって考えようとはせず、恐怖の叫びをあげながら無我夢中でサーヴァンツ・ホールに逃げこんだ。同僚たちはおれをなだめ、勇敢なやつが何人か、ランプを手にして様子を見に行った。連中はおれが恐怖に駆られて幽霊に殴りかかった場所にだれかが倒れているのを見つけたが、それはシャーロット・ウィックスではなく〝ペギー〟・ウィリアムズだった。

急いでつけ加えると、ペギーは女ではない。片脚のない防火責任者で、病院スタッフの一員として屋敷で暮らしていた。廊下で消えた二つのランプが放った煙のにおいに気づいたペギーは、異常がないかどうか調べに来たのだ。おれがシャーロットのお玉の音だと思ったのは、木でできた義足が床を踏む音だった。「だけどペギー」おれは不当にも殴りかかったことを謝ってから言った。「いいほうの足に履いてるブーツの音が聞こえなかったのはなんで?」

「ああ、そいつはもっともな質問だ。見てみな」と言うと、ペギーは足を上げてみせた。ブーツの底と踵は、古タイヤから切りとったゴムでできていた。「こいつが手に入るのに、大事な金を革に無駄遣いすることはないからな」

この経験で、おれは少なくともひとつ利口になった。それからは金を出して靴底を張り替えるのをやめたのだ。そのせいで、おれはのちに〝足音をたてない下男〟と呼ばれるようになった。

ペギーとの一件が恐怖心を一掃してくれそうなものなのに、夏が来て日暮れが遅くなるとほっとした。どういうわけか、シャーロットの幽霊はいまもロングリートの地下の暗がりにひそんでいるのではないかという疑いを捨てきれず、〝緑の貴婦人〟はいまなお最上階の廊下をふわふわと漂っていると信じて疑わなかったからだ。

それでももうひとつ、ロングリートの幽霊たちに感謝しなくてはならないことがある。異性への関心を満たす機会を作ってくれたことだ。ハウスメイドや厨房メイドもおれ同様、想像力がありすぎる口で、貯蔵室に何かをとりに行くよう言われると及び腰になる。そこでおれに代わりに行くことを承知させようとするが、こっちのほうが一枚上手だった。「やだね、おれだって怖い。だけど、ついていくだけならいいよ。こっちが二人なら幽霊も出てこないかもしれないし」そして女の子と二人で貯蔵室に行き、ここぞとばかりにささやかなじゃれあいを楽しむわけだ。そんなことばかりしていたため、やがてだれかがサーヴァンツ・ホールに入ってきておれの居場所を尋ねると、こんな返事が返ってくるようになった。「ああ、いま貯蔵室で幽霊を追っぱらってるとこ」

実際、そうでもしなければ異性といちゃつく機会はないも同然だった。ハウスキーパーのパーカー夫人は若い娘たちにしっかり目を光らせていて、男好きな様子を見せた者は〝尻軽〟呼ばわりされた。推薦状にそんなことを書かれたい人間はいない。ブレイザー氏もその方面に関してはやかましく、おれもよく小言を言われたものだ。「いまに面倒なことになるぞ。きみは自分の情欲を、下等な気持ちを抑えることを学ばなくてはならん」

ヴィクトリア時代への揺り戻しに見舞われていた時期とはいえ、これはちょっと大袈裟ではないかと思った。たかが暗がりでのキスを乱交パーティーのように言われてはたまらない。

例によってがみがみ言われた日の夜、おれは少しばかり仕返しをしてやろうと考えた。ブレイザー氏の部屋の外には灯油ランプがあり、おれの寝室に通じる階段から見おろせる。ボブ・ハズウェイトと部屋に引きとる途中、おれは唾を飛ばしてそのランプの火を消せるかどうかボブと賭けをした。手摺りから身を乗りだしてまず一発。それがランプの横腹に命中し、ランプはショットガンをぶっぱなしたような音をたてて爆発した。おれたちは一目散に階段を駆けあがったが、ブレイザー氏のほうが速かった。ものすごい勢いで飛びだしてきて、何が起きたかと犯人の正体を見てとると、朝になったら部屋に来るよう大声で命じたのだ。出頭したおれたちはこってり油を絞られ、その週が終わるまで、とことんいびられつづけた。

おれたちが働かせるべき自制がどんなものかを示す実例がひとつある。かなり前に起きた事件だったにもかかわらず、おれが勤めはじめてからもまだ語り草になっていた。子守メイドと客室接待係が結婚すると宣言したのだ。屋敷内は階上も階下も大騒ぎになった。二人はいったいどうやって出会い、愛情をはぐくめるほど長い時間をいっしょに過ごしたのか。

大々的な事情聴取が行なわれ、ついにお子様方の口から秘密が漏れた。逢い引きの場所は子供部屋の流しだったのだ。ロマンスの舞台として理想的とは言えないが、ほかに場所がなければ贅沢は言っていられない。もちろん二人は馘《くび》になった。お子様方がいったいどんな場面を見聞きしたかわからないからだ。

使用人は間違いなく心身ともに雇い主の所有物だった。奉公先がロンドンでも、状況はほとんど変わらない。〝虫がついた〟女の使用人はじきに辞めていった。〝虫がついた〟とはまたずいぶんな言い方だが、この表現は第二次世界大戦が始まるまで通用していた。お屋敷奉公という職業が流行らなくなったのも無理はない。

ロングリートで暮らしはじめて一年後に、第三下男に昇格した。それまでにぐんぐん背が伸びて肉づきもよくなり、ブレイザー氏の予言に反して厄介事に巻きこまれてもいなかった。このとき支給されたお仕着せは、十八世紀にデザインされたものだという。すごいなと思いはしたが、いまひとつぴんとこなかった。上着はからし色で、黒いチョッキは銀モールつき。下は膝丈の半ズボンと、側面に凝った刺繡《ししゅう》を施した分厚い絹の長靴下だ。

提督帽のような形の黒い帽子も支給された。銀モールがあしらわれ、紋章入りの大きな飾りボタンがついている。この帽子は公式行事用とのことで、戦時中はその手の催しは見合わせられていたため、予想どおり一度もかぶらずにすんだ。もうひとつ言われたのは、公式行事と特別の晩餐会には髪粉をつけるということ。実際ロングリートには、下男がそのためだけに使う〝髪粉部屋〟があった。場所はサーヴァンツ・ホールの奥で、壁一面に縦長の鏡が並べられ、それぞれの鏡の横に洗面台がある。下男はぞろぞろとこの部屋に入っていって上着を吊るし、タオルで肩をおおって頭を水で濡らす。そこに石鹼をなすりつけて櫛できれいに梳かしたら、順番に頭に紫色の髪粉をふりかけっこする。普通の小麦粉を使う屋敷もあったのは、たぶんそのほうが安上がりだったからだろう。どちらを使う場合も、落ちないように気をつけなくてはならない。お仕着せの上着に髪粉がついているのは重罪と見なされたからだ。

おれ自身が髪粉を使ったことのある職場はひとつだけで、時期もフルタイムのお屋敷奉公を辞めてからだ。

ときどき助っ人を頼まれて、アーリントン・ハウスで揃いの下男の補助要員をすることがあった。揃いの下男というからには、背格好の同じ者ばかりが選ばれる。髪粉をつけるのは、公式行事や王族のご訪問などのときだった。おれたちは基本的にはお飾りで、食事をとった後は淡く照明された廊下に並び、宴が終わるまでずっとそこに立っているだけ。ところがこれが楽じゃない。じっとしていなくてはいけないのに、髪粉が乾くにつれて髪の付け根が引っぱられ、頭皮がむずむずしてくるのだ！　それでも正装用のお仕着せに身を包み、それらしくふるまうと、どこか芸術家めいた満足感を味わえる。自然と身のこなしやしぐさが優美になり、催しにささやかな劇的効果と華を添えることができるのだ。世の中全体が平凡で下世話な方向に動いている昨今、少しばかりそういう要素があればいいのに。

髪粉のもうひとつの利点は、報酬がいいことだ。補助の下男の日当は通常の晩餐会と舞踏会の場合はひと晩で二ポンド五シリングなのに対して、髪粉ありの場合は五シリングが上乗せされる。これはある種の危険手当で、髪を濡らすことで風邪を引く危険が高まると考えられていたのだ。当時としては高給だったが、もちろんそっくり全部懐に入るわけじゃない。帰る間際に日当をとりに行き、受取にサインしたらすぐ執事に五シリング返す。その見返りは「またいつかお願いするよ」のひとことだけだ。

それはさておき、ロングリートでのおれの新しい仕事に話を戻そう。

おれは新たに食卓での給仕の仕方、銀器の手入れの仕方、滞在客を迎えいれて身のまわりの世話をするときの手順、魔法のようにぱっとその場に現われる方法、会話を聞いていないように見せかける方法、馬車や自動車の座席にすわったご婦人の膝をしっかりした手つきで膝掛けでくるむ方法などなど、下男の仕事目録に載っている千とひとつの事柄を学んだ。

新しい仕事はとても楽しかった。やりがいがあり、ご一家と接する機会も多い。気難しいところのない、気持ちよくお仕えできる方々で、使用人の扱い方を無意識に心得ているようだった。見習い期間にしでかした失敗はひとつだけ。奥様が急に装飾庭園でお茶を飲むと言いだし、おれはブレイザー氏といっしょに盆を運んでいった。ブレイザー氏がお茶を注ぎ、おれがカップと皿を配ってまわる。引きさがろうとしたとき、侯爵夫人がおっしゃった。「ブレイザー、ゴードンに手袋が汚れていると言ってやってちょうだい」

ブレイザー氏がおれの手をじろりと見て、顔をしかめた。その場を離れながら、おれは尋ねた。「いまのはどういう意味ですか？　手袋なんてはめてませんけど」

「そのとおりだ、この大ばか者。奥様はそのことをおっしゃったんだ。それともうひとつ、おまえがいかに汚らしい手をしているかをな」それはいささか大袈裟だったが、ブレイザー氏はとかく針小棒大な言い方をする人だった。

同僚たちがどんな仕事をしているのかも、前よりもよくわかるようになってきた。というより、前よりも興味を持つようになったのかもしれない。たとえばロングリートでは、第一下男は奥方づきと見なされていた。奥方の椅子の後ろに控え、お付きメイドの指示に従って奥方のための雑用一切をこなすのだ。ドライブのときは御者や運転手と並んで御者台や助手席にすわり、馬車や自動車のドアを開けてさしあげる。自室で夕食をとられるときは、お部屋に盆をお持ちする。それと、おれはどうやら少しばかり生まれてくるのが遅すぎたらしい。ロングリートでは第三下男は子供部屋づきで、乳母に顎で使われていたらしいのだ。そのこと自体がうれしいかどうかはともかく、子供部屋づきの下男は子守メイド（おれのその後の経験では、魅力的で尻軽な娘が揃っている）にもてもてだし、お子様方のヒーローでもある。のちに仕えたレディ・アスターの居館クリヴデンでは、子供部屋の雑用はホールボーイがやっていた。気の毒にもこいつは発育の悪いひよっこで、自分の仕事がどんなにおいしいものかに気づいていなかった。

客室接待係の仕事も面白そうだったが、こちらはやってみたいとは思わなかった。客室接待係は客間など接待用の部屋の責任者で、ご一家や滞在客が出ていってから部屋を片づけ、書き物机に文具類を補充するほか、郵便物を管理したり、手紙や伝言を届けたり、暖炉の火の面倒を見たり――ただし燃料の補給はしない。それは雑用係の仕事だ――と、滞在客が快適に過ごせるようにあれこれと気を配る。また新聞を火であぶってアイロンをかけるという、ちょっと変わった朝の仕事も客室接待係の担当だった。

もっとちょくちょく目にしたのはハウスメイドの仕事だ。滞在客の身のまわりの世話をしていると、よく廊下で顔を合わせたからだ。もちろんメイドと下男がいっしょに寝室に入ることは堅く禁じられていた。男と女がいっしょにいるときにベッドを目にしたら、いかがわしい考えが頭をもたげるのは避けられない――雇い主はそう思いこんでいたのだ。ハウスメイドは六時に起きて片づけや掃除をし、寝室の暖炉に石炭をくべて火をおこし、湯が入った水差しを持って階段を駆けあがり、鎧戸を開け、朝のお茶の盆を運ぶ。そして朝食後はベッドを整え、シーツを替え、敷物や絨毯にブラシをかける。当時はまだ電気掃除機などなかったからだ。あったところで、パラフィンでは動いたはずもないが！　ハウスメイド頭やハウスキーパーにのべつがみがみ言われている彼女たちと比べたら、おれの仕事は楽でのどかなものだった。プリント地のドレスに長いエプロンというハウスメイドの服装は、夜にはしゃれた黒いメイド服にフリルつきのエプロンとキャップに変わり、ぐっと魅力がアップする。若い娘の制服姿を見るといまでも胸がときめくのは、ひとえに少年時代のそんな経験のせいに違いない。屋敷によっては、坊ちゃまが思春期を迎えるとメイドの魅力の採点表のようなものを作るところがあり、得点の高いメイドは少しずつ減らされて、不器量な娘に置き換えられた。うれしいことに、おれの奉公先ではそういうことはいっさいなく、そのせいで間違いが起きたという話も聞いていない。ハウスメイドは夕方になると力仕事をしなくてはならず、おれはよく手伝ってやって感謝されていた。その仕事とは、寝室に腰湯用の浴槽を運びこみ、暖炉の前に置いて湯を満たすこと。それには水差しに何杯分もの湯が必要だし、何枚ものタオルをあたためて湯船を囲むように吊るさなくてはならない。なにやら原始的なやり方に聞こえるかもしれないが、ついこのあいだ少年時代にお仕えした方々とお話ししたとき、彼らが腰湯について語った口ぶりは、ものほしげでなつかしそうだった。

食料品貯蔵室づきメイドのひとりに夢中になったのは、終戦が近づいたころだ。女の子に本気になったのははじめてで、そのせいでいろいろと面倒なことも起きた。もっとも、こうして当時のことを思い返すと、心がざわめくかわりに鼻がひくつく。食料品貯蔵室のにおいは、この世のものとは思えないすばらしさだった。焼きたてのパンとビスケットとコーヒーとラベンダーとポプリとハーブがいっしょくたになった、なんともいえないかぐわしさ。おれが恋をしたのは、いとしいアリスのかわいい顔とがっしりした体ではなく、彼女の全身に染みついていた、あのにおいだったのかもしれない。

そんな食料品貯蔵室の唯一の欠点は、螺旋階段でハウスキーパーの部屋とつながっていたことだ。そしてパーカー夫人は毎日何時間かは洗濯物を点検したり、備品を配ったり、裁縫メイドに仕事を見つけたり、掃除と家の切り盛り全体を監督したりで忙しいものの、多くの時間を食料品貯蔵室で過ごし、いろいろなものを作るのを楽しんでいた。果物の砂糖煮、ジャムやマーマレード、柑橘類の皮の砂糖漬け、ずんぐりした丸い瓶がずらりと並んだ様子が近衛兵のパレードを思わせるダークチェリーの瓶詰め、薔薇水、そしてほっぺたが落ちそうなスコーンやケーキやペストリー。だから、いとしいアリスをひと目見たくてたまらなくなったら、まずパーカー夫人の居場所を確かめなくてはならなかった。いつの間にか自分の部屋に戻っていて、直接おりてきて逢い引きの現場を押さえられないとも限らない。幸いパーカー夫人はハウスキーパー必携の鍵の束を腰に下げていて、鍵がじゃらじゃらいう音が接近の先触れになってくれた。

もちろん、ふいをつかれたことも一、二度ある。おれは小言を食らってさっさと追いだされ、アリスはその日はずっとがみがみ言われどおしだった。やがてジャム作りの時期になると、男の心をつかむにはまず胃袋からと思ったのか、アリスはおれが顔を出すたびに、灰汁《あく》といっしょにすくいとったあたたかいジャムをバターつきパンにのせたやつをくれるようになった。おれたちは用心するのを忘れ、またしてもいっしょにいる現場を押さえられた。「ゴードン」パーカー夫人は薄い唇のあいだから言葉を押しだした。「仕事に戻りなさい。このことはミスター・ブレイザーに報告しますからね」

出ていくときに、パーカー夫人がアリスをこっぴどく叱りつけるのが聞こえてきた。ブレイザー氏は厳格な父親役を演じはじめた。「ゴードン、卑しい本能を抑制することについては、すでに何度も言ってきたはずだ。今後はメイドにはいっさい手を出さないように。さもないと辞めてもらうことになるよ」

「でも、サー」おれは言った。「手なんて出せたはずありませんよ。あのときは両手ともジャムをのせたパンでふさがってたんですから」

ブレイザー氏は嘆かわしげに首をふった。その事実が、おれのしでかした悪事をいっそうゆゆしいものにしたかのように。「話はそれだけだ、ゴードン。もう行ってよろしい」

だがブレイザー氏と喧嘩ばかりしていたとは思わないでほしい。むしろ、基本的にはおれたちはかなりうまくいっていた。熱心に仕事を覚えようとしていたおれは、執事としてさまざまなことを教えられる立場にあったブレイザー氏から多くを学んでいる。ブレイザー氏はいい上司だった。頼りになって、予想外の行動はとらず、深酒はせず——酒に溺れた執事ほど始末の悪いものはない——、しかも公平。ブレイザー氏が昔気質なヴィクトリア朝時代の人間だったことは、女の子に色目を使うには厄介だったが、それ以外のほとんどすべての点では好都合だった。ブレイザー氏は学校の教師たちにはできなかったことをしてのけた。おれに責任感のある市民としての第一歩を踏みださせたのだ。

ある日、賃金支払い簿を見せてもらったことがある。「この屋敷の歴史に興味があるようだな、ゴードン。これを見てごらん」ブレイザー氏は言い、いくつかのページを指さした。そのひとつには〝メアリー・モーガンに、煙突掃除代として〟とある。帳簿は一八五三年から一八六一年までのものだった。「男の子ならともかく、れっきとした人妻を煙突にのぼらせて掃除をさせるなど聞いたことがない。当時きみがここにいたら、きっと下からのぞいていただろうな」ブレイザー氏は笑いながらつけ加えた。メイドたちとのことでは小言を言うものの、どうやらブレイザー氏は思っていたような朴念仁ではないらしい。そう気づいたのはこのときだ。

ロングリートで迎えたクリスマスは三度。どこまでも伝統に忠実な、その地方の昔ながらのクリスマスだった。玄関ホールに大きなツリーが飾られ、屋敷内にはヒイラギとツタと寄生木《やどりぎ》があふれる。クリスマスの朝の礼拝がすむと、使用人は全員が玄関ホールに並んで侯爵夫人から贈り物を受けとる。わくわくするはずの瞬間だが、実際にはさっぱりだった。何をもらうのか正確に知っていたからだ。贈られる品は少なくとも五十年前からずっと変わらず、しかも国内のほぼすべての屋敷で同じものが贈られていた。女には服地一着分、男には糊づけしたカラーを半ダース。あくまでも使用人の身分にふさわしい〝実用的〟な贈り物で、身のほど知らずな夢を抱かせるような贅沢品ではない。使用人一同の感謝と忠義心を勝ち得るせっかくの機会を、雇い主たちはみすみす棒に振っていたわけだ。

昼間はほぼいつもどおりに過ぎていき、夜になるとどんな天気だろうと下級使用人一同が中庭でカントリーダンスを披露し、居心地のいい上階の窓辺で見物しているご一家と上級使用人の拍手喝采を浴びる。ついで村人たちがハンドベル奏者たちとともに登場してクリスマスキャロルを歌い、パントマイムをする連中はエリザベス朝のクリスマス劇を面白おかしく演じる。そういった儀式が終わるのを待ちかねてあたたかいサーヴァンツ・ホールに向かうと、いくつもの細長いテーブルの上に雄豚の頭、七面鳥の丸焼き、ゲームパイ〔狩りの獲物やその種の肉、とくに鹿肉の煮込みにパイ皮をかぶせたもの〕、キジやウズラのローストなどが山と積まれていて、それを大きな銅のジョッキに入ったビールで流しこむようにしてむさぼり食う。

やがて近くにあるウォーミンスターの町からフィドル奏者が到着し、床の滑りをよくするためにチョークの粉を撒いたら、使用人の舞踏会の始まりだ。慣習に従って、まず侯爵がハウスキーパーと組んで先頭を切り、侯爵夫人と執事のペアがそのあとに続く。はじめてのクリスマス、おれはりきって令嬢のひとりにダンスを申しこんだ。結果はさんざんだった。なにしろステップの踏み方などまったく知らないのだ。令嬢の顔に苦痛の表情が浮かんでいたところを見ると、床よりもパートナーの足を踏んでいる時間のほうが長かったに違いない。ご一家はたいそう如才がなく、自分たちのせいで雰囲気がぎこちなくなっているのを察し、頃合いを見計らって退出する。とたんにそれっとばかりにどんちゃん騒ぎが始まって、パーカー夫人が非難がましく舌打ちしようが、ブレイザー氏が「やめんか、こら」と怒鳴ろうが、この夜ばかりはだれも聞く耳を持たなかった。

翌二十六日のボクシング・デーには一転してふたたび仕事に追いまくられる。この時期には毎年、遊猟会が催され、屋敷には大勢の客人が滞在していたのだ。昼食は森のなかにしつらえた大テントで供される。三品の料理からなるちゃんとした昼食で、保温箱に入れて運んでいったものを猟の参加者一同に熱々の状態で給仕する。食事の席には大胆で冒険好きなご婦人も大勢加わっていた。あんな凍えるように寒い時期に何を好き好んで外で食事をするのか、おれにはさっぱりわからなかった。上流階級の面々は健啖家揃いで、そんなたっぷりした昼食をとっておきながら、夜は屋敷に戻ってきちんと晩餐を食べる。典型的な献立はこんな感じだった。

コンソメのインペリアル風
舌平目のノルウェー風
鶏のクリーム煮のマッシュルーム添え
子羊のノワゼット〔厚く切ったヒレ肉〕のリッシュ風
子鴨のローストのグリーンピース添え
シチリア風ボンブ・グラッセ〔砲弾型アイスクリーム〕

戦争が終わると、ブレイザー氏から、ずっと閉めきっていたバース侯爵家のタウン・ハウスを開けるのでロンドンに行ってもらうことになったと告げられた。これはグロヴナー・スクエアにある大きなしゃれた屋敷で、旦那様の従僕だったレグ・フィッシャーが執事として同行し、定員いっぱいのスタッフを雇いいれた。五年もの年月のあとで、だれもがロンドンの社交シーズンの再開を待ち望んでいたのだと思う。かく言うおれも、都会の華やかさとにぎやかさを楽しんだ。

生まれ育ったアスコットはロンドンから三〇マイル〔五〇キロ弱〕のところに位置しているにもかかわらず、ロンドンには子供のころに教会の遠足で二回行ったきり。しかも引率者つきの遠足では、引率者が見せたいものしか見られない。久々に出てきたロンドンで、おれは近所にあるハイドパークを散歩するのを楽しんだ。チョッキに糊の効いたシャツと白い蝶ネクタイ、お仕着せのズボン。そんな格好で意気揚々と歩きまわっては、女の子が軒並みふりむいて「ほら、お屋敷勤めの人よ」とささやきあうのを聞いて悦に入る。お仕着せ姿の下男はカーキ色の軍服を着た兵隊よりも華やかで、しかも数が少ない。興味深く愉快な日々が始まることは確実に思えた。

残念ながら、ひとつだけ気に入らない点があった。レグ・フィッシャーだ。やつとはどうしても反りが合わなかった。権力を手にして図に乗ったらしいフィッシャーは、おれに対する嫌がらせに全力を注いだ。ときたまご一家や滞在客が訪れるとき以外、上級使用人一同はタウン・ハウスを自分のもののように扱っていて、おれは連中と連中が夕食に招待する大勢の友人たちの世話をさせられた。

おまけに担当外の仕事をあれこれ押しつけられ、そのひとつが朝一番にストーブをつけて湯を沸かすことだった。気に食わないので、寝坊したときは湯があたたまっていないのをボイラーの不具合のせいにして、ちゃんと火がついているように見せかけるために通気口の内側に蠟燭を入れておいた。ところがある朝フィッシャーがストーブの上蓋を開け、小細工がばれてしまった。ただではすまないことは確実だったが、気にはならなかった。当時は訓練された下男は引く手あまただったし、どのみちそろそろ勤め先を変えようと思っていたからだ。

数日後、家事使用人の世界で〝三下り半〟と呼ばれているものが届き、一か月後の解雇を通告された。文面は十分に感じがよく、今後スタッフの構成を見直す予定だが、おれは新しい職場を必要としているように見受けられると述べ、いい推薦状を出すと約束していた。

グロヴナー・スクエアにほど近いメイフェアのノース・オードリー街に、執事と従僕と下男を専門に扱う有名な口入れ屋〈メイフェア使用人紹介所〉があった。通りに面した窓には求人票が何枚も貼りだされていて、たとえ新しい勤め先を探していなくても、読むと勉強になる。男の使用人の賃金相場がわかるからだ。雇い主は使用人の賃金を据えおこうとする傾向が強く、賃上げ要求などすれば、救貧院でお粥のお代わりを求めたオリヴァー・トゥイスト〔C・ディケンズの同名の小説の主人公〕のように、大顰蹙《ひんしゅく》を買う。解雇が決まると、おれはそれまで以上にこの窓に目を光らせるようになった。ある日、一枚の求人票がおれの好奇心をそそった。チャールズ・サンドフォード夫人というご婦人が、第二下男として立派な推薦状を持った青年を求めているという。さらに、酒をまったく飲まず、煙草を吸わず、動物好きだと採用の可能性が高まるらしい。

どの条件も応募の当日だけなら簡単に満たせるし、採用後に習慣が変わる分には構わないはずだ。住所はベルグレイヴィアのイートン・スクエア一〇二番地。悪くない住所だ。〝動物好き〟という条件がちょっと気になるが、まさか動物園をやっているわけではないだろう。屋敷があるのはウェストミンスター公爵の領地だし、公爵がそんなことを許すはずはない。

店で手続きをすませて面接用のカードをもらい、屋敷を下見するために時間の余裕を見てイートン・スクエアに向かった。雇い主候補の姿をちらりとでも見られることを期待して、屋敷のそばをゆっくり行ったり来たりする。運はおれに味方した。人影が窓に近づいてくる――そして窓からあふれでた！窓が開くと同時に、巨大なおっぱいが二つ、たぷたぷとせりだしてきたのだ。見れば指にはごてごてと指輪をはめ、胸には真珠の首飾りが幾重にも垂れている。首には小さな毛皮を巻いているようだ。〝ふうん、喉を痛めてるのか〟おれは思った。

大きさは人間のふるまいを判断する基準にはならない。太っている人間は多くの場合陽気で幸せだ。おれはそう結論づけた。それに、いやなら断ればいいだけの話だ。そこで玄関に行って呼び鈴を鳴らすと、サンドフォード夫人の執事とおぼしい男――その読みは当たっていた――がドアを開け、おれを上から下までじろじろ見ると、冷ややかになんの用かと尋ねた。「〈メイフェア使用人紹介所〉の求人広告を見て来ました。紹介所から電話で面接の予約が入っているはずです。たしか第二下男をお探しだとか」

「きみをうちの第二下男にしたいかどうかは疑問だな」もう一度おれの頭から爪先まで視線を往復させると、執事は言った。「分をわきまえていれば、階段をおりて勝手口にまわったはずだからな。正面玄関では就職希望者は受けつけていないよ」そして、おれの鼻先でドアを閉める。〝なんだよ、くそじじい。そんな仕事こっちからお断りだ〟おれは思い、その場を離れた。

ハイドパークまで行ったところで、頭のなかを整理するためにベンチに腰をおろした。考えてみれば、執事の言ったことは正しい。ロングリートで同じことが起きたら、ブレイザー氏もああしていただろう。それに短気は損気という言葉もある。そこでイートン・スクエアにとって返し、階段をおりて旧式な呼び鈴の紐を引っぱった。ずいぶんしてから足音が聞こえ、ドアが開いてさっきの執事が姿を現わした。執事はいやな顔をしておれをにらんだ。「きみに邪魔されたのは、午後になってこれで二度目だ。それだけの価値があることを願いたいね。まあ入りなさい。面接は奥様がなさる。きみが来たことをお知らせしてこよう」

やがておれは小さな客間でサンドフォード夫人の前に立っていた。「名前は？」夫人は尋ねた。

「ゴードンです、奥様」

「うちで働くことになったら、あなたはジェイムズよ。うちでは第二下男はみんなジェイムズと呼ばれるの。第一下男がみんなウィリアムと呼ばれるようにね」

返事は要求されていないようだったが、〝みんな〟というのが少々気になった。まるで着替えをするのと同じくらい頻繁に使用人を取り替えているような言い方だ。おれは相手の首に巻かれた毛皮を見つめ、いったいなぜだろうと頭をひねった。「正直に答えて、ジェイムズ。お酒は飲む?」

「いいえ、奥様」おれは答えた。

「煙草は吸う?」

「いいえ、奥様」

「動物は好き?」

「はい、奥様。動物は大好きだと言っていいと思います」

「それは結構だわ、ジェイムズ。ピーナッツと言ってみて」

おれはためらった。ひょっとしたら聞き間違えたのかもしれない。「なんと言えとおっしゃったんですか?」

「ピーナッツよ、ジェイムズ。大声で言わせないでちょうだい。P・E・A・N・U・T・S」おれはごくりと唾をのみこみ、しゃがれた声を押しだした。「ピーナッツ」

「声が小さいわ。もっと大きい声で」

「ピーナッツ」おれはやけくそになってわめいた。

すると首の毛皮がふわりとほどけ、宙を飛んでおれの肩に着地した。悪態をつこうとしたところに「怖がらないで、ジェイムズ」と声がかかり、罰当たりな言葉をのみこむ。「それはピーナッツといって、わたしが飼っているキヌザルよ。嚙みつかないから安心して」面接が再開された。キヌザルはおれの肩に乗ったままで、サンドフォード夫人が投げるピーナッツを受けとめると手に持って食べ、おれの上着の胸ポケットに殻を入れている。「お茶はいれられる?」夫人が尋ねた。

「はい、奥様。できると思います」

「つまり自信はないのね。いらっしゃい。厨房に行って試せばすぐわかるわ」いっしょに厨房におりると、夫人は料理人にティーポットと茶葉と沸騰した湯を用意するよう命じた。相手に驚いた様子がなかったところを見ると、これはよくあることらしい。やかんの湯が沸くと、おれは作業にかかるよう言われた。

「お茶は何人分いれればよろしいでしょうか?」尋ねると、夫人は手をたたいた。

「お見事よ、ジェイムズ」叫ぶように言う。「とても重要なことなのに、ほかの応募者はだれもその質問をしなかった。採用よ。何年も先まで勤めてくれるとうれしいわ」

おれは複雑な気分でグロヴナー・スクエアに戻った。いやはや、とんでもないことになった。あれ以上奇妙きてれつな採用面接は、どこを探してもないだろう。だからこそ、おれはサンドフォード家で働くことにしたのだと思う。どのみち失うものは何もない。〝構うもんか〟おれは思った。〝やってみるさ〟と。バース侯爵家での残りの日々は、とげとげしい雰囲気のなかで過ぎていった。それまでどおり全力で仕事に励んでも、執事に怠けていると責められる。そこで、どのみち文句を言われるならさぼるが勝ちと腹をくくり、肩の力を抜いて、なるべく執事と顔を合わせずにいるよう心がけた。本来なら社会人としての第一歩を踏みだした奉公先を離れることを残念に思うべきなのだろうが、この職場にはもううんざりしていた。

サンドフォード家もそれなりの数の使用人を抱えていた。執事兼従僕のジム・ビレット。第一下男のビル・ルース。この男は元海軍兵で、そのことを決して忘れさせてくれなかった。料理人の下に厨房メイド一人。ハウスキーパーの下にハウスメイド二人。運転手兼御者とお付きメイドが一人ずつ。おれは通常は下男のものではないはずの仕事をいくつもしなくてはならなかったが、侯爵家でならともかく、家の格も使用人の数もまったく違うこの屋敷では、それも割合すんなりと受けいれられた。

ひとつだけ気に入らなかったのは、ジム・ビレットに毎晩一クオート〔約一・一三リットル〕入りのビール瓶を渡され、ベルグレイヴ・ミューズのパブ〈スター〉にビールを買いに行かされることだった。そんなのはおれの仕事ではないとはいえ、新入りの身でそうすぐに執事に楯突くわけにはいかない。一、二週間後、いよいよ頭に来たおれは、瓶の底にスプーン一杯分の粉砂糖を入れ、よくふってビールに溶かした。それを持ち帰ると、ビレット氏はひと口飲むなり言った。「なんだこりゃ。このビールは甘いぞ。どこで買ってきた?」それに対しては、いつもと同じ店で買ったと嘘偽りなく答えることができた。「ほれ、飲んでみろ」とビレット氏。

「普通の味だと思いますけど」おれは言った。同じことを三日続けたところ、ビレット氏は自分の舌がおかしくなったと思ったらしい。「ビールはもうやめだ」ぼそっと言い、その後はサンドフォード氏のウイスキーで我慢するようになった。

サンドフォード夫妻は不釣り合いに見える夫婦で、それでいてうまく行っているようだった。旦那にとっては二度目の結婚で、奥方のほうに結婚経験があるかどうかはわからない。結婚したのは十年前だという。

チャールズ・サンドフォードはアメリカ南部の出身だった。使用人たちによると大富豪だという話で、いったいどこを見てそう判断したのかは謎だった。それでも金に不自由している様子はなく、基本的に毎日シティーに出かけ、八十近い年齢ながらかくしゃくとしていた。

夫にはヘットと呼ばれ、サーヴァンツ・ホールでは〝あのストレタム出の売女〟で通っていたサンドフォード夫人ヘティーは、年齢不詳だった。四十歳から五十歳までのいくつだったとしてもおかしくない。体型を維持するための努力は完全に放棄していて、コルセットがなければもっと膨張していただろう。お付きメイドはよく汗だくになってサーヴァンツ・ホールにおりてきていた。「いい子だからお茶を一杯ちょうだい。喉がからからよ。一パイントしか入らない容器に、その倍の一クオートの中身を詰めこんできたんだから!」ヘットの体重は一四ストーン〔九〇キロ弱〕を超えているとかで、お付きメイドはよく「面積が広いから手入れが大変よ」とぼやいていた。

ヘットの最大の魅力は長い金髪だった。お付きメイドにそう言うと、「卵の黄身で洗ってるからよ」と種明かしをしてくれた。ひとことで言うと、チャールズとヘットはジャック・スプラット夫妻〔イギリスの童謡に登場する夫婦。夫は痩せっぽちで肉の脂身が苦手、妻は太っちょで肉の赤身が苦手〕を思わせた。この印象が当たっていたことは、食事のたびに裏づけられた。奥方はもりもり食い、旦那は料理をつつきまわすだけ。ヘットはそれが気に入らず、よくこんなふうに言っていた。「さあ、チャールズ。今夜は残さずに食べてちょうだいよ」

「ヘットや」チャールズは答える。「私は生きるために食べているんだ。食べるために生きてるわけじゃない」

さっきも言ったように、おれは下男というよりなんでも屋だったが、その状況を楽しんでいた。サンドフォード夫妻は社交界には属していなかったためパーティーはめったになく、おれには自由時間がたっぷりあったのだ。

とはいえ、ヘットが上流社会に食いこもうと精いっぱい努力していたことは否定できない。午後になるとよく御者のディック・ウィリアムズを呼んで〝名刺配り〟に出かけていた。この訪問のお供をするのは当番の下男の仕事で、御者と同じようにトップブーツを履いて御者用の長いマントをはおり、横っちょに花形記章をつけたシルクハットをかぶって御者台に陣どる。

御者が運転手を兼ねていたことからもわかるように、サンドフォード家には自動車が一台、それもアメリカ製のでかいやつがあったにもかかわらず、ヘットは馬車を好んだ。馬車のほうが動きがゆっくりで重々しく、人目につく。もっとも、けばけばしい服を着てこぼれ落ちそうなほどミンクをぶらさげ、ダイヤモンドをぎらつかせて大きな鳥籠のような帽子をかぶったヘットは、いやでも目立ったはずだ。せめてもの救いはキヌザルを家に置いていったこと。あんなものを連れていたら、手回しオルガン弾きにしか見えなかっただろう。

家を出るのは三時前後。ヘットは矢継ぎ早に御者に指示を与えるために片手に伝声管を持ち、反対の手には在宅と思われる知人のリストを持っている。馬車がトロットで、たとえばベルグレイヴ・スクエアに沿って進んでいくと、ヘットが「六番地で止めて」と怒鳴る。おれは馬車からおり、ヘットから名刺を受けとってベルグレイヴ・スクエア六番地に届ける。この〝名刺配り〟はなかなかの大仕事だった。呼び鈴を鳴らすと執事か客間メイド頭が出てくるので、名刺を渡して「チャールズ・サンドフォード夫人の使いの者です。奥様はご在宅ですか?」と言う。ドアはいったん閉ざされ、相手は女主人がサンドフォード夫人に対して在宅かどうかを確かめに行く。

在宅だった場合、悪戦苦闘するヘットを馬車から引っぱりだし、玄関前の階段を上がるのに手を貸すと、外に立ったまま訪問が終わるのを待つ。一回の外出につき同じことが一度か二度繰り返され、最後にゆるいトロットでハイドパークをひとまわりして家路につく。

先方が不在の場合は、執事や下男がそれを告げに来るのがあまりにも早く、ヘットに対しては居留守を使うようあらかじめ指示されていることが見え見えな場合も含めて、角を折った名刺を置いていく。名刺を折るのは、サンドフォード夫人自身が訪ねてきたことを示すためだ。ほかに下男が単独で名刺を配ってくるよう命じられることもよくあって、こちらは女主人が上京中で来客を受けつけていると知らせるのが目的だった。この場合は、使いの者が届けに来たことを示すために名刺の角は折らずにおく。

この勤め先では、外観だけとはいえ、コヴェントガーデンを含めたロンドンのさまざまな劇場となじみになった。ヘットは大の観劇好きで、ときには同じ出し物を三回か四回くらい見に行っていた。これまたサーヴァンツ・ホールの噂によると、昔は舞台に出ていたとかで、定位置は〝コーラスの後列〟というのが残念ながら全員の一致した見解だった。

夜の外出のお供をするときは、丈の長い茶色のコートを着て、まびさしつきの帽子をかぶる。帽子には花形記章。目的地に着くと、すばやく飛びおりてサンドフォード夫妻のために馬車または自動車のドアを開ける。サンドフォード氏にその元気がないときは、手招きされて、階段を上がる奥方のエスコートを任された。もう用はないという手ぶりを受けてお辞儀をすると、ヘットが「家にお戻り、ジェイムズ。迎えは十一時にね」とかなんとか、出し物が終わる時間を告げる。おれが御者台に戻ると、御者が言う。「ばかなおばさんだ。家になんぞ戻らないことはわかってるだろうに」それから馬に鞭を当て、「さあ、おまえたち、パブに行くぞ」そして、おれたちはしこたま飲むためにパブに急ぐ。店に入る前に、二人ともお仕着せの長いコートと帽子を脱ぎ、ジャケットとレインコートに着替えて布の帽子をかぶり、職業がわからないようにする。用心するに越したことはないし、お仕着せは身元特定の決め手になりかねないからだ。

面白いことに、人間の品性はちょっとしたところに表われる。ヘットにはねだられればなんでも与えていたらしいチャールズ・サンドフォードは、ジム・ビレットとハウスキーパーには帳簿を見せるよう要求し、二人によると、たかだか半ペニーの食い違いにも目くじらを立てたそうだ。ジムは夜になるとサンドフォードのウイスキーを飲みながら、よく不平がましく「いまいましい守銭奴じじいめ」とつぶやいていた。

おれはその後、ジムの言葉を裏づける出来事をこの目で見ることになった。チャールズはいつも九時十分前に自動車でシティーに出かける。ある朝、時間になってもおりてこないので、ヘットはドアを開けるために玄関脇で待機していたおれに命じた。「ジェイムズ、旦那様のお部屋に行って、車が待っていると伝えてちょうだい」行ってみると、部屋にチャールズの姿はない。と思ったのも一瞬、ベッドの下で踵《かかと》が二つ動いているのが目に入った。そっと咳払いすると、赤い顔をしたチャールズが困惑の面持ちで這いだしてきた。伝言を伝えて立ち去ろうとしたところで声がかかった。「ああ、ジェイムズ。執事のビレットに伝えておいてくれ。ベッドの下に六ペンス玉を一枚落としたので、拾って化粧台に置いておくようにとな」〝まいったな〟おれは思った。〝こいつは相当だぞ〟伝言を伝えると、ジムは爆発しそうになった。

「あのじじい、どこまでみみっちいんだ。ハウスメイドがくすねると思ったんだな。そら」と言ってポケットから六ペンス硬貨を出し、「こいつを持っていって、いまいましい化粧台に置いてこい。ああいうやつらが金持ちになって金持ちのままでいるにはそこまでしなきゃならないなら、おれは自尊心を持ったままでいるほうがいい」

当時は自尊心を手放した人間を目にする機会がわんさとあった。前線に出ていた兵隊が続々と戻ってきて、祖国には英雄の居場所はないことを思い知らされていたのだ。裏口にしじゅう物乞いがやってきて、金ではなく食べ物をねだる。それがあまりに頻繁になったため、ついにビレット氏から待ったがかかった。「これからは物乞いは追い返せ」。うちはいいカモだという噂が広がりはじめている。このままではまずい」指示どおりにするのは簡単なことじゃなかった。

ある日、ひとりでサーヴァンツ・ホールにいると裏口の呼び鈴が鳴り、出てみると中年の男がメダルをいくつか手にして立っていた。男に聞かされた苦労話は、お決まりのやつよりいくぶん赤裸々だった。少し食べ物をやって、おれたちは話しつづけた。「どんな仕事を探してるの?」そう尋ねたのは、お屋敷勤めに向いているかもしれないと思ったからだ。

「おれは役者なんだ、ミュージックホールの。名前はビル・ニューマン。主役を張ってたこともあるんだが、いまじゃどこの小屋も使ってくれない。頼みの綱はパントマイムだが、クリスマスまではまだだいぶ間があるしな」そしてビルは、舞台に出ていたころの思い出をあれこれと語りはじめた。

「どこに住んでるの?」おれは間抜けにも尋ねた。

「そりゃまあ、どこでも適当な場所で寝るだけさ。物は相談だが、外の物置を使わせてもらえないかな?」

ひと晩だけならと承知したのが失敗で、当然ながらひと晩のはずが二晩になり、さらに三晩になった。そこでビルが油断したらしい。ハウスメイドのひとりに姿を見られてしまったのだ。おびえたメイドの話を聞いたビレット氏はあっという間にビルを発見し、ビルはおれが一枚嚙んでいることをばらしてしまった。警察を呼ぶと脅されては、そうするしかなかったのだろう。ビルは即刻たたきだされ、てっきりおれも同じ運命かと思ったが、大目玉を食らっただけですんだ。〝まあいいさ〟おれは思った。〝これで一件落着だ。もうビルと会うこともないだろう〟

一週間ほどしてピカデリーをぶらついていると、マッチを売っている男が目に入った。手にした盆の下に〝戦場で失明しました〟と貼り紙がしてある。男の顔を見ると、相手は片目をつぶってみせた。ビル・ニューマンだったのだ。どうやら演じる役を見つけたらしい。近づいていって挨拶すると、「おれのこと、恨んでないか？」と訊かれた。

「ぜんぜん。だけど、なんでこんなことを？　目はちゃんと見えてるだろ」

「しーっ」ビルはささやいた。通りかかった二人のご婦人に向かって「マッチはいかが？　マッチはいかが？」と声を張りあげ、二人がそのまま通りすぎると、「牝犬《ビッチ》が二匹、牝犬が二匹」とつぶやく。「こうでもしなきゃ商売にならないんだよ。おれみたいな人間はわんさといるからな。目が見えないことにすれば、少しは御利益がある」おれはビルに一シリングやり、胸がむかつくのを感じながらその場を離れた。ビルのしていることが不愉快だったわけじゃない。盲目の相手にしか財布の紐をゆるめようとしない世界に吐き気をもよおしたのだ。

おれが働きはじめて半年後に、サンドフォード夫妻はしばらくアメリカに行くつもりだと宣言した。今後は年の半分はイギリスで過ごし、残り半分はあちらで過ごすらしい。おれは新世界を見られるという期待に胸を躍らせた。採用時にヘットから長く勤めてほしいと言われていたので、てっきり同行を求められるものと信じて疑わなかったのだ。お付きメイドと執事のビレット氏以外、使用人はすべて解雇されると知ったときの腹立たしさといったらない。ジムに泣き言を言うと、「世の中はそんなものさ」という悟りきった言葉が返ってきた。「若いうちにいい勉強ができてよかったじゃないか」

ふたたび振り出しに戻って、ノース・オードリー街の下男紹介所へ。今度は平民はやめて、前のような上流階級の屋敷にすることにした。そっちのほうが先が読みやすく、安心して勤められる気がする。

紹介所の窓にこんな求人票が出ていた。

ストラットフォード・アポン・エイボン近くのゴールディーコート・ハウス並びにロンドンのローワー・グロヴナー街在住のオノラブル・クロード・ポートマン夫人が第二下男二名を急募。年給二八ポンドにビール・洗濯代週二シリング六ペンスを加算。モーニングスーツとお仕着せ、各一着ずつ支給。英国国教徒に限る。

店に入って尋ねるとポートマン夫人はロンドンにいるというので、さっそくカードをもらって面接に行く気でいたところ、「申し込みは書面でお願いします」とのこと。

応募の手紙を書いた数日後、呼ばれて上階に行ったおれは仰天した。ポートマン夫人が訪ねてきていたのだ。ヘットからおれに関する生の情報を入手するためだろう。聞いた内容がお気に召したと見えて、面接がすむとおれは採用された。しばらくはストラットフォード・アポン・エイボンで働くことになるという。おれにとっては好都合だった。ちょうど色恋沙汰が少々手に負えなくなりかけていて、おれがよその土地に行くのが関係者全員にとっていいことに思えたからだ。それにストラットフォードといえばシェイクスピアで、シェイクスピアが吸ったのと同じ空気を吸えば、少しばかり教養が身につかないとも限らない。

解雇までの予告期間は残すところ二週間。チャールズやヘットのためにあくせく働く気にはなれなかった。あの夫婦だって、おれの都合を考えてくれたとはいえないのだから。いちばんつらかったのは、半年ほどのあいだにすっかり仲よくなったピーナッツと別れることだった気がする。アスコットの両親のもとで何日か過ごしてから、列車に乗ってストラットフォード・アポン・エイボンへ。驚いたことに、駅には執事のタップ氏がポニーに引かせた軽二輪馬車で迎えに来ていた。おいおい、しょっぱなから執事の威厳を危険にさらす気かよ。おれは思った。

四マイル〔約六・四キロ〕のドライブのあいだに、タップ氏はご一家と屋敷について大まかなことを教えてくれた。オノラブル・クロードは五十歳くらいで、奥方はそれよりいくつか若い。子供は三人で、二人の令嬢シルヴィアとジョスリンはともにティーンエイジャー、令息エドワードは陸軍の近衛騎兵連隊に所属。パーティーはかなりあるものの、地元の友人が集まる小規模なものがほとんどだとのこと。

「実は今夜もひとつあるんだ。出席者は八人」タップ氏は言った。「きみにも給仕をしてもらう」おれは急いで、お仕着せの採寸も仮縫いもまだなのでそれは難しいのではないかと指摘した。「いや、お仕着せなら予備のがいくつかある。ひとつくらい体に合うのがあるだろう」タップ氏はさらりと応じた。

「お言葉を返すようですが、他人のズボンをはく習慣はありませんので」おれはそっけなく言った。新しい上司との関係はなんだか出だしからぎくしゃくしていた。

「では、こうしよう。ズボンは手持ちのモーニングスーツ用のをはけ。上着とチョッキはこちらで用意する」おれは不承不承に承知した。

さらに気持ちを萎えさせたのは、屋敷が間近になってからタップ氏が口にした次のせりふだ。「ところで第一下男のデイヴィッド・ジョーンズはウェールズ出身でね、私の経験ではあそこの人間にはよくあることだが、過剰なほどの想像力の持ち主だ。そういうわけで、あの男の言うことはあまり気にしないように」

〝臭いぞ〟おれは思った。〝とてつもなく臭い〟

屋敷に着くと、スタッフのうち勤務中の連中に引きあわされた。「ではデイヴィッドに部屋に案内してもらうといい」とタッブ氏。「きみは彼と同室だ」

二人で無言のまま階段を上がる。寝室に着くと、デイヴィッドはすばやくドアを閉め、向き直って言った。「ここまでの切符は往復で買ったのか？」

「いや」おれは答えた。「だって、そんな必要ないだろ？」

「そうしときゃ金を節約できたのに。ここの第二下男になったのは、この八か月でおまえさんが五人目だ」

とたんにすべてが腑に落ちた。だからタッブ氏はわざわざ自分で迎えに来たのだ。ほかの使用人を迎えにやれば、その話を聞いたおれが次の列車でロンドンに戻ってしまうかもしれないと心配して。そんな事情があるなら、おれの体に合うお仕着せがあるはずだと自信満々だったのも当然だ。最低でも五人分のなかから選べるのだから。

前任者たちが辞めた理由を尋ねると、デイヴィッドは不吉な口調で答えた。

「それは自分で突きとめるんだな」

結果的には、連中が辞めた理由はわからずじまいだったが、おそらくこれだろうと思ったことはある。それはポートマン夫妻ではなく、デイヴィッドに関することだ。デイヴィッドの腹は一風変わっていて、昼間はやたらとごろごろ鳴るし、夜はいうなればガスを噴出するのだ！　音もそれなりに気になったとはいえ、たまらなかったのはにおいだ。おれのベッドはドアの近くにあったため、夜中に起きだして廊下を行ったり来たりするはめになったことは数知れない。おまけにデイヴィッドは喘息持ちで、咳とくしゃみがこれまた安眠を妨げる。ときには夜中にバンシー〔大声で泣いて家に死者が出ることを予告する女の妖精〕そこのけに泣き叫ぶことまであって、苦情を言うと「そりゃおまえ、霊の仕業だよ」のひとことで片づけられる。「おれたちウェールズ人にはしょっちゅう霊がとりつくんだ」そのたびに、あんたの頭と体に悪さをしてるのはビールに決まってるじゃないか、と言ってやりたくなったものだ。

だが話をもとに戻そう。デイヴィッドがおれを安心させるふりをしながらいっそう不安をあおっているところに、タップ氏が入ってきた。腕にかけたお仕着せは、淡い青の上着と金色のチョッキ。「八時に食堂に来てくれ。それまでにデイヴィッドにあちこち案内してもらうといい」

デイヴィッドの話に不安をそそられたせいか、はたまたやつに会いに来た霊のどれかに憑依されたのか、初日の夜の晩餐は大失敗。あれはまさに下男の悪夢そのものだった。

スープと魚料理は何事もなくすんだ。メインの料理は子羊の鞍下肉のローストで、これはタップ氏が切り分けて配ることになっていた。デイヴィッドは付け合わせの野菜を担当し、それ以外の厄介なものすべてを担当するおれが、左手にグレービーとミントソースの容器をのせた銀の盆、右手に大きなボウルに入ったサラダを持ってそのあとに続く。半分がた給仕を終えて婦人客のひとりに盆をさしだそうとしたとき、左隣の紳士がいきなりご婦人のほうに向き直った。肘が手にぶつかり、ミントソースとグレービーの容器がご婦人の膝に転げ落ちる。それを防ごうとしたおれは右手のコントロールを失い、ボウルの中身をご婦人の背中にぶちまけた。ご婦人はすさまじい悲鳴をあげ、淑女にあるまじき言葉をいくつか口にするなり小さな客間に駆けこみ、オノラブル・クロードとご婦人のご亭主、それにタップ氏があとを追う。

おれは急いでタオルを何枚か持ってきて、こぼれたものを拭きとれるようにご亭主に渡した。躾《しつけ》のいい使用人が拭けるような場所ではなかったからだ。「ブランデーを持ってこい」旦那様が大声で命じ、タッブ氏が応じる。「ソーダもだ」ご亭主が叫び、おれは食堂にサイフォンをとりに行った。戻ってくると、ご婦人はすでにブランデーがたっぷり入ったグラスを手にしていて、あえぐように「少しでいいわ」と言ってグラスを突きだした。

さて、いつもならサイフォンを使うときは本番前に試しに一度押してみる。勢いよく出すぎることがあるからだ。この夜のサイフォンはまさに猛虎で、ひと押しするなり炭酸水がほとばしり、ブランデーといっしょになって不運なご婦人の顔と首に襲いかかった。これがサーカスの出し物なら、観客は大喝采していただろう。実際には、居合わせた者のなかでこれを滑稽だと思ったのはデイヴィッドだけで、やつは狂ったように笑いだした。それがいっそう事態を悪化させ、だれもがいっせいにわめきだす。もはや処置なしと見て、おれは自分の部屋に引きあげた。デイヴィッドではないが、こうなってみると往復切符を買わなかったことが悔やまれる。どうやらクロード・ポートマン氏はこれまでの記録を塗り替えて、八か月に六人の下男を雇うことになりそうだった。

じきにデイヴィッドも戻ってきて「パーティーは終わったぜ」と言った。「明日は二人とも大目玉だな。笑っちゃいけなかったことはわかってるんだが」と続ける。「何年もこの仕事をしてきて、あんな傑作な場面にぶつかったのははじめてだ。いっぺんにあれだけ全部やってのけるとは大したもんじゃないか、え」それから二人ともくすくす笑いだし、あの場面をもう一度頭のなかで再生した。

意外だったのは、翌朝オノラブル・クロードに呼びだされたおれたちが、それほど叱られずにすんだことだ。幸いにもわが雇い主はおれが腕にぶつかられたのを見ていたうえ、奥方ともども一連の騒動の滑稽な面を見てとることができたらしい。その証拠に、小言を言いながらも目は明らかに笑っていた。

タッブ氏はそれほど甘くはなかったが、ほかのスタッフはこの騒動を愉快なものと受けとめ、おかげでおれはあっさり仲間と認められ、すんなりと職場になじむことができた。

　ご一家の最大の関心事は狐狩りその他の戸外活動らしかったが、奥方は芸術方面にも熱心で、ささやかながら後援者めいたこともしていた。

　頻繁に屋敷を訪れ、ときには下宿人同然になっていた客人のなかに、作家のマリー・コレリ女史がいる。コレリ女史が書くロマンチックな小説は当時、国内だけでなく海外でも評判になっていた。夏になると早い時間に屋敷にやってきて、すぐ庭に出て一日ずっと原稿を書いて過ごす。定期的におやつを用意するのは、おれの仕事だった。はじめて顔を合わせたのは庭の薔薇《ば ら》園。女史は背景にしっくりなじんでいた。つまり見るからに田舎風だったのだ。林檎《りんご》のような頬とずんぐりした体型。美人ではないが、はつらつとして元気いっぱい。のちに『ピーター・パン』の作者サー・ジェイムズ・バリーに会ったとき、コレリ女史を思いだした。体型こそ筋肉質だが、やはり田舎風の人物だったからだ。初対面のときのコレリ女史の姿は、いまでも思い浮かべることができる。ベージュの絹のドレスは丈が長く、腰には赤いサッシュ。つばの広い麦藁《むぎわら》帽子に、これまた赤い絹のバンダナを巻いていた。

「おやつをお持ちしました、奥様」近づいていって声をかけても、女史は顔を上げようともしない。子供用の練習帳のようなものにペンを走らせつづけている。失礼にならない程度に間を置いてから、もっと大きな声で言ってみた。「奥様、レモネードとビスケットをお持ちしました。お盆はお足元の芝生とテーブルのどちらに置けばよろしいでしょうか?」

　すると女史は万年筆にキャップをはめ、ぴしゃりと帳面を閉じると、じろりとおれを見て言った。

「おや、見かけない顔ね」おれは第二下男のゴードンだと名乗り、この屋敷ではまだ新参者だと告げた。「なるほどね」と女史。「ではゴードン、最初にはっきりさせておきましょう。わたしは奥様《マダム》ではなくお嬢様《ミス》。ついでに言っておくと、ミス・マリー・コレリよ」単に事実を述べたという感じで、自慢げな響きはない。「わたしは小説家でね、いつも登場人物や筋書きや絵になる場面を探しているの。その点では、あんたにはもう借りがあるようね。気の毒なケイティー・ブルックを前も後ろもサラダとグレービーとミントソースまみれにしたのはあんたでしょう?」おれはそうだと認めた。「実に愉快な場面だわ、ゴードン。どこかで使わせてもらわないと」

「どうやら奥様は――いえ、お嬢様はご存じないようですが、その話にはまだ続きがありまして」おれは言い、ブランデーとソーダについて話した。女史は大笑いし、ふとレモネードとビスケットをのせた盆を見やると、立ちあがった。帳面をとりあげ、テーブルから十分に離れた位置に立つ。「気を悪くしないでちょうだい、ゴードン。もっといろいろ体験談を聞かせてもらいたいけど、いまの話みたいなことにならないように用心しないとね」

ロングリートですでに経験したとおり、古い屋敷に奉公していて困るのは、どの屋敷にももれなく幽霊話がついているらしいことだ。ゴールディーコートも例外じゃなかった。おまけにウェールズ系だけあって、デイヴィッドは怪談をでっちあげるのがうまい。ご一家が出払っていたある午後、デイヴィッドはおれの腕をつかんで、一面に鉄のボルトを打ってあるオーク材のドアのところに引っぱっていった。鍵を出してドアを開けると、ポケットからちびた蠟燭をとりだし、火をつけて闇にかざす。蠟燭の明かりのなかに、地下室に通じているとおぼしき石段が浮かびあがる。「秘密の通路ってやつだ、相棒」デイヴィッドは言い、先に立って石段をおりはじめた。

石段の下には煉瓦造りのトンネルが伸びていた。ただし進めたのはほんの数歩だけ。がれきの山が行く手をはばんでいる。石段の上に引き返しながら、デイヴィッドは歯をがちがち鳴らしていた。

「な、ぞっとするだろう、あの暗がり。無理もないがな」ドアのところに戻ると、デイヴィッドは言った。

「なんでさ」

「今夜、教えてやるよ。寝床に入ってからな。いまは仕事がある」デイヴィッドはそう言って立ち去った。

その夜、デイヴィッドは催促されるのも待たず、部屋の明かりが消えると同時に口を開いた。「さて、あのトンネルについてだ。おまえさんは知らないだろうが、この屋敷は昔、修道院の一部だったんだ」たしかに知らなかったと認めると、デイヴィッドは「そうだろうとも」と受けた。「それでな、修道士のなかには貞潔の誓いを立ててるくせに色好みな連中がいたんだ。そして、ここから四マイル〔六・五キロ弱〕くらい離れたところに尼僧院があった」

「どこに?」

「そいつは自分で調べるんだな」デイヴィッドは答えた。「とにかく修道士たちは尼さんたちと逢い引きするためにこのトンネルを掘った。そして夜になると忍んでいって、よろしくやったんだ」

「なにするためだけに、そんなに遠征するかなあ」おれは感想を述べた。

「だから言ったろ。女好きな連中だったって」

「行きはともかく問題は帰りだよ。そんな遠くから帰ってくるなんて、みじめったらしくてやってられないと思うけど」おれが言うと、デイヴィッドはちょっと考えてから説明した。

「そりゃおまえ、ときどきは途中で落ちあったのさ。なんでも秘密が漏れるのを防ぐために尼さんが大勢殺されたらしい。だからだろうな、おれもほかの下男たちも聞いてるんだ。夜ここで寝てるときに、悲鳴をね」笑いとばそうとすると、デイヴィッドは「信じないならそれでもいいさ。じきにわかるこった。とにかく警告しなかったとは言わせないぜ」と言って、ひとつげっぷをすると眠りこんだ。

もちろん話を聞いた時点では、見え透いた作り話としか思わなかった。ところが三十分ほどして、ひとりで闇のなかに横たわって考え事をしていると、同じ話がなにやらもっともらしく思えてくる。そうこうするうちに、浅い眠りに落ちていたらしい。かん高い声と、翼がはばたくようなばさばさという音で目が覚めた。〝気の毒な尼さんたちの魂が逃げようとしてるんだ〟おれは思い、こういう状況でだれもがとったはずの行動をとった。急いでシーツの下にもぐりこんだのだ。その点デイヴィッドは肝がすわっていた。まあ、自分のした話が嘘八百だと知っているわけだから当然かもしれないが。とにかくやつはベッドから飛びだし、部屋を横切った。「捕まえたぞ」という声を聞いてシーツの下から顔を出すと、デイヴィッドの手のなかでフクロウがぎゃあぎゃあわめき、くちばしでつつきまくっている。デイヴィッドは窓に駆け寄ってフクロウを放りだし、おれたちは格闘の際に散らばった羽根を片づけて寝床に戻った。眠りにつく前にデイヴィッドが最後に口にした言葉は、「いまのはこれ以上ないってくらい不吉だぞ、ゴードン。この屋敷に悪いことが起きる前触れだ」だった。そうでなくても眠れそうにないのに、余計なことを！

ポートマン夫妻はルイスから九マイル〔約一四・五キロ〕ほどのところにアクフィールド・ハウスという夏の別荘を持っていた。おれたちが一九一九年にここを訪れたのは、グッドウッド、ブライトン、ルイス、フォークストンの各競馬場で連日レースが催され、上流社会で〝サセックス・フォートナイト（サセックスの二週間）〟と呼ばれる時期に合わせてのことだ。車でアクフィールドに向かうご一家より二日早く、おれたちは山のような荷物を持って別荘に移動した。もっとも、当時のおれにはそう見えたというだけで、のちに目にし、扱うようになった旅の荷物と比べたら、あの程度は軽装の部類に入る。同じ車室に乗っていたのはタッブ氏とデイヴィッド、レディ・ポートマンづきのメイド（ドイツ人の独身のおばさんで、おれたちはフロイラインと呼んでいた）、それに料理人のブリジット。そろそろアクフィールドというころ、フロイラインが言った。「ああ、もうすぐですね。いまのが木の半ズボン《トリー・ブリッチズ》でしたから」（これはもちろんスリーブリッジズ駅のことだ）。それからおれのほうを向いて続けた。「ゴードン、あなたは山羊《ゴート》はいると思いますか？」

「思うもなにも、いるに決まってるじゃないですか」おれは答えた。「現に見たことあるし。そんなによくは知らないけど」

「もしも山羊がアクヴィールド・ハウスのドアを破ろうとしたら、どしますか？」そう質問され、当惑しながら答える。

「もちろん、しっしっと言って追い払いますよ」

ここでタッブ氏がフロイラインのために説明を補った。「フロイラインはきみに、アクフィールド・ハウスに伝わる幽霊《ゴースト》の話をしようとしているんだよ。くだらん与太話だがね。お屋敷の奥方にメイドとの恋路を邪魔された猟番が、ある夜、屋敷に押しいろうとした。銃で扉をがんがんたたいたところ暴発し、猟番は顔に弾を食らってあの世へ行き、屋敷の裏にある墓地に葬られたとかなんとか」

「はい《ヤー》、でもその人、そこでちっとしていません」フロイラインが口をはさんだ。「お墓から出てきて、がんがんドアをたたきます」

「ばかばかしい。本気にしちゃいかんぞ、ゴードン。そんな話を信じるのは、想像力過多で感受性が強すぎる人間だけだ」

だったら、おれもそのひとりだな。おれは思った。

最初の二週間は何事もないまま快適に過ぎていった。ご一家がたいてい留守にしていたので、仕事もほとんどない。タッブ氏はそんな状況がお気に召したらしく、「明日は休んでいいぞ、ゴードン」と言った。「私ならこの機会にブライトンに行くね」おれもそのつもりだった。そこで馬丁のジム・ターナーに自転車を借りて出発した。

アクフィールドからブライトンまでは二〇マイル〔約三二キロ〕ほど。ブライトンで楽しい一日を過ごし、暗くなる前に屋敷に戻れるように六時半ごろには帰途についた。ところが少々疲れていたうえ、サドルですれた尻が痛む。そのせいで読みがはずれ、アクフィールドの近くにたどりついたときには、あたりは真っ暗になっていた。

無灯火運転でお巡りに捕まってはと、村に入ったところで自転車をおりる。墓地を突っ切る近道があるのを知っていたので、そうすることにした。墓地のなかほどにさしかかったとき、おれは思わず目をみはった。髪が逆立ち、体が凍りつく。すぐ目の前で、ぽっかり口をあけた墓穴から、明かりが左右に揺れながらせりあがってくる。恐怖にすくんで見つめるうちに、ごつごつした気味の悪い頭がぬっと現われた。

〝ブロイラインの話に出てきた猟番だ〟おれは思い、それっとばかりに飛びだして墓穴に自転車を投げこんだ。効果はあったらしく明かりは消え、人影はいまなお耳にこびりついているほど強烈な悪態を残して消え去った。

一目散に屋敷に向かい、まったく信じていない様子のタッブ氏と、心奪われた様子のデイヴィッドに、あえぎあえぎ何があったかを話して聞かせる。二人は様子を見に行くことにした。鼻先で笑いとばしたわりに、タッブ氏は先っちょにこぶがついたこん棒を手にしていた。二人はじきに戻ってきた。

「まずいことになったぞ、きみ」というのがタッブ氏の第一声だった。「きみが遭遇した幽霊は、夜な べ仕事をしていた地元の墓掘り人夫だ。日のあるうちに仕事が終わらなかったので、梯子《はしご》で下におりて仕上げをしていたらしい。家に帰ろうと上がってきたところをきみが見たわけだ。そして自転車を投げつけた。やっこさん、右目の上にひどい切り傷をこしらえて、犯人を見つけたらただじゃおかないと息巻いている。一日か二日は家のなかにこもっているのが利口だろうな。あの剣幕じゃあ、見つかったらただじゃすまんぞ」おれは喜んでその忠告に従い、休暇が終わってゴールディーコート・ハウスに戻ったときも、それほど残念には思わなかった。

ゴールディーコートに戻って二週間としないうちに、デイヴィッドとおれはポートマン夫人に居間に呼ばれた。夫人は開口一番、一家が深刻な財政難に陥っていると告げた。「解決策はエドワード様に近衛騎兵隊の士官の地位を手放してもらうか、下男を減らすかの二つにひとつ。だから、あなたたち二人には辞めてもらいます。解雇までの予告期間のかわりに一か月分のお給料をあげるから、いつでも都合のいいときに出ていってちょうだい」

十八歳のおれには、この事態を冷静に受けとめる余裕があった。夏の数か月を田舎で過ごすことができたし、色恋沙汰のほうももうほとぼりが冷めている。そろそろ灯火あふれるロンドンに戻るのも悪くない。ただその前に、小さな問題をひとつ片づける必要があった。ポートマン家に採用されたときの取り決めでは、モーニングスーツ一式を支給されるはずだった。ところが先方はそれきり知らん顔を決めこみ、おれはしかたなく自前の服を使っていたのだ。そこで、これこれの貸しがあるとタッブ氏に申告すると、タッブ氏はそれを雇い主に取り次いだ。これはまるで王家の宝冠をよこせと言ったかのような猛反発を招き、おれはふたたび奥方に呼びつけられた。「こんなにすぐ辞めることになったのにモーニングスーツを支給しろと言っているというのは本当なの、ゴードン?」から始まって、ポートマン夫人はあれやこれやと言いつのり、おれがご一家を破産させるために全力をあげていると信じさせようとする。だがこちらも頑として譲らず、結局八ポンド受けとることで話がついた。使用人と金のことになると、上流人士はしばしばわけのわからない態度をとった。みみっちく見られて使用人との関係をだいなしにする危険をしじゅう冒していたのだ。

おれはまた〈キャンベル&ハーン〉の外に立って求人票を検討した。第二下男の求人のなかによさそうなのが二つあった。求人者はアスター子爵とバックルー公爵。おれ自身はまだ昇格するには若すぎるが、雇い主の格はそろそろ上げてもいいころだ。ただ、どちらを選べばいいかわからない。そこでコイン投げで決めることにした。表が出たらアスター家、裏ならバックルー家。表が出た。カードを渡され、セントジェイムズ・スクエア四番地に行くよう指示された。面接の相手はアスター家の執事リー氏。

広場に着き、お目当ての堂々たる建物の勝手口に通じる階段をおりると、若いのが応対に出た。「なんか用?」と訊かれてカードを渡す。「ぼくはエリック、勉強部屋づきのボーイをやってる。ついてきて。大将のところに案内するよ」

リー氏は自分の居間でおれを迎えた。「きみの洗礼名は?」とリー氏。

「ゴードンです、サー」おれは答えた。

「よろしい、ゴードン。これまではどのようなところに勤めてきたのかな?」

「バース侯爵様、オノラブル・クロード・ポートマン様、それにC・H・サンドフォード様のお屋敷です」なかなか立派な職歴だと思ったのだが、リー氏が感銘を受けていないのは顔を見ればわかった。

「滞在客の身のまわりの世話をした経験は？」あると答えた。さらに二、三、そっけない口調で質問すると、リー氏は立ちあがって言った。「よろしい、ゴードン。では、いっしょに奥様のところにうかがおう」その口ぶりを聞いて、もはや採用の見込みはないと確信した。のちにレディ・アスターの私室だとわかった部屋に連れていかれ、おれが来ていることを知らせてくるから外で待っていろと言ったきり、リー氏はなかなか戻ってこない。気分がどん底近くまで落ちこんだころ、ようやくドアが開き、リー氏がなかに入るよう合図した。「これがゴードンでございます、奥様。第二下男の職に応募してまいりました」見るとレディ・アスターはほっそりした美しいご婦人で、うららかな春の日を思わせる笑みを浮かべている。（それがときに一瞬にして冬と化すことは、のちに知ることになるのだが）

「よく来てくれたわね、ゴードン」子爵夫人は言った。「体も大きいし、力もありそうな子じゃないの、リー。お里はどちら？　それと、ご両親はご健在？」

「両親は健在で、実家はバークシャーのアスコットにございます、奥様」

「まあ、それはよかったわ。うちのカントリー・ハウスはクリヴデンにあるの。バッキンガムシャーのタプローの近くだから、きっとちょくちょくご両親に会いに行けるわよ」そう言うと、奥方はせかせかと戸口に向かった。「いつから働けるの？　一週間以内に来てほしいわ。じゃあね、大急ぎで下院に行かないと」そして子爵夫人は出ていった。

「採用されたと考えてくれていいよ」というリー氏の言葉は、少々蛇足っぽく感じられた。

給料は年三二ポンドで、ほかに週二シリング六ペンスのビール代と洗濯代が支給される。またビールは飲みたければ外で買うしかないが、レディ・アスターが強硬な禁酒主義者なので、なるべくなら飲まないほうが望ましいという。それでも当時はそれが慣例だったから、ビール代を契約条項に入れておく必要があったわけだ。ついでおれは、マドックス街の仕立て屋ロバート・リリコのところに行ってスーツとお仕着せの採寸をするよう指示された。「モーニングスーツの生地は自分で選べるんでしょうか、サー？　それとも〝塩胡椒〟でなくてはいけませんか？」〝塩胡椒〟は下男の業界用語で、グレーに白の霜降りの生地のことだ。多くの家では男の使用人のスーツをこの生地で仕立てさせていて、狙いどおり、いかにも使用人の服っぽく見える。

「常識の範囲内なら、どれでも好きな生地を選んで構わないよ」リー氏はどうとでもとれる返事をした。

さっそくマドックス街に行って寸法をとってもらった。採寸がすむと、リリコ氏はおれを脇に引っぱっていってささやいた。「なあ兄さん、おまえさんにはお仕着せの下にはく長いウールのズボン下を手に入れる権利がある。スーツ一着に一枚つけているんでね。だがお仲間の下男の多くと同じように、おまえさんもズボン下をはく気がないのなら、階下へ行って兄貴から代わりのものをもらうといい」

行ってみると、〝階下〟というのは裁断室だった。兄貴のボブはテーブルに向かってすわり、おれと同じくお仕着せの採寸に来た男三人に囲まれていた。四人ともグラスを手にしている。

「これはこれは」ボブが声をかけてきた。「またひとり、ばかげたズボン下を断った御仁が来たようだな。すわって一杯やるといい」

そしてグラスをひとつとり、テーブルの端に置かれた樽からウイスキーを注いでくれた。「ほらよ、アスター〔語り手の名はグリメットだが、業界の慣習でここでは雇い主の名で呼ばれている〕、これがおまえさんへのご褒美だ」

自分のグラスにもお代わりを注ぐと、ボブは新しい仕事がうまくいくよう祈ってくれた。かなりの時間がたってから、おれはよろめく足を踏みしめて外に出た。いくらか酔ってはいたものの、服の仕上がりを心配せずにすむほどできあがってたわけじゃない。裁断は兄貴のボブの担当だし、何人もの下男にあんな形でズボン下代を支払い、そのたびに相手の健康を祈って乾杯していては、まともに仕事ができるとは思えない。結果的には、服はどれもぴったり体に合っていた。その後も何度も同じように祝杯を上げたが、ボブの酒豪ぶりにはそのたびに驚かされたものだ。

当時は気づかなかったが、いまにして思えば、おれの家事使用人としての本当の人生は、アスター家で始まっている。もちろん、それまでに勤めた三つの職場でも仕事の初歩だけは学んでいた。それは事実だ。だが当時のおれは、本物の使用人が備えているべき技能も洗練も欠いていた。おれが思うに、プロになるというのは、難しい仕事を簡単にやってのけるこつを身につけることだ。レディ・アスターの執事エドウィン・リーは、おれが会ったなかで最も高度な技を身につけたプロの執事であるとともに、その技を部下に伝授する能力と忍耐力も持ちあわせていた。しかもリー氏は、教わる側がもっと学びたい、この人を喜ばせたいという気になるような教え方をするのだ。上司としては厳しい面もあり、ときに恐れられもしたが、つねに尊敬されていて、リー氏にひとこと褒められた相手は、そのあと一週間は幸福でいられる。およそどんな仕事でも文句のつけようがないほど見事にやってのけ、どんなつまらない仕事でも、正しいやり方を教えるためにみずから手本を見せることを厭わない。イギリスじゅうのサーヴァンツ・ホールで〝クリヴデンのリー卿〟として知られたリー氏は、そう呼ばれるにふさわしい名執事だった。家事使用人時代に出会った数多くの偉人たちのなかでも、おれたちが陰で〝大将〟と呼ん

アスター卿ご夫妻の第二下男時代のゴードン・グリメット。1921年、ケント州サンドイッチにある海辺の別荘、レスト・ハローにて。

でいたリー氏ほど強い印象を与える相手はひとりもいない。リー氏のそばにいるとそれだけで、偉大な存在を前にしていると感じた。リー氏を知った者は、だれもがいい影響を受けている。このあとリー氏もこの本に登場して、自分の使用人人生を語るという。どうせ謙遜《けんそん》した語り口になるに決まっているが、その章を読むときは、おれがリー氏について言ったことを思いだしてほしい。

船長がよければ乗員乗客は幸せ。というわけで、アスター家で働くのは楽しかった。もちろん不満もあれば苦労もあったが、日々の暮らしには笑いが満ちていた。それには奥方の陽気な性格もひと役買っている。レディ・アスターはクリヴデンにアメリカ南部の生活様式をかなり持ちこんでいた。ヴァージニア州リッチモンド出身で、アメリカ深南部の人間の物まねと口まねがびっくりするほどうまい。過度にもったいぶったイギリス人を当てこする内容のものも多く、十八番はアスキス元首相夫人マーゴ・アスキスの物まねで、扮装用の入れ歯をバッグに入れて持ち歩くほどの力の入れようだった。ときには昼食会や晩餐会の席でお得意の物まねが始まることもある。そんな場面では、沈着冷静な使用人にふさわしく、その場の会話などいっさい聞いていないかのようにふるまうのは容易なことではない。

あるとき義兄に当たるチャールズ・デイナ・ギブソンが滞在中、奥様が地元の牢屋で裁判を待つ不運な黒人の男の話をしたことがある。独房の窓は通りに面していて、囚人は鉄格子のあいだから外をのぞいて通行人に時間を尋ねていた。だれもが知らん顔で通りすぎていく。やがて髪が白くなりかけた黒人が歩いてきて尋ねた。「何言ってるだね、あんた？」

「ああ、ちいと時間を知りたいと思っただよ」

「時間てあんた、なんでそんなもん知りたいだね？　なんも約束があるわけじゃなかんべ？」老人は応じた。

文字で読んでもたいして面白くないが、奥様の口から語られると、これがめちゃくちゃ面白い。奥様が語りおえたとき、おれはギブソン氏の後ろに立ってポテトを給仕しようとしていた。ところがギブソン氏がいきなり両腕をふりあげたからたまらない。その腕が皿にぶつかって、ポテトがばらばらと隣の席のご婦人の上に転がり落ちる。そのうちひとつが前かがみになって笑っていたご婦人の胸の谷間にすっぽりはまり、ご婦人は金切り声をあげて考えなしに両手で胸元を押さえた。さて、だれもが知っているとおり、外側が熱いポテトの内側は半端でなく熱い。そんな熱々のポテトが胸の谷間でつぶれたら、当の本人にとっては笑い事じゃない。だが周囲の人間にとっては滑稽な状況だし、レディ・アスターの話が終わった直後とあって、そのせいで笑っているふりもできる。もちろんおれにはそうでないことはわかっていたし、それはリー氏もご同様だった。おれはポテトを拾うふりをして床に這いつくばり、リー氏は急いでサイドボードに向き直った。事態を収拾する仕事は奥様の手にゆだねられ、奥様が被害者を外に連れだすと、部屋にあふれた笑い声はとどまるところを知らなかった。おれはこらえきれずに給仕室にひっこみ、大将もそうした。その後、昼食会がどんなふうに終わったかは覚えていない。

これまた最大限の自制を必要とされながら自制できなかった別の事件が起きたのは、大勢のお客が集まったある週末のことだ。その日はリー氏もおれもくたくたで、十時に最後の仕事にとりかかったときはほっとしていた。〝グロッグ〔リキュールのお湯割り〕〟の盆を運ぶのは、毎晩の儀式だった。もっともこれは実際にはグロッグなどではなく、おれが運ぶ銀盆には銀のホルダーに収めたタンブラーが並んでいるものの、タンブラーの中身はレモンの輪切りだけ。あとに続くリー氏も、熱湯入りの銀の水差し以外は何も持っていない。レディ・アスターはこれを寝床に入る前に飲むにふさわしい、消化を助ける飲み物と見なしていたのだ。

儀式にふさわしい仰々しい態度で客間に入っていくのと同時に、若い客人のジョーン・ポインダー嬢が奥のほうから出てきた。おれたちに近づいたところで、令嬢は突然足を止めて腰のあたりをつかんだ。一瞬遅く、下着がはらりと床に落ちる。おれたちは立ちどまった。

〝まいったな〟おれは思った。〝こういう場合、躾のいい使用人はどうすりゃいいんだ？　まあ、どうせ両手がふさがってちゃ何もできないし、ここは大将に任せよう。あっちは片手が空いてるんだし〟そのリー氏は、よく訓練された兵隊のように直立不動の姿勢をとり、まっすぐに前方を見つめている。ポインダー嬢はしとやかな落ちついたしぐさで下着から足を抜き、それを拾いあげると、すれ違いざまに言った。「ごめんなさいね、リー。とんでもない目に遭わせちゃって」

おれは我慢できず、令嬢が遠ざかるのを待ってささやいた。「間違いない。あのお嬢さん、あなたに気があるんですよ、サー」

　リー氏がじろりとおれをにらみ、前に進みだす。テーブルに着いたとき、その顔がゆがみかけているのに気づいた。リー氏はくるりとまわれ右すると、おれについてくるよう合図し、おれたちは盆と水差しを持ったまま引き返しはじめた。客間を出るとリー氏は笑いだし、それからぴたりと笑うのをやめて嚙みついてきた。「まったく生意気なやつだ。二度とあんなまねをしたら承知せんぞ」

　二人して客間にとって返す。部屋のなかほどまで進んだところで、リー氏の肩がふるえているのに気づいた。リー氏がまたくるりと向きを変え、おれたちはふたたび部屋の外へ。「このいまいましい考えなしの若造め。見ろ、おかげでこのざまだ」

　ハンカチを出して目元を拭うと、リー氏は再度、客間に向かった。今度こそはなんとしてもやり抜こうと心を決めて。するとレディ・アスターの姉のフィップス夫人が言った。「大丈夫、リー？　何か気が動転するようなことでもあったの？」

　さすがの大将も、こんなことを言われてはたまらなかっただろう。さっきの光景がまたしても目に浮かんでいるのが手にとるようにわかった。リー氏は水差しをテーブルに置いて出ていき、おれはあとに残って給仕を終えた。

「リーはいったいどうしたの、ゴードン？」奥様が尋ねた。「よほどショックなことがあったみたいだけど」

「そのようでございます、奥様」おれは答えた。

「まあ。明日、何があったか訊くのを忘れないようにしないと。おやすみ、ゴードン」

「おやすみなさいませ」おれは言い、どうにか戸口にたどりつくと、その場にへたりこんでいつまでも笑いつづけた。大将が完全に浮足立つのを見たのは、このときも含めて数えるほどしかない。

クリヴデンでの愉快な出来事がすべて無意識または偶然の産物だったわけじゃない。レディ・アスターが最初の結婚でもうけたご子息のボビー・ショーは、週末になるとよく若いお仲間ともども泊まりに来ていて、ダンスや月明かりのなかでの水浴び、不用心な使用人へのいたずらなど、彼ら独特のやり方で屋敷を活気づかせ、あれこれと悪ふざけをしてのけていた。

なかでもとりわけ巧妙だったのが、アスター卿所有の高級日曜紙『オブザーヴァー』の編集長を務めたジャーナリスト、J・L・ガーヴィンに仕掛けたいたずらだ。ガーヴィン氏は真面目な人物で、晩餐の席ではいつも世界情勢について長々としゃべりまくっていた。なんでも、われわれはつねに破滅の瀬戸際に立っているのだという。ある晩、本人はそうとは知らなかったものの、ガーヴィン氏自身が破滅の瀬戸際に立たされることになった。

東翼の廊下に〝ヴェネチアの貴婦人〟というヴェネチアの民族衣装をまとった等身大の女人像があった。レジナルド・ウィン、アリス・パーキンズ、ジョーン・ポインダーの三人が、ボビー・ショー氏の指揮のもと、横手の階段を使ってこの像を運びあげ、ガーヴィン氏のベッドに寝かせた。ついで部屋の主照明の電球を抜き、部屋の主がつまずきそうな場所に椅子を置くと、化粧室にひそんで獲物が寝に来るのを待ち受けた。ガーヴィン氏は一味の予想どおりに行動した。明かりをつけようとし、つかないと知ると、枕元の明かりをつけるために手探りでベッドに向かい、椅子をひっくり返して声をあげる。そこで一味のひとりが懐中電灯を手にして化粧室から飛びだした。「いったいなんのまねです、こんなふうにご婦人の寝室に忍びこむとは。この屋敷に滞在中の紳士にあるまじきふるまいだ」

ガーヴィン氏はもごもごと、自分の部屋だと思ったという意味のことを口にする。

「それはどうだか。しかしまあ、そういうことなら夜警を探すんですね。夜警は滞在客のリストを持っている。あなたの部屋に案内してくれますよ」一味の青年が言い、化粧室のドアを閉める。

気の毒なガーヴィン氏はよろめきながら部屋を出て、夜警を探しに行く。そのあいだに一味は電球をもとに戻し、女人像をどかし、ベッドの乱れを直し、ふたたび化粧室に身をひそめて犠牲者が戻ってくるのを待つ。

「だが、さっき入ったのはこの部屋なんだ。間違いない」ガーヴィン氏が夜警に言う。

「はあ、さいですか」まったく信じていないことが明らかな、駄々っ子に調子を合わせるような夜警の声。「とにかく、いまはご婦人はいないようですな」それから鼻をくんくん言わせ、笑い声をたてる。「こんな時間になると、旦那方はよく頭が少しばかり混乱するもんですよ。とくに一、二杯ひっかけたあとは。そうでしょうが、え？」そう言われて、ガーヴィン氏はむっとする。

「しかし、私は酒など飲んでいないんだ」

「そうでしょうとも、旦那。おれとしたことが、とんだ勘違いをしちまって。それについてはもう何も言いっこなしにしましょうや、ねえ？」

ガーヴィン氏はもはやぐうの音も出ない。財布から札を抜きだす乾いた音。「さあ、とっておいてくれ。おやすみ」

「こいつはどうも。おやすみなさい」夜警は一〇シリングか一ポンド分だけ裕福になって立ち去り、翌日、おどおどした様子で朝食の席に姿を見せたガーヴィン氏は、その日はずっと落ちつかなげだった。週末の滞在を終えてロンドンに戻ったときは、ほっとしたに違いない。

だが人生は愉快なことばかりじゃない。おれたちは毎朝七時に起きて食料品貯蔵室に駆けおり、やがて目覚めのお茶の小さな盆を六つ、大きなバトラー・トレーにのせて出てくると、そいつを滞在客の部屋に届け、カーテンを開けて、やさしいながらもきっぱりした態度で起こしてまわる。遠慮して中途半端な起こし方をすると、二度寝されたあげくに朝飯を食いっぱぐれたと文句を言われかねない。お次は昨夜着ていた服を集めてブラッシングルームに放りこみ、濡らしたスポンジで汚れをとり、ブラシをかけ、たたんだりハンガーにかけたりする。それから朝食のテーブルを整え、さまざまな料理を運びこむ。食堂の片側には腎臓、ベーコン、卵、魚料理などの温料理。反対側にはハム、肉や魚のゼリー寄せ、ゲームパイなどの冷たい料理。さらに焼きたてのトーストや熱々のロールパンを運ぶために、駆け足で何度も行ったり来たりする。

朝食後は銀器を磨き、そのあとはホール番。セントジェイムズ・スクエアでは当番の下男は一日ずっと玄関ホールに配置され、幌つきの大きな革の椅子にすわっていた。ありとあらゆる国の人間が引きも切らずにアスター卿夫妻を訪ねてきたが、事前の約束がないかぎり、返事はいつも同じだった。「ご不在でございます」そのほかに伝言を届けに行ったり受けとったりする仕事もあって、おれたちはずっと忙しかった。

そうこうするうちに昼食で、これがまたてんやわんやの大騒ぎ。レディ・アスターの秘書が毎日、だれが招待されているかをリー氏に知らせてきて、リー氏はそれをもとに、何人分の食事を用意すればいいかをシェフのムッシュー・ジルベールに伝える。過去の経験から、リー氏は不思議な計算方法を学んでいた。秘書が六人と言えばシェフには十人と伝え、十人と言われれば十六人と伝えるという具合。それだけサバを読んでも計算が狂うこともあった。直前になってだれかが招待されたり、リストに名前がなく口頭でも名前が出なかった人物がひょっこり現われたりするのだ。そんなときの厨房への電話は、こんな具合になる。「ムッシュー、昼食だが、人数が増えて十六人になった」その五分後に、「ムッシュー、また増えて二十四人だ」

「どうしろと言うんだ!」シェフはわめく。「最初は十人で、次が十六人、そして今度は二十四人」

「なんでもいいから作ってくれ、ムッシュー。スクランブルエッグでもベーコンでも、この際もうなんでもいい」リー氏がかきくどく。そのあいだに、おれたち下男は食堂のテーブルをばらばらにして拡張板を何枚もはめこむ。やがてレディ・アスターが玄関に駆けこんできて、大量の帽子とコートを目にして声を張りあげる。「リー、どうしてこんなに大勢、人が来ているの? まさかわたしが招待したわけじゃないわよね?」毎度のこととあって、大将は平然と聞き流せるようになっていた。

晩餐会はロンドンでは基本的にフォーマルな催しで、クリヴデンでは家族や友人が中心の陽気な集いだった。晩餐会のなかには、いまのロンドン社交界ではお目にかかれないほど大規模なものもあった。四十人から五十人ほどが晩餐の食卓を囲み、その後、舞踏室で催されるダンスやレセプションには多いときで二千人ほどが招かれ、臨時の給仕も雇われる。この手の催しは猛烈に疲れるが、招待客だけでなくおれたちも豪勢な気分を味わえた。

とくによく覚えているのは、おれが経験したはじめての王族ご臨席の晩餐会だ。主賓は国王ジョージ五世とメアリー王妃。おれはその前日が非番だったが、ちょうど出かけようとしたときに家令室に呼びつけられた。

「ゴードン」リー氏は言った。「念のために言っておくが、明晩はパーティーだ。長く消耗する一日になるから、十分に体調を整えておくように。つまり今夜は夜遊びはするなということだ。いいね」

わかったと答え、そのときはそのつもりだった。ところがちょうどパブが店を開けるころ、オックスフォード街でロイド・ジョージの警護をしている刑事にでくわしたのがまずかった。首相はしじゅうセントジェイムズ・スクエアに泊まりに来ていたので、おれはこの刑事と顔なじみになっていて、刑事はいつもサーヴァンツ・ホールで手厚くもてなされていたのだ。

「よお、ゴードン」刑事は言った。「一杯つきあえよ。ハイドパークの警察署にあるおれたちのクラブに連れていってやろう」

危険信号がちらついたはずだが、おれは無視した。警察の連中はそのクラブで出されるヤンガー社のビールがご自慢で、たしかに自慢するだけのことはある絶品だった。一、二時間後、セントジョージ病院のそばにある〈ゲート・スウィングス・ハイ〉へ河岸《かし》を変えようという話になった。この店で出されるバス社のビールは、ヤンガー社のに勝るとも劣らない逸品とされていた。きっとそうだったのだろう。覚えているのは店に入ったところまでで、その先の記憶はほぼ空白になっている。最終的には、刑事はおれを車でセントジェイムズ・スクエアに運んで裏口の壁にもたせかけ、呼び鈴を鳴らすと、階段を駆けあがって遁走したらしい。雑用係のジャック・ギャモンがドアを開け、だれにも見られずにおれを上階に運んでベッドに入れてくれた。

言うまでもなく翌朝はめちゃくちゃ気分が悪く、それは顔にも表われていた。パーティーの準備をしている最中に、リー氏が何度か咎めるような視線を向けてきた。当然ながら晩餐会はこれ以上ないほど本式のやつで、食器は金。食卓には競馬のトロフィーがいくつも飾られるとあって、洗ったり磨いたりするものがうんざりするほどどっさりある。その夜はおれを含めて二十人が給仕を務め、すべてが順調に運んだ。王の侍従はたしかデキャンタを二つ持ってきていて、ひとつにはシェリー、もうひとつにはポートワインが入っていた。アスター卿夫妻が絶対禁酒主義者なので、王がいつもの食前酒と食後酒にありつけない恐れがあると思ったらしい。リー氏は丁重ながらもきっぱりとそれを断り、当家がお客様方のためにご用意しているワインは陛下にもご満足いただけるはずだと言った。

パーティーが終わって片づけがすむと、リー氏はおれたちを家令室に招いてシャンパンを一杯ずつふるまってくれた。おれにグラスを渡しながらリー氏は言った。

「ゴードン、明日の朝一番に会いに来るように」

一瞬、心臓が止まった。それが何を意味するかはわかっている。あそこまでくたびれはてていなければ、その夜は眠れなかっただろう。だが予想していたほどひどい結果にはならなかった。

「いいかね、きみ」おれが出頭すると、リー氏は言った。「非番の夜にきみが何をしたか知らないと思ってくれては困る。私は自分の指示を無視されるのには慣れていない。したがって、きみの昨日の仕事ぶりにどれほどわずかでも問題があれば、この縁はこれまでになっていただろう。幸いそうはならずにすんだが、今後は二度と勝手なまねをしないように。話はそれだけだ」

もちろんリー氏の言うとおりで、この一件はいい教訓になった。その後は飲みすぎないよう気をつけるようになったし、たぶんこれが最も肝心なことだと思うが、はめをはずしたときは尻尾をつかまれないよう十分注意するようになったのだ。

アスター家のパーティーの招待状は社交界で広く人気を呼ぶ一方で、奥様が議会の内外でしじゅう声高に強い酒への反対意見を口にしていたせいで、パーティーはどれもアルコール抜きだというのが通説になっていた。当時は若き皇太子だったウィンザー公もお父上と同じ間違いをしているし、のちにはヨーク公時代のジョージ六世も兄上の二の舞を演じている。

もちろん、ときには本当にアルコール抜きのパーティーもあった。なかには事前に電話をして酒が出るかどうか確かめ、あやしいと思うと携帯用の酒瓶を持ってくる客人もいて、手洗いが本来の目的よりも酒を飲む場所として使われることも少なくなかった。

いまでも覚えているのは、ローズ奨学金受給者のために大規模なレセプションが催されたときのことだ。奨学生たちを歓迎するために、各界のお歴々がセントジェイムズ・スクエアに招待されていた。旦那様の従僕のアーサー・ブッシェルとおれは、玄関ホールで到着する招待客を迎えて帽子とコートを預かり、階上に行くよう告げていた。階段の上ではリー氏が待ち受けていて、アスター卿ご夫妻に声高らかに客人たちの到着を告げる。定刻を少し過ぎてから、少々がさつでけばけばしい感じのアメリカ人がやって来た。すぐあとに、わが国の貴族がひとり続いている。アメリカ人はおれにコートと帽子と金の握りがついた杖を渡しながら言った。「そのステッキは扱いに注意してくれよ。ちとやわにできてるんでね」

「ずいぶん頑丈そうに見えるが」と貴族。

「まあ見てくださいよ」アメリカ人が言い、杖の握りをはずして琥珀色の液体が入った細長いガラスの管を引きだした。「ここにライウイスキーが一パイント〔約〇・五七リットル〕入ってましてね。禁酒法下の合衆国では実に重宝する。今夜もきっと役に立ってくれるでしょうよ」

「いやはや、呆れたものだ」貴族は苦々しげにつぶやき、そそくさとその場を離れた。「世間の人間は次はいったい何を考えることやら」

ウインクをよこしたアメリカ人に、優秀な下男の商売道具である無表情な視線を返したおれは、相手が行ってしまうとアーサーをふりむいてにやりと笑った。十一月の猛烈に寒い夜だったところに持ってきて、ひっきりなしに玄関のドアを開け閉めしていては、体が冷えないはずがない。アーサーもおれも足を踏み鳴らして歩きまわり、手に息を吹きかけてあたためようとした。ふいにアーサーがこちらを向いて言った。「ひょっとして、おれと同じことを考えてるか?」

「らしいね」と応じてそれ以上ひとことも言わずに金の握りがついた杖をとりに行くあいだに、アーサーが手洗いからコップをひとつ持ってくる。酒が一パイント入っているというアメリカの御仁の話は誇張に違いないというのが、二人の一致した意見だった。最後の一滴まで平らげるのに五分もかからなかったからだ。

それからしばらくして、杖の持ち主がクロークの預かり札をふりまわしながら現われた。

「お帽子とコートでございますか?」おれは尋ねた。

「いや、その杖だけくれ」

言われたとおりにすると、アメリカ人は手洗いに消えた。そしてものの数秒で戻ってきて、「これはいったいどういうことなんだ、え? 私のライを飲んだのはどこのどいつだ?」と非難がましい目でおれたちをにらむ。

「ライとおっしゃいますと?」アーサーが素知らぬ顔で応じる。

アメリカ人は杖のなかの管を少しだけ引きだして見せた。「ここに入っていたライウイスキーだ。さっき着いたとき、あの老いぼれに見せてやったのを見ただろうが」

「ああ、それで事情がわかった気がいたします」おれは答えた。「そういえば紳士がひとりおりてこられて、その杖を見たいとおっしゃいました。お客様のご友人がほかのご友人方にお見せになるのだと思ってお渡ししたところ、杖は一、二分後に戻ってまいりました」アメリカ人はいまにも爆発しそうだった。

「帽子とコートをよこせ。私は帰る。これがイギリス流のもてなしなら、そんなものはもうたくさんだ！」

「いえいえ」相手が声の届かないところまで遠ざかるのを待って、アーサーが言った。「あれはアメリカ流のもてなしで、おれたちがおもてなしに与かったんですよ」

セントジェイムズ・スクエアでの晩餐会やレセプションのたびに決まって雇われていた人間のなかに、面白いやつがいた。誘導係《リンクマン》のオッピーことジェイムズ・ホプキンズだ。身長五フィート〔約一五二センチ〕足らずの小男で、顔はしわくちゃ、腕が長くて頭が大きい。それでいて動作はすばしこく、どこか小鳥を思わせる。底抜けの食欲の持ち主で、一パイントのビールを一気飲みできる。リンクマンの仕事はカンテラを手にして玄関の外に立ち、到着する客人たちのために乗り物の流れを整理し、帰宅する客人たちのために馬車や自動車を玄関前に誘導することだ。

仕事先の屋敷ではお仕着せは支給されなかったため、オッピーは自前の制服を着ていた。真っ赤なフロックコートに正装用のズボン、そしてシルクハット。首には呼子をつけた紐をかけていた。招待客の乗り物が到着すると、オッピーはそれっとばかりに襲いかかってすばやく乗客をおろし、御者や運転手に手をふって乗り物をどけるよう合図しセントジェイムズ・スクエアかその周辺に駐車させる。パーティーが始まると、まず広場を歩きまわってどの乗り物がどこに駐車されているかを確認し、しっかり頭にたたきこむ。長年この仕事をしているだけあって、どの乗り物がだれのものか、見ただけでわかるのだ。それから近くのパブに入ってひと息入れる。客が帰る時間については勘が働くらしく、おれの知るかぎり、戻ってくるのが遅れたことは一度もない。

手順としては、まず下男が帰宅する客の名前を高らかに告げ、ついで「何々卿のお車を」と叫ぶ。

オッピーは呼子を吹きながら広場にすっ飛んでいき、目当ての乗り物に声が届く位置まで行くと、「おら、もたもたすんな、ご主人様のお帰りだぞ」と怒鳴る。それから大急ぎでとって返して玄関ホールに首をつっこみ、「何々卿のお車がまいります」と告げる。そして、何々卿が奥方を同伴していればレディ・何々の肘に手を添えて玄関前の階段をおり、馬車に乗るのを手伝うと、さっとシルクハットをとってこれ見よがしに客人たちの前に突きだし、帽子のなかにフロリン銀貨か半クラウン銀貨〔それぞれ二シリング、二シリング六ペンスに相当〕が落ちる音がするまで動こうとしない。

そんな調子だから、オッピーは社交界の人間をよく知っていたし、先方もオッピーをよく知っていた。あのこびへつらうような態度に決まりの悪い思いをした上流人士はひとりや二人じゃなかったはずだ。少なくとも、おれは尻がむずむずした。何度見ても胸くそ悪かったのは、社交界にデビューしたばかりの令嬢とその母親を車に乗せたあとのオッピーの行動だ。やつは車内に上半身をつっこむようにして言う。「このシーズンがお嬢様にとって上首尾なものになりますように——あらゆる意味で」これはもちろん、首尾よく亭主を釣りあげるよう願っているという意味だ。

ある晩、レディ・アスターの第二運転手バート・ジェフリーズと、オッピーのことで意見が一致した。二人とも、やつはちょっといい気になりすぎだと思っていたのだ。その前最後にアスター家に仕事に来たとき、オッピーはいかにたんまりチップをもらえるか自慢したあげく、アスター卿夫妻のお仲間連中だけは例外だと言ってのけていた。「ありゃあたぶん、ほとんどが筋金入りの禁酒主義者だからだな」

バートもおれも、その言い草にかちんと来た。なにしろ二人とも忠実なのが取り柄とくる。そこでオッピーが持ち場につく前の腹ごしらえと着替えのために屋敷に到着したとき、おれたちはやつを待ち受けていた。オッピーの手順はいつも同じだ。サーヴァンツ・ホールに直行し、まず古ぼけた雑嚢を開けて真っ赤な上着とシルクハットを出し、ついでスタウトを二本とビロードの磨き布を出すと、一杯やりながら帽子に磨きをかける。それがすむと帽子をサイドテーブルに置き、がつがつと騒々しく、派手に舌鼓を打ちながら腹ごしらえにかかる。

問題の夜は、オッピーが晩飯を食っているあいだじゅうバートがせっせと話しかけて注意を引きつけ、その隙におれが帽子を失敬して内側に黒い靴墨をこってり塗りつけた。やがて仕事が始まると、オッピーが車のドアを開けて派手なしぐさで帽子をとるたびに、乗客がなにやらひどく奇妙な視線を向けてくる。ついにひとりの客が、オッピーを見たとたんに大声でげらげら笑いだした。

オッピーは屋敷に駆けこむと、鏡をひと目見るなりサーヴァンツ・ホールにおり、服を着替えて、その夜はそれきり姿を見せなかった。ある意味では、おれは悪ふざけの報いを受けることになった。雲隠れしたオッピーの代役をするはめになったからだ。それ以来、オッピーは腹ごしらえをするときは必ずシルクハットを目の前に置いておくようになり、バートともおれともいっさい口をきこうとしなかった。冗談の通じない男だったのだ。

ちょくちょくアスコットの両親に会いに行けるだろうという奥様の予言がただの夢物語だとわかるのに、時間はかからなかった。クリヴデンでの生活は、セントジェイムズ・スクエアでのそれに輪をかけて忙しい。ほとんど毎週末に多くの客が招かれ、そのたびに夜更かしをするはめになる。実際、勤めはじめてから何か月も、多少なりともアスコットに近づけるのは、クリヴデンの屋上に立って双眼鏡でそちらの方角を眺めるときだけだった。そんなことをしても競馬場の特別観覧席がやっと見える程度で、晴れた日以外はそれすら望めない。社交シーズン中、使用人のあいだではアスコットは禁句に近かった。六月のアスコット・ウィークはレディ・アスターがなによりも大事にしている社交行事なだけに、これが終わるまで、使用人はずっと熱に浮かされたように働きつづけなくてはならない。それも一週間ではなく、優に二週間以上。いちばんきついのは本番前の準備期間で、その後、週末のパーティーとともに本番が始まり、週末のパーティーで終わる。休みをとるなど論外だし、こっちもそんなことは期待しちゃいなかった。そして仕事は朝七時半に始まり、毎晩、真夜中をだいぶ過ぎるまで続くのだ。

この時期には、滞在客の身のまわりの世話が仕事の大部分を占める。毎日六人ほどの紳士のお世話をして、週末にはしばしば客が入れ替わる。おれはこの仕事が好きだった。お屋敷奉公のなかで、いちばん個人的な色合いの濃い仕事だ。こうして知りあった大勢の紳士のなかには、無口なお方も多少はいたものの、多くは話し好きで、ときには個人的な秘密や他人の噂話まで口にした。その大半は、このままおれの記憶の小箱に封じこめておかなくてはならない。

アスコット・ウィークに限らず、いつも週末が近づくたびに、下男が身のまわりのお世話をすべき男性客のリストが、ブラッシングルームに貼りだされた。恥を忍んで打ち明けると、おれたちは不純な動機から熱心にリストを検討した。どの客を担当するかを決めるとき、判断材料になるのは身分でもなければ重要人物かどうかでもない。チップの額についての評判がすべてだ。その評判には、おれたち自身の経験に基づくものだけでなく、使用人世界の地下情報網で得られたものも含まれる。おれがアスター家で勤めはじめたころは、まだ若いにもかかわらず、レジナルド・ウィン氏がかなりのチップを見込める客として上位にランクされていた。ウィン氏は当時レディ・アスターの姪のアリス・パーキンズに求愛中で、みんなにいい印象を与えようと努力していたのだろう。そして賢明にも、全方位で評価を上げるには使用人と友好的な関係を築くべきだと判断したわけだ。

アメリカ人はチップの額に関しては千差万別で、とくにはじめての滞在のときには、呆れるほど高額なチップをよこす客がいると思えば、ほんのぽっちりしかよこさない客もいた。これにはチップに慣れていない場合と、こちらがそう解釈すると踏んでチップを節約しようとした場合があるだろう。おれたちが相場と見なしていたのは、一〇シリング札と一ポンド札のどちらか一枚だ。サーヴァンツ・ホールで〝貧乏なフィップス〟で通っていたポール・フィップスは、レディ・アスターの義兄でありながら、いつも半クラウン〔二シリング六ペンス〕しかくれなかった。それだけ見るとしぶちんなようだが、とても礼儀正しく愛想がいいので大目に見られていた。リー氏ではないが、「あの方がただの建築家だということを忘れてはいかん」というわけだ。それにしても、リー氏はまるでフィップス氏が商売人であるかのような口ぶりだった。

アスター家で働きはじめてまもなく担当したアメリカ人のなかに、アメリカ海軍総司令官のシムズ提督がいる。クリヴデンに滞在中、提督があてがわれたのは寝室に化粧室がついたタペストリーの間で、ここからはテムズ川を見おろせる。おれが荷物をほどいていると、提督が声をかけてきた。「下を流れているあのちっぽけな小川はなんだね？」

さて、当時もいまもテムズ川はクリヴデンのあたりがとくに美しいとされている。いささか得意になったおれは「あれはテムズ川でございます」と答え、さらにこうつけ加えて、教育のなさをさらけだした。「ご存じのとおり、世界最大の川でございます」

「ほう、そうかね」と提督。「いったいどこの学校に行ったんだ、え？」

「アスコットでございます」おれはほがらかに答えた。

「だったらへぼ教師に当たったか、まともに授業を聞いていなかったかだ。いいかね、私の故郷には

〝ビッグ・マディー〟ことミシシッピ川がある。こいつがそこの小川より一〇マイル〔約一六キロ〕は長くなかったら、私の名前はシムズじゃない」

それから軍服の上着を脱ぎ、タオルとバリカン（提督は見事な白い山羊髭をたくわえていた）を持ってこさせると、腰をおろし、小さな楕円形の手鏡を持って前に立っているおれに向かって言った。「アメリカには、アラモ砦を忘れるなという合言葉があるが、おまえさんはアマゾンを忘れないことだ。それが世界最大の川の名前だ」

翌朝、おれは提督を起こしに行き、昼間用の軍服を出して朝のお茶を渡し、風呂の用意をして引きさがった。銅鑼が鳴ってから、てっきり朝食におりていったものと思って部屋に戻り、バリカンを手にしてうなじにすべらせた瞬間、化粧室から提督が現われた。「どれ、よこせ。私がやってやろう」言うなり飛びかかってきてむんずと襟首をつかみ、バリカンを何度も上下させて刈るよりもたくさんの毛をひっこ抜きながら、「世界最大の川はアマゾン川だ。南アメリカにあって全長四〇〇〇マイル〔約六四〇〇キロ〕。世界最大の海は太平洋。面積が六四〇〇万平方マイル〔約一億六七〇〇平方キロ〕近くあって、私はその全域を航海してきた」そしておれを解放すると、朝食をとりに行った。なんとも偉大な爺様で、すばらしい教師だった！

もうひとり、こちらはどちらかというと希望に反して担当することになったアメリカ人に、〝忍び足のジョンソン〟ことジョンソン上院議員がいる。この有名な禁酒主義者は、予想に反して愛嬌のある爺様で、スタッフ構成にたいそう関心を持っていた。アスター家がいくつかの屋敷と庭園を管理するために百五十人ほどの使用人を抱えているというのが信じられなかったらしい。「きみはいくらもらっているのかね？」と訊いてくる。

「年給が三二ポンドで、そのほかに週二シリング六ペンスのビール代と洗濯代をいただいております」おれは考えなしに答えた。

「ビール代！　レディ・アスターがビール代を払っているだと？」いまにも爆発しそうな剣幕だった。昔からの慣習でそう呼ばれているだけで、ビールを飲むのに使わなくてはならないわけではない。そう説明しようとしたが、はたして納得してくれたかどうか。化粧室で苦々しげにつぶやく声が聞こえてきた。「ビール代とは、いやはや！」

最初の朝に起こしに行ったときは、危うく腰を抜かしそうになった。カーテンを開け、お茶の盆をベッド脇のテーブルに置こうとすると、入れ歯とかつらのそばで、ガラスの義眼が責めるようにこちらを見あげている。ガラスの目玉は「ビール代」とつぶやいているように見えた。〝忍び足のジョンソン〟についての最後の記憶は、ねぎらいの言葉とともにたっぷりチップをはずんでくれたことだ。

リー氏がおれたち下男に口をすっぱくして言っていたこと、つまり奉仕は見返りを期待してではなく、奉仕すること自体を目的としてすべきだということを、おれはついに苦い経験によって学ぶことになった。

レディ・アスターのよくある度忘れの結果、とある週末、米国聖公会の牧師がスーツケースを手にして玄関に現われた。リー氏はおれを呼び、急いでハウスキーパーに電話して空き部屋を見つけた。おれは牧師を部屋に案内しながら頭のなかでこの客人の懐具合を値踏みし、ゼロと査定した。これが当たっていたことは、翌朝に明らかになった。当時の男は、服をハンガーにかける前にポケットの中身を化粧台に出すのが習慣だったからだ。ちらりと見やった化粧台には、小銭も財布もない。「あの牧師さん、えらく軽装でさ」仲間の下男たちにそんなことを言いながら服に形ばかりにブラシをかけ、靴も布でささっとなでただけ。翌日の朝と夜も、牧師の世話はろくにしなかった。

月曜の朝、リー氏がおれを呼んで言った。「例の牧師さんがお発ちになるので荷造りを頼みたいそうだ」荷物をぞんざいにスーツケースに放りこみ、蓋を閉めようとしたとき、牧師が部屋に入ってきた。

「ああ、ゴードン。ひとつ頼みがあるんだが聞いてもらえるかな?」

「なんでございましょう?」

「これを受けとってくれないか?」牧師が言い、三ポンド渡してよこした。三ポンドも！　おれは泣きたい気分だった。

「いただけません。多すぎます」自分のものらしい声が言うのが聞こえた。

「そう言わずに受けとってくれ、ゴードン。きみにはとてもよく面倒を見てもらった」

とてもよく！　こうなると知っていたら、牧師さんは下にも置かない扱いを受けていただろうに。さっきも言ったとおり、これは生涯忘れられない教訓になった。その夜、大将のところに行っていきさつを語り、「奉仕についていておっしゃっていたことがやっとわかりました」と言った。リー氏は答えなかった。無言のまま食器棚に歩み寄り、通り過ぎざまにぽんぽんとおれの背中をたたいただけ。そしてポートワインを一杯注いでくれると、腰をおろして別のことを話しはじめた。

議会では保守党に所属していたとはいえ、レディ・アスターは政治的な考え方が同じ人間としかつきあわなかったわけじゃない。その証拠に、社会主義者のバーナード・ショー氏とは長年にわたってたいそう親しくしていた。レディ・アスターがプリマスのサットン選挙区から立候補したときの自由党候補はアイザック・フット。いまの労働大臣の父上だ。この御仁もセントジェイムズ・スクエアの常連客で、おれも身のまわりのお世話を仰せつかったことがある。晩餐会とレセプションに出席するためにコーンウォールからやってきたフット氏は、夕方六時ごろに到着し、スーツケースから荷物を出している おれに今夜の服装について質問してきた。「勲章佩用《はいよう》の正装でございます」おれは口から出まかせを言い、必要なものを並べはじめた。「それで、晩餐の時間は？」

「八時十五分でございます」

「よし、それまで少し休もう。アスター卿ご夫妻はいまはお忙しくて私に会うどころではないだろうし。七時四十五分に起こしてくれ」おれは言われたとおりにし、着替えを手伝った。正装に威儀を正して客間におりていったフット氏は、そこで招待主夫妻に迎えられ、困惑と屈辱を味わうことになった。だれも正装などしていなかったのだ。招待主夫妻でさえくだけた服装をしている。幸いおれはその場にいなかったが、無罪放免とはいかなかった。翌朝起こしに行くと、フット氏は掛け布団の縁ごしにじろりとおれをにらんで言った。「それで、朝食には何を着ればいいんだ――パジャマか？」

レディ・アスターが世話をした労働党の大臣に、全国鉄道員組合のリーダーで一九二六年のゼネストのときに名をあげたJ・H・トーマスがいる。世話をしたというのはたぶん控えめすぎる表現で、実態はむしろ乗っとられたに近い。クリヴデンにはご一家が川でパーティーを催す際、ピクニック形式でお茶を飲むのに使うボート小屋があり、レディ・アスターはトーマスとその家族にこのボート小屋を提供し、家賃なしで住まわせてやった。一家はのちに、これまた領内にあるローズ・コテージという小さな家に移り、男女二人ずつの子供はここで育っている。当時クリヴデンの庭師頭の娘だったおれの妻ポップは、トーマス家の子供たちと顔見知りで好意を持っていた。トーマスをはじめて本式の晩餐会に招待したのはレディ・アスターで、何を着ればいいかわからないというトーマス夫人の支度を、ポップの姉のローズが手伝っている。その後J・H・トーマスが政界の大物になってからは、あまり着るもののことで悩む必要はなくなったようだ。ご亭主が全国各地で開く集会にときどきついていっては、服地その他の土産をどっさりもらって帰るようになったからだ。〝政治家の役得〟というやつだろう。ただし贅沢な暮らしを楽しむようになっても、トーマスは最後まで労働者階級出身だという事実を忘れさせてもらえなかった。

こんな話がある。アスター家の晩餐会で、のちにバーケンヘッド卿になったF・E・スミスの隣にすわっていたトーマスは、元気かと訊かれ、ロンドンの下町訛り丸出しで答えた。「猛烈な頭痛《エル・オヴ・ア・エデイク》がしてたまらん」〔標準的な発音ではヘル・オヴ・ア・ヘディク〕

するとF・E・スミスは言った。「アスピレイトを二錠ほど試してみたらどうかね、ジミー？」〔アスピレイトはhの音のこと。労働者階級出身のトーマスがhの音を落として発音することをアスピリンにかけてからかっている〕

労働党議員というのはおかしな連中だった。選挙民が金持ちの食卓のおこぼれにしかありつけないことに腹を立てるくせに、自分たち自身が金持ち連中とケーキを分けあうことは恥とも思わないのだ。

おれはイギリスのパブリックスクール制度にも、そこで養成される人材にも、大いに敬意を持っている。とはいえ、おれ自身がパブリックスクールと間近に接したただひとつの経験は、さんざんなものだった。アスター家の長男ビリー様のイートン校での最初の学期中のことだ。寄宿生活が始まって八週間ほどしたころ、おれはリー氏に呼ばれた。乳母のギボンズばあやの要請でだれかが、つまりこの場合はおれが、学校に行って制服と靴を点検し、修理が必要かどうか確かめなくてはならないという。踵がすり減った靴は——なんでも生徒たちは、だれがいちばん早く踵を全部すり減らせるか競争しているとかで——問答無用で目抜き通りにある老舗の靴直し店〈ゲインズ〉に修理に出し、繕う必要のある衣類はすべてギボンズばあやのところに持ち帰るように、とのことだった。

当時の旦那様の第二運転手、バート・ジェフリーズの運転するダイムラーで、コニビア先生が舎監を務める寮に向かう。だだっ広くて古い建物の外にはシルクハットをかぶった少年がたむろし、揃いも揃ってぐしゃぐしゃに巻いた傘を手にしていた。「もしもし、坊ちゃん方」声をかけてみた。「オノラブル・ウィリアム・アスターのお部屋はどこか教えていただけませんかね?」

「最上階に行って、目当ての部屋が見つかるまで端からドアをノックしてみたまえ」というのが返事だった。

言われたとおりにすると、どの部屋でも生徒がにやにやしながら顔を出し、好き勝手なことを言ってくれる。「消えろよ、目障りだ」とか「その顔にはぞっとするね」とか「さあ、聞いたことないね、きみ」といった具合だ。

脅しと忍耐にものを言わせてようやく目当ての部屋を見つけ、目的を果たすと、おれはズボン一着と靴二足を持って部屋を出た。廊下を半分くらいまで引き返したとき、いっせいにドアが開いて一ダースほどの少年が不意打ちをかけてきた。ホッケーのスティックやクリケットのバットや傘でぽかぽかと殴りつけながら階段の下まで追いかけてくる。やっとのことで車にたどりつき、バート・ジェフリーズに何が起きたかを話したが、やつは先刻承知だったらしい。無情にもばか笑いすると、「あんたは運がいい」とぬかした。「あんたみたいに外から服や靴を点検しに来るやつは、いつもはズボンを脱がされるんだぜ」

屋敷に戻ってリー氏に何があったかを報告し、もう二度とあそこには行かないと宣言した。ところがこちらも冷たいもので、「次回は大丈夫だ。どの部屋かわかっている以上、ほかの部屋を訪ねてまわって、来たことを宣伝する必要はないわけだからな」ととりあおうとしない。だがおれは頑として譲らず、次回は別の下男が派遣された。バート・ジェフリーズ同様、おれも何が待ち受けているかを教えてやろうとはしなかった。ところが今度のやつは、おれよりも役者が上だった。少なくともやられたのと同程度にはやり返し、シルクハットをぺちゃんこにされた以外はなんの被害も受けずにクリヴデンに戻ってきたのだ。

それを除くと、ビリー様の衣類がらみの思い出はひとつしかない。そのころにはビリー様はもっと大きくなっていた。休暇中のお世話をしていてわかったのだが、ビリー様はシャツも肌着もズボン下も一日しか身につけない。しかも風呂には毎日二回も入るのだ。だったら一日ぽっちで洗濯するのはいくらなんでももったいない。そう思ったおれは、脱ぎ捨てられた服をさらに二日間、自分で着てから洗濯籠に入れることにした。尻尾こそつかまれなかったが、ある日、ひやりとすることがあった。ギボンズばあやが洗濯籠をのぞいてビリー様の服をつまみあげ、「まあ、ゴードン。これはなんなの？　こんなに汚れるまでビリー様に同じものを着せておくなんて呆れた人だこと」と言ったのだ。それきり借り着はやめた。おれは運がよかった。一、二週間後に下男のひとりがボビー・ショー氏の靴下を履いているところを見つかって、その場で馘を言い渡されたのだ。

とはいえ、滞在客の衣類でちょっとばかり箪笥の中身を豊かにする方法がなかったわけじゃない。はじめてそれに気づかせてくれたのは、レディ・アスターの義兄、デイナ・ギブソン氏だった。長逗留のあとで出発するとき、身のまわりの世話をしていたおれに例によってたっぷりチップをはずんでくれてから、ネクタイを何本か放ってよこしたのだ。「それは捨ててもらって構わないよ、ゴードン、もう使わないから」

調べてみるとどこも傷んだ様子はなく、まったくの新品に見えるやつも少なくない。そこで階下に持っていってリー氏に見せた。「育ちのいい紳士はそのようなやり方でお下がりをくださるのだよ。それはとっておいてよろしい」

それから数か月後、リー氏はお下がりについて、また別の発言をすることになる。デイナ・ギブソン氏のネクタイが、非番のときに会った女の子たちに好評だったのに気をよくしたおれは、ほかの客人たちがいっこうにお古をくれるそぶりを見せないのに業を煮やし、出立の際の荷造りのときにちょっとしたものを〝うっかり〟詰め忘れるようになったのだ。おかげでシャツや肌着、ズボン下、靴下がかなり集まり、こちらは本物のうっかりミスながら、レジー・ウィン氏の靴も一足ものにした。

このウィン氏とデイナ・ギブソン氏を除けば、集まった衣類のもとの持ち主のなかに平民はひとりもいない。私物の洗濯を終えたばかりのおれの部屋にやってきたリー氏があんな反応を示した理由は、そこにある。リー氏は即席の物干し綱にぶらさがった品々を見やって言った。

「いいかね、ゴードン。きみが通りで車にはねられて病院にかつぎこまれたら、警察は何種類もの紋章からきみの本当の身元を割りだそうとして『デブレット貴族名鑑』を取り寄せるはめになるよ。場合によっては、おおごとにもなりかねない。お下がりをくださった身分ある方々も、そこに刺繍してある紋章まできみに使わせるおつもりはなかったはずだ」

大将は自分が伝えたいことをきっちり相手の頭にたたきこむこつを心得ている。おれは何日もじっくり考えてみたものの、恥ずかしながら忠告どおりにはしなかった。前よりもほんのちょっぴり注意して道路を渡るようになっただけだ。

おれに関するかぎり、借り物の衣装がらみで最高に笑える出来事は、それから長い年月が過ぎてから起きている。おれはルートンに住んでいて、本業は飼料のセールスマンながら、夜はときたま近所に散らばる豪勢な屋敷で臨時雇いの下男をするのを楽しんでいた。クリヴデンもかなり近くにあり、当時ビリー・アスター卿の執事だったジョージ・ワシントン（リー氏はすでに引退していた）に晩餐会の助っ人を頼まれた。その夜はてんてこ舞いで、食事のあとでいっしょに銀器を洗って磨いているとジョージに言われた。「シャツがぐしょ濡れだよ。それにずいぶん汚れてる。別のを貸すから、明日はそれを着て帰りなよ」

そうさせてもらうと答えると、あとで使用人の居住区にある寝室に行こうとしたとき、絹のシャツらしきものを渡された。「先代様の古いやつだから、わざわざ返してくれなくていいよ」

翌朝はヒッチンの穀物市場に行くために明け方に起きだした。そして着替えの最中に、それがシャツではないことに気づいた。ジョージがよこしたのは、ウォルドーフ卿の古い寝間着だったのだ。だが、とにかく襟はついている。そこで安全ピンを二本見つけ、丈を二フィート〔約六〇センチ〕ほど短くしてから身につけた。

穀物市場で屋台をまわって粉屋や農場主と立ち話をしていても、寝間着を着ていると思うとなんとなく落ちつかない。そこで、友人のロブ・イロットにでくわしたとき、シャツに見えるものの正体を打ち明けた。ロブはいたずらっぽく目をきらめかせておれの腕をつかみ、自分の屋台の後ろに引っぱりこんでささやいた。「こいつはしめた。愉快な思いをして、ついでにちょっとした小遣い稼ぎもできるぞ」

おれがきょとんとした顔をすると、ロブは「ジャック・ギャラットだよ」と言って、親指で隣の屋台を示した。

このジャックはロブ同様、ピクウィック氏〔C・ディケンズの小説『ピクウィック・クラブ』の登場人物〕を思わせる素朴で陽気な太っちょだ。ローラー製粉所の持ち主で、ちょっとしためかし屋でもある。「やっこさん、ことあるごとに贔屓《ひいき》にしてる仕立て屋の話を長々とやらかすんだ」とロブ。「服はどれもオーダーメードでどうたらこうたらと。なかでもご自慢が特注のシャツでな、冬でもケツとアソコが冷えないように裾が膝下まであるんだとさ。だもんで前に一度、この国でいちばん長いのは自分のシャツだってことに一ソブリン賭けてもいいと言いだしたことがある。ひとつその話を蒸し返して、そいつは思い違いだと教えてやろうじゃないか」ロブは昼飯どきにうまいことジャックを誘いだし、いっしょに一杯やりながらシャツとシャツの長さのほうに話を持っていった。

それを受けて、おれが言う。「このなかでいちばん長いシャツを着てるのはおれだな。賭けてもいい」ジャックはさっそく食いついてきて、賭けが始まった。

「どっちの勝ちか、どうやって確かめる?」賭けた連中のひとりが言った。

「ジャックとおれが便所に行って長さを比べりゃいい」と、おれ。

だが、その案はあっさり却下され、「そいつはだめだ、みんなの見てるとこでやってもらわにゃあ」ということで全員の意見が一致した。

そこでぞろぞろと市場に戻り、賭けにひと口乗った面々がジャックとおれを囲んで輪を作る。「どっちが先にやる?」と、おれ。コイン投げで決めることになり、ジャックが負けて先にズボンをおろした。たしかに印象的な光景ではあった。ジャックのシャツは、裾がふくらはぎのなかほどまであったのだ。誇らしげで堂々とした、それでいてたまらなく間が抜けた立ち姿。「さあ、こいつに勝てるかどうか見せてもらおうじゃないか」ジャックが言った。

もちろん安全ピンは前もってはずしてある。ズボンをおろすと、まるで劇場の幕がおりるように寝間着の裾がすべり落ちて足首を包んだ。役者ならうれしくなりそうな拍手喝采が沸き起こる。当然ながらジャックだけは拍手しなかった。

「やりやがったな、このペテン師野郎！」とわめく。「そいつはシャツじゃない。いまいましい経帷子じゃないか！」なおも収まらない様子のジャックを引きずるようにして、みんなでパブに戻る。ジャックは現金で清算する気はないと言い、現物で支払った。おれの症状が典型的なものだとすると、翌日はかなりの人数が頭痛に悩まされたはずだ。

アスター家での生活はほぼ仕事一色だったとはいえ、子爵夫妻がいわば二重国籍の持ち主なのに加えて、奥方が旅行好きだったため、似たような地位についているよその使用人よりはのんびりする機会に恵まれていた。ご夫妻はちょくちょくアメリカを訪れたが、これは当時は船旅で、滞在期間もだいたいにおいて長い。留守宅に残った使用人のためだけに料理を作る必要はないと見なされていたから、そのあいだの給料は例外なく〝食事宿泊手当〟に切り替わる。つまり大ざっぱにいって週一ポンド程度を支給され、食費はそのなかでやりくりするのだ。

食料の調達は副執事のフレディー・アレクサンダーと共同でやっていた。厨房でせしめられるものはすべてせしめ、こっちで少しあっちで少しという具合にくすねてまわる。いつだったか、パンと肉汁とベーコンとソーセージだけで食いつないで三週間が過ぎたころ、フレディーが言った。「毛穴に脂がみっしり詰まってる気がする。なんとか別のものを食う算段をしないと、ぬらぬらのウナギになっちまいそうだ」

とたんに名案がひらめいた。「魚なんてどうかな、フレディー」と持ちかける。

「おお、いいねえ」

「だろ?　釣竿を二本借りて、川で運試ししようぜ」

フレディーはこれにはいい顔をしなかった。

「そんな暇があったら酒が飲みてえよ」とぼやくので、おれがひとりで行くはめになり、運よくかなり大きなカワカマスを一匹釣りあげた。クリヴデンにはいけすはないが、この際贅沢は言っていられない。おれたちは内臓を出そうとさっそく腹をかっさばいた。ところが開けてびっくり。胃袋のなかには半分消化されたでっかい鼠が入っていたのだ。これでフレディーはまいってしまった。「もういい。メイデンヘッドに行ってくる。〈バジェンズ〉(アスター家出入りの食料品店)につけで売ってもらうんだ。支払いのことは請求書が来てから心配すりゃあいい」

もちろん請求書は何度も来たが、すべて無視した。〈バジェンズ〉にとってアスター家がとびきりの上得意である以上、騒ぎたてるはずはないと安心しきって。実際そのとおりだったが、こんな手を使えるのは一回こっきりだ。おれたちの行動が褒められたものでないことを承知のうえで、あえて言い訳させてもらえば、ご一家がイギリスを離れているあいだは宴会も滞在客もなく、したがってチップも入らない。こちらとしては、その収入の不足分をなんらかの形で補う必要があったのだ。

ご一家が出発した直後の一週間は、どの部門もいつも大忙しになる。このときとばかり、ありとあらゆるものを対象に、使っているときにはできない徹底的な掃除と修理をやってのけるのだ。だが、ひととおり作業がすむとあわただしさは去り、あたりを見まわして人づきあいや娯楽について考えられるようになる。おれにとっては、女の子の攻略に全力をあげる機会の到来だ。その合間には、もちろん野郎どもとパブに繰りだして戦果を自慢する。年齢はおれよりずっと上ながら、フレディー・アレクサンダーも女好きだった。決まった彼女がいて、名前はフロー・ヒリア。ご近所のクッカム村にコテージを持つ料理人で、フレッドによると興味の対象は料理だけではなかったらしい。フレッドが見せてくれた手紙のなかで、フローはなんとかいうインド人が書いたさまざまな体位を紹介した本を手に入れたと報告し、こう結んでいた。「楽しみだわ、フレディー。端から全部試してみましょうよ」

クリヴデンで最初につきあった相手はエリーズ、子守メイドとしてアスター家にやってきた赤毛のスイス娘だ。子守メイドといちゃつくのは下男の役得と見なされていた。このエリーズという娘は絵に描いたようにきれいであだっぽく、そのくせおそろしく強情だった。いわく、この国に来たのは英語を学ぶためで、スイスでも簡単に学べることまで教えてもらう必要はない。そこで、おれはときたまキスしたり抱きしめたりするのと、二人で通りを歩いているときにほかの若い男どもから妬ましげな視線を投げつけられるのとで満足するしかなかった。

ある夜、フレディーに〈フェザーズ〉で一杯やろうと誘われたときは、もっとツイていた。なかなか屋敷を抜けだせずに一時間ほど遅れて顔を出すと、フレディーはちょっといかしたお嬢さんにしつこくポートワインを勧めていた。すでにかなり飲んでいるうえに顔一面に下心と書いてあり、お世辞にもいい景色じゃない。フレディーが〝自然の欲求〟に応えるために席をはずすと、女の子はおれの手をつかんで「ねえ、出ちゃわない」と言い、おれたちは手に手をとって森に逃げこんだ。

翌朝おれを見たときのフレディーの形相は、前夜の見苦しい顔がかわいく感じられるほどのすさまじさだった。「この胸くそ悪い盗っ人野郎め」フレディーは言い、みみっちくもつけ加えた。「でかいコップに三杯分のポート代、貸しだからな」

ご婦人方を賛美することは嘘つきになることでもあった。まともに相手にしてもらいたければ、そうするしかなかったのだ。どうやら第一次世界大戦の結果、お屋敷奉公は男女どちらにとっても冴えない商売と見なされてしまったらしい。理由はわからなかったし、わかったところで何ができるわけでもない。おれもほかの同業者たちも、状況に順応して世間一般の見方を受けいれるしかなかった。つまりダンスに行って女の子たちと雑談する段になったら、いつ仕事について質問されても何か別の職業について話せるように、心の準備をしておかなくてはならない。

おれはメイデンヘッドでダンスの伴奏をしているバンドの連中と仲よくなり、ロンドンから来たサクソフォン奏者として紹介してもらえることになった。だれかに一曲吹いてみろと言われていたらと思うと冷や汗ものだ。この手のバンドの連中はみんな女好きで、いまのポップグループと同じく、そばにくっついているのはとびきりの上玉ばかり。なかでもある夜の出来事は、とりわけはっきり記憶に焼きついている。その夜おれは、指揮者のスタン・ベネットに連れられて、アーサー・ブリスという作曲家が女の子を二人住まわせているメイデンヘッドのフラットに向かった。

途中でその作曲家の名前が出て、おれは「聞いたことないな」と言った。「どんな曲を書いてる？」

「きみが知ってるような曲じゃない。どっちかというとクラシック系でね」

〝どっちかというとクラシック系〟とはまたずいぶん控えめな言い方をしたものだ。サー・アーサー・ブリスはのちに王室楽長として世を去っている。それはともかく、フラットに着いて女の子たちに紹介されてみると、当時のブリスが大音楽家のようにふるまっていたことは一目瞭然だった。

スタンは雑談もそこそこにご婦人の片方を寝室に引っぱりこんだが、おれはまず少しおしゃべりを楽しみたい口だ。そこでもうひとりの女の子と二人でソファーでくつろいだ。案の定、職業は何かと訊かれたのでいつもの作り話をすると、相手は「サクソフォン吹きにしてはずいぶん手が荒れてるのね」と赤頭巾ちゃんみたいなことを言う。「それはほら、しょっちゅう庭いじりをしてるから」というおれの説明が、小鳥や蜂や花を連想させたのかもしれない。とにかく相手はいきなり妊娠していると打ち明け、どこか子供を堕ろしてくれるところを知らないかと質問してきた。妊娠！　とたんに色っぽい空想はきれいさっぱり吹き飛んだ。それを証拠に犯人に仕立てあげられたらと思うと、キスするのさえ恐ろしい。なるべく早く逃げだして、冷や汗をかきながら屋敷まで歩いて戻った。どうやらおれの行動はなんらかの形で話の種にされたらしく、次に会ったときにスタンにさんざんなじられ、あげくに言われた。「あんなの心配することなかったんだ。結局ただの盲腸炎で、次の週に手術したんだから」

それからじきにキューピッドの矢に心臓を射ぬかれて恋に落ちたのは、たぶん幸運だったんだろう。相手はクリヴデンにいるときはいつも遠くから見つめ、憧れていた女の子。ポピー――アスター家の庭師頭の三女だ。すでに触れたとおり、ポピーはおれの妻になった女性だが、めでたく結ばれるまでには愉快な思いもどっさりした一方で、一難去ってまた一難、厄介な状況もいやというほど経験している。

ポップは屋内スタッフの一員で、フラワーデコレーター（植物装飾係）だった。クリヴデンの各部屋に飾られる植物と花すべてに責任を負うデコレーターは、ご一家と顔を合わせる機会が多く、個人的にフラワーデザインに興味を持っていたレディ・アスターに近い位置にいるため、地位が高いと見なされていた。近い位置にいたとはいえ、ポップは本当に奥様としっくり行っていたわけじゃない。ある時期にデコレーターを務め、のちに庭師頭になったフランク・コプカットの言葉を借りれば、「おれだってそう簡単に奥様とうまくやっていけるようになったわけじゃない。ましてや女なら、だれがやろうとしっくりいかなくて当然だよ」ということだろう。それはともかく、さっきも言ったようにデコレーターの地位にはそれなりに重みがあったから、一介の第二下男がちらちら目線を送ろうが、ときたま気の利いたことを言おうが、ポップが最初のうちはハナもひっかけなかったのも不思議はない。

はじめてまともに顔を合わせたのは、近くの村で開かれたダンスの集まりでのこと。このときのおれは、そこにいたほかの男どもの一部と比べたら、フレッド・アステアとまでは行かなくても、その近い親戚くらいには見えたはずだ。だからうぬぼれ抜きで、踊りだすと、ポップは一発でのぼせあがったと言っていいと思う。ポップはおれと同じく大のダンス好きで、持ち前の陽気さ、愉快さ、いたずらっぽさがあふれでる。二人のつきあいはその夜から始まった。いまの若い連中は田舎には何もすることがないと不平を言うが、彼らにはクラブもテレビもラジオもあるし、金だってうなるほど持っている。おれたちにはそんなものは何ひとつなく、それでも人生は刺激に満ち、ときに牧歌的だった。ある意味では、おれたちは〝幸薄き〟恋人たちだった。二人が恋仲になることをだれも認めてくれないのはわかっていたからだ。父親の地位が地位だけに、ポップの家族は認めるわけがない。〝その種のたわごと〟はお屋敷を円滑に運営する妨げになりがちだから、リー氏もいい顔はしないだろう。レディ・アスターはもちろん反対するに決まっている。だからデートはこっそりするしかなく、そのせいでいっそう大切なひとときになった。廊下ですれ違いざまに手が触れあっただけで忘れがたいときめきに胸をふるわせ、仕事でごく短い時間でもいっしょになれば、まるで全世界が動きを止めたように感じた。ひそひそ話やばかなことを書いた短い手紙で密会の段どりをつけ、いざそのときが来ると、あまりの感動にまごついて口もきけずに、手をつないであてもなく歩きまわる。もちろんダンスもした。毎回、ここならだれにも見られる心配がなさそうだという場所を選んで。クリヴデンを囲む畑や緑地を二人で散歩し、それまでとは違う目で田園風景を眺めたこともある。テムズ川でボートに乗ったり泳いだりしたことも。

ある意味では、テムズ川はおれたちの秘密を共有していた。メイデンヘッドの町や、二人で訪れた村の多くへは、川を渡っていくのが近道だったからだ。それに川まで別々に行けば、人に見られる危険も小さくなる。待ち合わせの場所はボート小屋。渡し守で船頭のジョー・ブルックス爺さんは素朴な人間で、人と話すよりひとりでぶつくさ言っていることのほうが多く、たとえおれたちの密会に感づいても、だれにも話すことはなさそうだった。ただ爺さんはかなり寝ぎたなく、いったん寝床に入ってしまえば、起きて帰りの舟を出してくれる確率は低い。それに気づいたのはしばらくしてからで、おれはそれまでに二度も、ポップを向こう岸に待たせておいて川を泳ぎ渡り、舟で迎えに行くはめになっている。これはおれの情熱に水をさし、威厳にも傷をつけた。ズボン下姿でぽたぽたと水をしたたらせ、寒さにふるえて全身に鳥肌を立てていては、色男もかたなしというものだ。

そこでおれたちは、毎回ボートを借りて下流の見えないところに隠しておくことにした。これは天気がいいときはうまく行ったが、ある晩、恐ろしいことが起きた。突然の嵐に見舞われたのだ。岸辺に戻ってきたころには川は増水し、猛烈な勢いで流れていた。すでに時間に遅れている以上、一か八かやってみるしかない。おかげで二人とも死にかけた。波止場人足そこのけに漕ぎまくったおれの奮闘もむなしくボートは下流に流されていき、波をかぶりはじめたと思うと、横向きになって濁流のただなかへ。もうだめだと思った瞬間、波がボートを持ちあげ、比較的流れのおだやかな岸辺近くに放りだした。ボート小屋からは一マイル〔約一・六キロ〕も下流に流されていたが、ひとまず命の危険はない。しかし、これで一件落着とは行かなかった。流れに逆らってボートをもやい場まで引きずっていく仕事が残っている。何度もつまずきながら川岸を進み、必要に迫られて水のなかに踏みこむことも数知れず。眠りを妨げられた鳥どものわめき声やミズハタネズミの赤く光る目とあいまって、ぐしょ濡れの服と泥にまみれた脚がいっそう気色悪く感じられた。

そんな試練を乗り越え、さらに何度も露見の危機を切り抜けるうちに、おれたちはしだいに大胆になり、かなり危険なまねをするようになった。その結果、本人たちが知らないうちに、二人のロマンスはいつしか公然の秘密になっていた。しまいには、知らないのはレディ・アスターだけという状況になっていたらしい。たぶんポップもおれも、どこかで秘密がばれることを望んでいたのだと思う。そうでもなければ、あんなばかなまねをしたはずがない。ある日の昼食後、食卓を片づけていたとき、おれは晩餐会のための花を活けていたポップに言った。「なあ、メイデンヘッドでいい映画をやってるんだ。あとは夕方やればいいじゃないか」

これはもちろん狂気の沙汰だったし、それは当のおれたちだって承知していたはずだ。でなければ、あんなに町に長居したはずはない。食卓に花が飾られていないのに気づいたリー氏がポップの親父さんに電話をし、すっ飛んできた親父さんが、娘が途中で放りだした仕事を完成させる。ついでおれがいないことがわかり、二と二を足して当然の結論が出た時点で、奥様に報告が行く。それからが大変だった。愛は反対されれば燃えあがるもので、まわりが騒げば騒ぐほど、おれたちはかたくなになった。おれはもちろん馘になったが、ポップもおれと運命をともにし、神々は二人に味方して、結婚したほとんど直後におれは軽食チェーン〈ライアンズ・コーナーハウス〉の支店でフロアマネージャーの仕事にありついた。ときにはかなり苦労もしたとはいえ、おれたちは二人三脚の生活を楽しみ、夫婦円満にやってきたと言っていいと思う。

てっきり家事使用人としてのおれの人生はこれで終わり、一から友人を作り直さなくてはならないかと思いきや、そうはならなかった。それについては、だれよりもまず執事のエドウィン・リー氏に感謝しなくてはならない。クリヴデンを去る前に、リー氏はおれを部屋に呼んで言った。「これで縁が切れるなどと思ってはいけないよ、ゴードン。こんなことはしょせんコップのなかの嵐だ。私で力になれることがあれば、きみたち二人のためになんなりとさせてもらう。奥様ともお話しして、きみほど優秀な下男を完全に手放してしまうのは惜しいから、ほとぼりが冷めたら晩餐会やレセプションにはどんどん手伝いに来てもらうつもりだと申しあげておいた。奥様もそれは構わないと言ってくださったから、今後も会う機会は頻繁にあるはずだ。むろん、きみにその気があればだが」

今日では大したことに思えないかもしれないが、当時の状況を考えれば、リー氏の申し出はすばらしく気前のいいものだった。奥様の不興を買う危険を冒さずに雇える人間が、ほかにいくらでもいたのだから。もっともレディ・アスターは、リー氏のそんな姿勢を喜んだのではないかと思う。もともと物事を根に持つ方ではなかったし、仕事でお屋敷を訪れたおれに対する態度からも、それはうかがえた。

同じく心強い友人で味方だったのがチャールズ・ディーンで、のちにアリス・アスターの執事になると、ちょくちょくおれを雇ってくれた。勘がいいと見え、おれたち夫婦がやりくりに苦労しているときは、訪ねていくたびに食料品の包みや何かを土産に持たせてくれたものだ。

ある晩チャールズからライアンズの店に電話があって、アリス・アスターのロンドンの居館ハノーヴァー・ロッジに一杯やりに来ないかと誘われた。アリス・アスターは当時、ロシア人亡命者のオボレンスキー公爵と結婚していた。「公爵ご夫妻は今夜は外食する予定でね」とチャールズ。「そのあいだ、おれたちはポート片手に雑談を楽しめるわけだ」

八時ごろに訪ねていくと、下男のアーネストから公爵夫人が予定を変更したと告げられた。もっか出席者十人のささやかな晩餐会が進行中だという。「だけど適当に晩飯を食べててくれって。チャールズもあと三十分もすればおりてくるから」

配膳室に下がってくる料理をあれこれ試食していると、銀の皿にウズラが三羽のっているのが目に入った。もう腹はいっぱいだが、ポップが食べたがるかもしれない。そこでウズラを紙で包み、付け合わせを残飯入れに放りこむと、コートのポケットに包みをねじこんだ。だいぶ時間も遅くなってきたし、そろそろ帰ったほうがよさそうだ。そう判断してチャールズ宛にメモを残し、敷地内の私道を歩きはじめたとき、名前を呼ぶ声がして、あわただしい足音が近づいてきた。ふりむくと下男のアーネストが走ってくる。「戻ってきてくれ、ゴードン。奥様がウズラを持ってこいって」

二人して屋敷に駆け戻った。おれが包みをほどき、少しばかり打ち身をこしらえて骨も何本か折れてしまった不運な小鳥たちを解放し、どうにか見られる程度に形を整えるあいだに、アーネストが付け合わせの野菜を残飯入れから拾って水道の水で洗い、適当に銀の皿のまわりに散らす。乗るつもりだった列車には、どうせもう間に合わない。おれは詫びを言うために、チャールズがおりてくるのを待った。「終わりよければすべてよしさ」チャールズは言った。「奥様はこんなうまい小鳥は食べたことがないと仰せだ」

何があったかを話して聞かせると、ポップは気の毒にがっかりした。この一件はよほどしっかり記憶に焼きついたらしく、何年もあとに、ウズラを食べたことはあるかと訊かれて、ポップはこう答えている。「一度だけチャンスがあったんだけど、惜しいところで食べ損ねちゃって」

その夜は手ぶらで帰ったが、多すぎるほどの土産を持たされた夜もある。オボレンスキー夫妻は訪英中のアメリカ人をもてなすことが多く、ある晩の主賓は作曲家でピアニストのコール・ポーターだった。晩餐がすむと、ご一家と客人たちは静かな音楽の夕べを過ごし、その後トランプとバックギャモンを楽しもうということになった。チャールズがおりてきて、鍵束を渡してよこした。「シャンパンを出してきてくれ、ゴードン。今夜は屋敷で過ごすそうだ」

「本数は？」

「そうだな、三ダースほど頼む」

アーネストが風呂に氷を満たし、みんなでボトルの半数くらいから針金をはずしにかかる。すると呼び鈴が鳴り、チャールズはふたたび上階へ。「いまいましい女だ」戻ってきたチャールズが言い、公爵夫人の口まねを始めた。「ああ、ディーン、クラブに行くことにしたからシャンパンは必要ないわ」

アーネストとおれも作り声で応じた。「まあ、ディーン、それは残念だわ。もう針金をはずしちゃったボトルもあるのに。せっかくだから、わたしたちがちょっぴりいただくっていうのはどうかしら？」

「そんなものは酒蔵には戻せないしな。天井が吹き飛びかねない。好きなだけ飲んでくれ」

おれたちはお言葉に甘えた。ボトルが何本も空になってから、おれは最終列車に間に合うよう、あわただしくタクシーに押しこまれた。そのころには、だれもが陽気で気前のいい気分になっていて、ディーンはシャンパン二本をおれのコートのポケットにつっこみ、ほかのだれかが食料品の包みを二つ渡してよこし、最後にだれかひょうきん者が、帰宅してこのありさまをポップに見られたら必要になるかも知れないからと、軟石鹸の七ポンド〔約三・二キロ〕缶を投げてよこした〔〝軟石鹸で洗う〟には〝お世辞でまるめこむ〟の意味もある〕。パディントン駅に着くと、タクシーの運ちゃんが言った。「赤帽が必要だな、兄弟。そんな状態で全部ひとりで抱えてくのはやめたほうがいいぜ」

「わかってるって」おれは答えた。

石鹸を舗道に置くと、二つの包みを両腕に抱え、缶を蹴って転がしながら改札を走りぬける。まわりの連中が足を止め、驚きの視線を向けてきた。はあはあ言いながら客車に近づき、缶と包み二つを放りこんで座席に腰をおろす。とたんに銃をぶっぱなしたような音が響きわたり、周囲の乗客が頭を低くしたところに、コートのポケットから吹きだしたシャンパンがシャワーと化して降りそそいだ。親指でボトルの口を押さえて止めようとしたが、これが逆効果。シャンパンは猛烈な勢いでほとばしって向かいの席にすわっていた男の顔を直撃した。おれはひとりぼっちで家路をたどることになった。平謝りに謝ったにもかかわらず、車両はあっという間に空っぽになったからだ。

気前のよさを見せてくれたのはチャールズだけじゃない。レディ・アスターの厨房メイドのメイは太っ腹で、物惜しみせずに食料品を持たせてくれた。ある夜帰りがけに、当時息子のビルを妊娠中ですでに臨月に達していたポップにと、メイから特大の包みと果物を詰めた籠を渡された。ポップの様子が気がかりなおれは、一刻も早く帰宅しようと駅からの道をほとんど走りどおしに走って家にたどりつき、そのままの勢いでなかに駆けこむなり、どすんとベッドの裾に腰をおろした。重みでベッドの脚がへし折れ、ポップが宙を飛んで腕のなかに飛びこんでくる。その顔に浮かんだ表情を見て、殴られるのを覚悟したとき、ポップの表情が一変した。ひどく気遣わしげな顔になり、「やだ、生まれちゃう」と叫ぶ。

その後の出来事については、それがおれの人生屈指の興奮と不安に満ちた夜だったこと以外は、ほとんど覚えていない。ただし翌日の晩、体重七ポンド半〔約三四〇〇グラム〕の息子を授かったことを知ってベッドの修理を始めながら、それにしても間がよかったなと思ったことは覚えている。果物籠もタイミングばっちりだった。

家事使用人に対する批判のひとつに、奴隷根性の持ち主だったというのがある。意味がよくわからない。おれたちはどんな意味でも断じて奴隷ではなかったが、雇われの身の男女がみなそうであるように、命令する権限を持つ人間には従わなくてはならなかった。おれたち使用人と当時の社交界人士は、それぞれがすでに確立された行動規範に従っており、どちらの側であれ、ルールを破ったことが発覚すれば罰せられたのだ。

それにしても、ある種の人間の王族に対する態度にはびっくりさせられた。上流社会の面々のふるまいはさすがに非の打ちどころがなかったが、しばしば皇太子を取り巻いていた成り金連中は太鼓持ちの集まりだったと見え、たいていのことには慣れている下男でさえもたじろぐようなふるまいをする人間が少なくなかった。

あるパーティーがとくにはっきりと記憶に残っている。エドワード皇太子とシンプソン夫人の仲は、当時はまだこの国では公になっていなかったものの、二人はつねにいっしょにいて、皇太子は精神的にも政治的にもひどく不安定な状態に置かれていた。失業者があふれている不公平な状況を憎み、何か対策をとらせようとして大臣たちと衝突していたのに加えて、いずれはシンプソン夫人との仲を公表し、王国の将来について決断をくださなくてはならないことも承知していたからだ。

この夜、皇太子は弟のジョージ王子とともに出席することになっていて、王族が招かれている催しではいつもそうだが、ほかの招待客は両王子の到着予定時刻の十五分前には顔を揃えていた。シンプソン夫人もそのなかにいて、わずか数か月後にはイスカリオテのユダのような態度をとることになるおべっか使いどもに囲まれていた。おれは下男と二人でカクテルを配りながら、そちらに近づいていった。

「カクテルはいかがですか、奥様?」おれは尋ねた。

「どんなのがあるの?」とシンプソン夫人。

「パラダイス、ホワイトレディ、それにシャンパンがございます」おれが答えると、夫人は「なんですって?」と言った。「楽園に白人の女がいるなんて、だれか聞いたことある?」たいして面白い発言じゃないと思うのは、おれだけではないはずだ。ところが取り巻き連中は、まるでシンプソン夫人がオスカー・ワイルド以来の大才子であるかのようにけたたましく笑い、手をたたいた。

やがて二人の王子が到着したが、皇太子は見るからに疲れきっていた。おれがいつものように皇太子のそばにグラスとブランデーが入った小さなデキャンタを置き、グラスに酒を注ごうとすると、皇太子は言った。「いや、結構」

何か別の飲み物を求められた場合に備えてそばに控えていると、わずか三分ほどのあいだに五、六人の人間が近づいてきて、しつこく酒を勧める。皇太子はついに癇癪を起こして叫んだ。「私が欲しいのは食事だ」

晩餐にありついたあとも皇太子の機嫌はよくならず、あたりには張りつめた空気が漂っていた。有名なピアノデュオ、ラヴィッツ&ランダウアーはその場の雰囲気をやわらげようと全力を尽くし、次から次にシュトラウスのワルツ曲を弾いていたが、これも皇太子にはお気に召さなかったらしい。弟君に向かって「まったく、なんだってジャズをやらないんだろうな」とのたまった。

侍従の〝チップス〟・チャノンが呼ばれ、二人のピアニストに近づいてなにやらささやくと、曲はたちどころににぎやかなジャズに変わった。その後は場の空気もいくぶん明るくなり、招待主と大半の客人も陽気さを取り戻した。

おれが光栄にも給仕する機会に恵まれた生まれながらの紳士のひとりに、チャールズ・チャップリンがいる。フランス大使館の書記官ルミュール伯爵がイートン・スクエア八六番地で催した晩餐会には皇太子も招かれていた。この夜も酒のせいでひと波乱起きている。ただし今回は、問題が発生したのは階下にある使用人の領域だった。伯爵の家令ジミー・ゴードンは長年のあいだに、お屋敷奉公の世界で

〝執事病〟と呼ばれる病気を発症していた。骨の折れる夜を切り抜けるためにちょくちょく酒を口にするのが原因で、病状が進むとついには正真正銘のアル中になってしまう。ジミーもそのひとりで、晩餐が終わるころにはへべれけになっていた。この手の事態が起きると、だれもが病人をかばうために全力を尽くす。というわけで、おれがジミーの仕事を引き継ぎ、伯爵にはジミーは具合が悪くなったと説明した。ありがたいことにすべてが順調に進み、チャップリン氏はまさに絶好調で大いに座を盛りあげていた。ところがチャップリン氏が帰ろうとしたときになって、執事や下男ならだれでも当惑せずにいられない事態が起きた。コートを着せかけて帽子を渡したおれに、チャップリン氏が手をさしのべて握手を求めてきたのだ。突然のことに面食らい、その手を無視して玄関に歩み寄る。ドアを開けると、外では当番の巡査が待っていた。「こんばんは、チャップリンさん」巡査が言う。

「ああ」とチャップリン氏。「ロンドンのお巡りさんか。少なくともこのお巡りさんは、私と握手するのをいやがるほどお高くとまってはいなさそうだ」

おれ自身は一度も仕えたことがないものの、ユダヤ系の紳士は使用人のあいだでは評判がよかった。やさしく思いやりがあって気前がいいというのだ。そこである晩、晩餐会で給仕を務めていたとき、ゴールドバーグ氏という紳士からパーティーの仕切り役を頼めないかと持ちかけられると、待ってましたとばかりに飛びついた。万事がうまく行った。すばらしい料理。上等でふんだんな酒。ジャック・ペインのバンドの演奏に合わせてのダンス。ウェスタン・ブラザーズによる余興。この芸人コンビはその夜ストックホルムに飛ぶことになっていて、飛行機に乗るのをいくぶん不安がっていた。「物は相談だが、ブランデーを少し分けてもらえないかな?」と片割れが言うので一本進呈すると、すばやく一ポンドを握らされた。客人方も帰り際に大いにチップをはずんでくれ、ゴールドバーグ氏が報酬を払ってく

家事使用人としての人生をふりかえる現在〔著者執筆時〕のゴードン・グリメット。

れるのを待たずに、おれは五ポンドを懐にしていた。「おやすみ、ゴードン。今夜は本当に世話になったね」ゴールドバーグ氏は言い、約束の報酬に一ポンドを上乗せしてくれた。「ありがとうございます、サー」おれが答えると、相手は立ち去ろうとしながらつけ加えた。「ああ、それはそうと、私の客人たちはねぎらいの印にちゃんと心づけをはずんでくれただろうね？」その手にまだ財布が握られたままなのを見て、おれはとっさに機転を働かせた。

「それがあまり。いつもはこうではないんですが」と嘘をつく。「でも、そんなことは問題じゃありません」

「問題ではないだと！」てっきり癇癪を起こすんじゃないかと思った。「いいや、大いに問題だとも」いまにも泣きだしそうな口調。「おお、わが友人たち、わが友人たち。彼らは私の友人を自称しているんだ。それがここに来て私の料理を食べ、私の酒を飲み、私の葉巻を吸ったあげく、きみにほんの数シリングすら渡そうとせずに立ち去るとは。私は彼らに代わってきみに謝罪しなくてはならない」ゴールドバーグ氏は財布のなかをまさぐり、「さあ、とっておいてくれ」と言って一ポンド札をもう二枚おれの手に押しこむと、イディッシュ語でなにやら友人たちに対する悪態をつぶやきながら歩み去った。

さすがにこれには少々動転し、罪の意識を抱えて帰宅した。ことのしだいを打ち明けると、ポップはあっさりおれを正気に戻してくれた。女性の見方は、男とはまた違っているらしい。「そんなに気が咎めるならよこしなさいよ、そのお金」ポップは言った。「濡れ手に粟のぼろ儲けでうれしい悲鳴をあげてあげるから」

ここまで来れば、もうわかってもらえただろう。一九二四年にアスター家を馘になった時点でフルタイムのお屋敷奉公と縁を切り、その後、商売の世界でそこそこ悪くない地位まで出世したとはいえ、おれはずっと緑色のラシャの仕切りの奥にある使用人の領域に心を残したままで、そこに戻れる機会があれば決して逃そうとしなかったことを。もちろんなによりも重要なのは臨時収入が入ることで、これは子供の養育費と教育費の足しになってくれた。だが、あの仕切りの奥に舞い戻ったのはそのためだけじゃない。芝居っ気もひと役買っていた気がする。どこかの大邸宅を訪れるのは、おれにとっては出演者のひとりとして劇場に足を踏みいれるようなものだった。それは作り物の世界で、そこにいたのは現実の生活から逃避した人々。だが、その種の現実逃避ははたして悪いことだろうか？　金持ちが特権を手放し、持っているものすべてを貧しい者に与えていたら、相手は感謝しただろうか？　いまの庶民がしているように、もっとよこせとわめくだけだった気がする。

もちろん家事使用人は給料が安く、たぶん働かされすぎてもいただろう。だが金がすべてではないという古臭い決まり文句が当てはまる職業があるとしたら、お屋敷奉公こそそれだった。忠義心ひとつをとっても、それはわかる。同僚たちだけでなく、仕えている相手からも示される忠義心。ポップと結婚すると言い張ったおれを馘にしたレディ・アスターの態度には、忠義心もくそもないじゃないか。そう思う向きもあるかもしれない。だが、それは違う。おれはルールを破ったのだ。自分が何をしているかは承知していたから馘になっても恨まなかったし、いまも恨んじゃいない。レディ・アスターはまず罰を与え、そのあとで思いやりを示してくれたのだ。

思えば学校を卒業した日、おれはただの無骨な田舎っぺだった。お屋敷奉公の世界に入ったその瞬間から、教育が始まったのだ。使用人としての躾を土台にして、置かれた環境が向学心をはぐくんだ。美しいものに囲まれていれば、だれしも無関心ではいられない。いいものとそうでないものの見分けがつくようになり、美的感覚と鑑賞眼が磨かれる。棚に並んだ本を眺め、ついには一冊を手にとって読みはじめる。ふと耳にした会話が、知識欲に火をつける。さらにはモラルも身につく。直接手本を示されるという形だけでなく、ときには観察したり比較したりすることで。それらすべてを、使用人は肌で吸収していく。これぞ本物の教育だ。そのうえで、おれのような人間は、遊び心を全開にしてとことん人生を楽しむ。おれにとって、お屋敷奉公とはそういうものだ。

ゴードンの回想についてひとこと

ゴードンはいまでは引退し、東海岸にある海辺の町メープルソープにほど近い平屋の家で暮らしています。子供は三人で、息子さんが二人に娘さんが一人。三人とも父親の期待をうわまわる成功を収めています。ゴードンも奥さんのポップも引退生活を楽しんでいて、充実した有意義で幸福な人生を送ってきたというのがご夫婦揃ってのご感想。二人とも友人が大勢いて、することもどっさりあるようです。

この回想録はゴードンの人柄を物語っていると思います。まずいことが起きても深刻にならず、つねに物事のいい面を見ることができる。ゴードンが語った若いころのふるまいを読んで、彼がいま地元の教会で重要な役割を果たしていることを意外に思う人もいるかもしれません。でもゴードンにとっては――わたしにとってもそうですが――、よきキリスト教徒であることは、陰気な顔をして歩きまわり、注意深く行動や言葉を選ぶことではありません。幸せな心を持ち、周囲の人々を幸せにするために率先して人生を楽しむことであり、物事や人間のいちばんいい面を見て、助けるに値する人が助けを必要としていたら手をさしのべることなのです。

ゴードンと会うと、わたしはいつも自分がそれまでより立派な人間になったように感じます。

次にご紹介する文章を読めば、わたしが何を言いたいのかおわかりいただけるかもしれません。現在のバース侯爵は、一九七三年八月二日付の手紙のなかで、ゴードンにこんな感謝の言葉を贈っています。

「肺に病変があり、当時はそれが症状の悪化を防ぐ数少ない方法のひとつだったために毎朝外気浴をしなくてはならなかったことは、はっきりと記憶しています。実際、いまなお存命なのは貴兄のおかげであり、信じていただけないかもしれませんが、深く感謝しています。現在六十八歳ながら、あの世へ行くのはまだ当分先のことでしょう」

3 エドウィン・リー

すべての友人のなかでわたしの人生にだれよりも大きな影響を与えたのは、アスター家の執事リー氏です。これまでに数多くの有名人、重要人物、お金持ちと会って言葉をかわしてきましたが、自分がいま偉大な人物を前にしているのだと感じた相手はただひとり、わたしに〝父さん〟と呼ぶことを許してくれたリー氏だけ。サー・ジェイムズ・バリーの戯曲『あっぱれクライトン』に登場する執事の有能ぶりを誇張だと思う人は、脂が乗り切っていた時期のリー氏をごらんになるべきでした。そうすればきっと、リー氏こそはクライトンのモデルだと思ったことでしょう。

はじめてリー氏に会ったのは、わたしがレディ・クランボーンのお付きメイドをしていたとき。一九二三年から一九二八年まで、奥様のお供でクリヴデンに滞在するたびに顔を合わせています。滞在客づきのメイドとしてパグス・パーラーに出入りするなかで目にしたリー氏の采配ぶりは、なんとも印象的でした。それもそのはずで、大のもてなし上手と見なされていたレディ・アスターは、ささいなことに大騒ぎし、口出しせずにはいられない性分で、催しの企画立案はお得意ではなかったのです。〝父さん〟がすばらしい企画力の持ち主で、おまけに如才なさも備えていなければ、レディ・アスターの名ホステスとしての評判は一夜にして失われていたでしょう。

その後、令嬢オノラブル・フィリス・アスター（ウィシー様）のお付きメイドとしてアスター家の一員になると、わたしはリー氏をもっとよく知るようになりました。というより、その前にリー氏がわたしを知るようになったと言ったほうが真相に近いかもしれません。リー氏は新しいスタッフが入ると、必ず面談の場を設けていました。相手の生い立ちや経験、能力のほどを把握する一方で、ご一家の歴史について語り、素直に聞けばアスター家での生活がぐっと楽になるはずの助言や忠告をどっさりしてくれる。やがてレディ・アスターづきになったわたしが、そのまま働きつづけられたのはリー氏のおかげです。しょっぱなから奥様にぺしゃんこにされ、完全に自信を失って、一時は辞表を出す決意をする寸前まで行ったのですから。

偉大な執事としての名声がものを言って、リー氏はすこぶるつきに有能かつチームワークのいいスタッフを確保することができ、そのためアスター家では階上のご一家に対して、階下の使用人も家族同然の集団を作りあげていました。

そんな〝父さん〟の人格形成には、ウォルドーフ卿がひと役買っていると考えるべきでしょう。二人はとてもよく似ていて、わたしたちの多くはリー氏が旦那様のふるまいをお手本にし、旦那様そっくりの人間になろうとしたのだと考えていました。

リー氏は人の上に立つ地位にありながら恥ずかしがり屋で、とりわけ女性に対する態度にそれが目立ちました。ほとんど田舎の少年のようにふるまうことさえあったほど。いまでも覚えていますが、レディ・アスターの真珠の首飾りが一時的に見つからなくなり、わたしの前任者のひとりであるミス・サムソンが警察の巡査部長に身体検査をされたいきさつを話してくれたとき、リー氏はぞっとしたようなささやき声で言ったものです。「なんとミス・ハリソン、巡査部長は彼女の短パンのなかにまで手を入れたそうだよ」ニッカーズとかズロースとかいう言葉を、どうしても口にすることができなかったのです。にもかかわらず、リー氏は女性から見てとても魅力的で、ファンには事欠きませんでした。

善良な人間の人生が得てしてそうであるように、リー氏の人生は、もっとやんちゃな人間のそれと比べると退屈だと感じる人もいるかもしれません。わたしはそうは思いません。リー氏の人生にはイギリス人のすぐれた面がふんだんに表われていて、労働者階級には自分たちの資質を伸ばす機会などほとんどないと思われていた時代のなかでさえ、それは輝きを放っています。さまざまな機会に恵まれたいまの時代なら、リー氏はもっともっと出世していたのではないかと思う人もいるかもしれません。ひょっとしたら議員にだってなれたかもしれない、と。でもリー氏に聞こえるところでは、そんなことは言わないほうがいいでしょう。

ページボーイの話

ときに物事や日付を混同することがあっても、どうか大目に見ていただきたい。一八八六年に生まれ、現在九十歳になる身の悲しさで、まるで昨日のことのようにはっきりと覚えている事柄がある一方で、もっと最近の出来事は不思議とぼんやりとしか思いだせず、歯がゆい思いをすることがある。それでもとりわけ重要な出来事や、光栄にもお仕えする機会に恵まれた高名な方々についての記憶だけは、いまなお脳裏にとどまっていると言ってよさそうだ。あるいはそれは、喜んで耳を傾けてくれる人々や、ときには話して聞かせる必要があると思われる同僚たちを相手に、家事使用人としての現役時代はもちろん、引退してからも、何度となく自分の経験を語ってきたせいかもしれない。

私はダドルストーンのレーン農場で生まれた。五人きょうだいの末っ子で、両親とくに父親は、私が生まれた時点ですでにかなり高齢だった。当時のダドルストーンは、いまもそうかもしれないがエルズミアの町にほど近い小さな村で、シュロップシャーのウェールズ寄りのはずれに位置していた。父は一五〇エーカーの土地を持つ自作農で、いまならそれなりの資産家で通っただろう。だが当時は違った。農業という商売は重労働で先の予測がつきにくいうえ、いまあるような支援制度や助成金の類いもいっさいなく、二、三年も不作が続けば破産しかねない。乳牛を売っても、一〇ポンドの値がつくのはとびきり上等のものだけで、いつぞや母のいとこに聞いた話では、若い豚を何匹かオズウェストリーの市に出したものの買い手がつかず、そのまま持ち帰ったという。村のパブで不運を嘆いていると、炭鉱夫が入ってきて、「フィリップスさん、外にいるのはおまえさんの豚だろう。少しもらいたいんだが、二匹でいくらだね?」丁々発止の交渉の末に、二匹の豚はウイスキー一杯と交換された。

母は農家の娘で、きょうだいが十四人。貴族や地主、専門職の家に生まれた者は別として、女の子ならだれもがしていたように、母もごく幼いうちにお屋敷奉公に出た。義務教育はなく、そもそも学校自体が田舎には数えるほどしかない。それに当時は、お屋敷奉公の経験がない娘を嫁にもらおうとする農民はいなかった。パン作り、掃除、洗濯、繕い物、料理、バター作りなど、夫と夫の農場の面倒を見るために必要なことはすべて、奉公先のお屋敷で身につけたからだ。嫁選びの際に重視されるのは、見た目よりも安産型のしっかりした腰つき。丈夫で健康な子供は、安価な労働力としても、両親の老後の面倒を見る人材としても必要不可欠だった。子を産む能力のない女を女房にする危険は冒したくないと考える男も多く、田舎のどこの教区の記録簿にも、それから三十年後の娘たちがたたきこまれた道徳観念に照らせば、結婚後あまりにも早く赤ん坊が誕生している例が見受けられる。これが嘘ではないことを示す話をひとつ紹介しておこう。村の商店で、二人の女が噂話に花を咲かせていた。「ヒルダ・ブラウンが嫁に行くんだってさ」

「へえ。子供ができたなんて知らなかったよ」

「それができてないんだよ。まったく、上流気どりもたいがいにしろってんだ」

当時の生活が男にとっても女にとってもきついものだったことは、いまさら強調する必要はあるまい。つねに片づけるべき仕事があり、日曜日でさえ例外ではなかったにもかかわらず、だれもが教会に行くものとされており、おまけに礼拝の出席率が悪い使用人には暇を出す雇い主も少なくなかったため、このしきたりを無視できるのは勇敢なうえに働かなくても食べていける者だけだった。私自身は日曜日を楽しみにしていた。村じゅうが一堂に会するこの日は、地域社会の一員だという感覚を味わえたからだ。今日では奇妙に思えるかもしれないが、ただ賛美歌を歌うだけのことが、われわれにとっては大いなる喜びだったのだ。

いまと違って若者の余暇活動を企画するユースクラブなどなく——最もそれに近いのは日曜学校だった——団体スポーツもない。いつだったかエルズミアに行った父が、サッカーをしている男たちを見て、ひどく憤慨して帰ってきたことがある。「あんなことをさせておくのは恥知らずだ。二十二人もの男が、仕事もせんとちっぽけな革の塊を蹴飛ばして、神様がくだすった大切な時間を無駄遣いしおって」

父が事故に遭ったのは、たしか私がやっと四歳かそこらのころだった。脱穀の季節で、刈りとった小麦を積みあげて山を作っていた父は、すべり落ちた小麦の束もろとも地面に落ち、両足の踵をくだいてしまったのだ。その後は松葉杖なしでは歩けなくなり、子供はまだ小さかったため、農場が立ち行かなくなるのは時間の問題だった。そんな前途を気に病んだことが、父の命を縮めたのだと思う。父の死後、母は自分の弟の手を借りてそれまでどおりにやっていこうとしたが、ついに来るべきものが来て、農場は一切合財、人手に渡った。その後は小さな農地を借りて、自分たちが食べるには十分な量の作物を作り、余ったぶんを売った金でそれ以外の必需品を調達した。そうなってからも私はダドルストーンの学校に通いつづけ、テイラー先生というすぐれた師から、必修科目と見なされていた読み書き算術を教わった。それらの知識がのちに歩むことになった人生のよき下地となったのに加えて、その後の人生からも私は多くを学んでいる。

十三歳になるまで学校に通い、金曜日に卒業して日曜日に堅信礼を受け、月曜日には自分はもう一人前だと思っていた。すでに仕事の口が決まっていたからだ。奉公先はランカシャーのセントアンズ・オン・シーにある医師宅で、職種はページボーイ兼ポニーボーイ。給料は年一二ポンドだった。母は小さなブリキのトランクを買って、そこに下着とわずかばかりの雑多な品々を詰め、ホイットチャーチとクルーとプレストンで乗り換えるようにと言って列車の切符を渡してよこした。私にとってこの旅は、いまどきの少年にとっての飛行機での世界一周旅行に匹敵するような、刺激と不安に満ちた大旅行だった。なにしろ列車に乗ったのは一度きりで、そのときの移動距離は六マイル〔約九・六キロ〕。海など見たことさえなかったのだ。旅の最後の部分は、どん底の気分で過ごした。クルーでブリキのトランクをなくしてしまったからだ。ところがセントアンズに着いてみると、トランクはちゃんと車掌車に収まっていて、ほっとするやら驚くやら。あの日、かくも見事に私の祈りに応えてくれた鉄道会社スタッフの有能さには、以来ずっと尊敬の念を抱きつづけている。

仕事は最初のうちは面白かった。寸法をとって作ってもらったページボーイの制服姿で応対に出て、患者や訪問客を取り次ぐ。先生が往診に行くときは、ポニーが引く軽二輪馬車を御す。お仕着せの上着にシルクハットという姿はどこから見てもいっぱしの小さな御者で、私は大いに悦に入っていた。むろん慣れは新鮮味を薄れさせ、日々の生活はほぼ決まりきった日課と化す。ほかの使用人たち、つまり料理人と客間メイドと子守メイドは私を顎で使い、押しつけられたのは、当然ながら彼女たちが自分ではやりたがらない不愉快な仕事ばかりだった。

勤めはじめて一年近くになったころ、将来のことを考えはじめた。このままここにいて、どうなる?

どうにもならない。それが答えだった。結果的には、将来の計画を立てる必要はなかった。ある日、ポニーのくつわをとって往診中の先生を待っていると、パン屋の荷馬車が横に止まり、おりてきた御者が近づいてきて言ったのだ。「おまえさんみたいな立派な若い衆が、そんな人形みたいな格好をして何をしてるんだね？　なんでまっとうな仕事をしていない？」少々かちんと来たが、何か思うところがあって話しかけてきたのかもしれない。

「何かお勧めの仕事でも？」訊いてみた。

「おや、そんな質問をするとは不思議だな」相手は言った。「実はあるんだよ。パンや食料品を配達する若いのを探してるんだ。その気があるなら明日の朝、会いに来な。店の名前はほれ、荷馬車に書いてある」

渡りに船に思えたため、相手の言葉を額面どおりに受けとって翌朝、店を訪ねていき、翌月にはそこで働いていた。いやはや、働いたのなんの。朝七時半に仕事を始め、寝床に入るのは真夜中過ぎということも珍しくない。それが週に六日間続くのだ。当時の商店は深夜まで営業し、配達その他も夜遅くまでしていた。夜の十一時ごろになって顔を出した客に、いますぐ商品を届けろと言われたことは数知れない。ものぐさなのかお高くとまっているのか、自分で持ち帰ろうとはしないのだ。だが仕事は面白かった。とりわけ記憶に残っているのは、店で扱っていた商品のすばらしいにおいだ。焼きたての食パンや丸パンのにおい、焙煎したコーヒー豆のにおい、あの神秘的な箱に入ってはるばるインドから運ばれてきた茶葉のにおい、農場で作られた新鮮なバターのにおい、精製されていない分いまのものよりはるかに甘い、種類もさまざまな砂糖のにおい。そして香辛料や干した果物のにおい。そう、あのころの通りには神の恵みというべきかぐわしい空気があふれ、盲目の人間でさえ、商店から流れでるにおいで

ページボーイ時代のエドウィン・リー。雇い主はセントアンズ・オン・シーの医師。

自分がどこにいるかを察知できただろう。

むろんこの仕事にも欠点がないわけではなく、雇い主は酒飲みで、私が働きはじめたころには完全に酒に溺れてしまっていた。そのため私の肩にのしかかってくる仕事は増える一方だったが、私の肩はまだそこまでの重荷に耐えられるほど強くない。事態は悪化の一途をたどり、店主の状態につけこむ人間が出てきて商売は赤字化し、わが雇い主はついに破産して一文なしになり、私は一か月分の給料をもらい損ねた。

こうなると早いところ身のふり方を考えなくてはならない。配達の小僧をしていても先がないことははっきりしている。必要なのは手に職をつけることだ。そこで配達の仕事をしていて知りあった商売人を訪ねてまわった。とりわけ魅力を感じたのが車大工の仕事で、見習いにしてもいいと言われたが、教授料として即金で三〇ポンド必要だという。最終的にはタンポ摺り〔フランスワニスを何度も塗り重ねる特殊な塗装法〕職人に弟子入りした。給料は週一一シリング。食費と部屋代を出すと、手元には一二ペンスしか残らない。半年ほどはどうにか暮らしていったものの、そのころには靴はすりきれ、服はぼろぼろになっていた。もはや故郷に戻るしかない。

どうやら選択肢は二つ。農場で働くか、炭鉱で働くかだ。当時はわれわれ庶民も庶民なりのやり方で〝血統〟を重んじ、血統が職業を決めると考えていた。父親もその父親も同じ仕事をしていた人間は、その仕事をするのに必要な資質をなんらかの形で受け継いでいると思われていたのだ。今日では動物についてはともかく、人間についてはそのような考え方は否定されている。当時は、ある職業への適性を判断することは、当の本人についてと同程度に家系を考慮することだった。炭鉱夫の息子のほうが優秀な炭鉱夫になる可能性が高く、同じことは農家の息子にも当てはまる。周囲の人間がこの考え方に沿って私の進路も決め、私は週五シリングに食事がつくという条件で、母方の伯父のところで働きはじめた。私は当時十六歳。大層な力持ちで、馬の扱いがうまかった。働きはじめて丸一年後、これだけ働いていればもう少し給料をもらってもいいはずだと考えたが、伯父の考えは違った。セントアンズから尻尾を巻いて戻ってくるはめになった負け犬には、つべこべ言う権利などないと思っていたのだ。私はそれが気に入らなかった。かつて同じ問題に直面した兄のひとりは、百姓仕事を捨ててお屋敷奉公を始め、当時は近くにあるポーイス伯爵の屋敷で第二下男をしていた。しばらく前に休暇で何日か帰省した兄の話から察するに、お屋敷奉公の世界には、農場労働者でいるかぎりは望めない昇進の機会があるらしい。その後の人生の方向を決めることになる決断を、私は夕闇が迫るなか、畑の真ん中でくだした。その日耕したのは傾斜地にある粘土質の畑で、若い馬二頭を使っての作業は骨の折れるものだった。伯父がやってきて、一日分の仕事の成果を点検した。

「よくもまあ、これだけしっちゃかめっちゃかにしてのけたもんだな」伯父の嘲るような言葉がとどめになった。

「もっとうまくやれると思うなら自分でやれよ」と言って手綱を渡す。「もうあんたのために一日五ペンスで働くのはごめんだ。もうちょっと稼げる仕事を探すよ」伯父はこれが気に入らなかった。

「どうどう、落ちつけ」まるで馬を相手にしているような伯父の言葉をさえぎって、私は続けた。

「やだね、もうたくさんだ。あばよ」

お屋敷奉公の求職方法についても兄から少し聞いていたので、さっそく〈マッシーズ〉に手紙を書いた。これはロンドンにある職業紹介所で、ダービーにも支店がある。するとウェールズの海辺の町ランディドノウ近在に屋敷を持つオノラブル・ヘンリー・モスティンの住所が送られてきて、下男見習いとして年給一八ポンドで採用された。推薦状は自分で書くしかなく、伯父を説得してそこに署名させるのには少々手間どった。モスティン氏のもとにいたのは一年半。口は閉じ、目はしっかり開けていた。できるかぎり多くを学ぼうと心を決めていたのだ。私が文句を言わずに働くことを知ると、執事もほかのスタッフも、自分たちの仕事をどっさり押しつけてきた。

次なる目標は、お仕着せを着る身分になることだ。それにロンドンにも行ってみたい。そこでまた〈マッシーズ〉に手紙を書いた。第一の目的は達成できたが、ロンドン行きはひとまずお預けになった。紹介されて受けたのが、ニューバラ卿の相続人であるオノラブル・フレデリック・ジョージ・ウィンの第二下男の仕事で、ウィン氏の居館グリンリーヴェン・パークはカナーヴォンシャーにあったからだ。つまり今度の職場もウェールズになる。私にとって、これは大がかりなやり方で運営されているカントリー・ハウスとのはじめての出合いだった。

ウィン氏は独身で、年齢は六十歳前後。独り暮らしをしており、客を招くこともめったにない。にもかわらず、いわば定員いっぱいのスタッフを抱えていた。執事の下に副執事、下男三人、家令室づきボーイ、雑用係。ハウスキーパーの下にハウスメイド六人、食料品貯蔵室づきメイド二人、洗濯場メイド六人。料理人の下に厨房メイド五人。厩舎には第一・第二御者と四、五人の馬丁がいて、馬の世話をし、箱型のブルーム、幌つきのランドー、小型で屋根のないボギーなどの四輪馬車、ボックスカート、ガヴァネスカートなどの二輪馬車を御していた。当時はまだ珍しかった運転手も一人いて、白い蒸気自動車の手入れと運転を担当していた。旦那様はこの自動車に乗って領内を走りまわり、動物と地元住民を等しく怖がらせていたものだ。ほかに自作農場と種畜牧場もあり、十六人ほどの庭師と、車大工が二人、屋外担当の大工が三人いた。これだけの人数が、たったひとりの紳士にかしずいていたのだ。今日ではばかげていると感じられるそのような状況も、当時は当然のことと見なされていた。われわれから見れば、ウィン氏は単に父親や祖父が雇っていたのと同数のスタッフを維持しているだけであり、それはウィン氏の持って生まれた権利であるとともに、村の住民に働き口を提供することでもあったのだ。

お屋敷は壮麗なものだった。クリヴデンほど大きくはなく、客用寝室は十六室ほど。大きな玄関ホールと大広間兼客間があり、ほかに小さな客間が二つ、音楽室、朝の間、食堂、朝食室、そして書斎。敷地を囲む高さ一二フィート〔約三・七メートル〕の煉瓦塀は全長九マイル〔約一四・五キロ〕で、五か所にある私道の出入り口すべてに門番小屋が設置されていた。

たまにしか使わないものの、ウィン氏はほかに二軒のカントリー・ハウスをお持ちだった。メナイ海峡に臨むベラム・フォートと、ネヴィン近在のボディアム・ホール。後者は十寝室ほどのやや大きめな屋敷で、料理人兼ハウスキーパーとハウスメイド、客間メイドが常駐していた。ウィン氏は年に二回、銃猟シーズンにこの屋敷を訪れるだけで、その際やベラム・フォートを訪れる際はもちろん、人員不足を補うためにグリンリーヴェンのスタッフの一部が動員される。

ベラム・フォートを訪れるのは釣りとヨット遊びのためだった。ご老体に気に入られ、従僕役としてこれら二つの屋敷にお供できたのは、私にとって幸運だった。私が子供のころに銃の扱いを覚え、射撃を楽しんでいたことを知ると、旦那様は弾を装塡する役目を私に任せ、単独で銃を撃ちに行くこともちょくちょく許可してくださったのだ。

奇妙に思えるかもしれないが、あれだけの大人数でたったひとりの人間の世話をしていながら、私たち使用人はみなきわめて多忙な日々を送っていた。これはおそらく、お屋敷の住人がひとりだろうと二十人だろうと、日課にはほとんど変わりがないからだろう。とはいえ、だれもが手間暇かけてじっくり仕事に取り組むことができ、私は銀器の正しい手入れと保管の仕方をグリンリーヴェンで学んでいる。この職場での二年間にわたる生活は平穏で、これといった事件も起きていない。当時はいまと比べると何事もはるかにのんびりしており、昔ながらのやり方が、疑問を持たれることもなくそのまま続けられていたのだ。

ウィン氏はお仕えしやすいご主人だったが、風変わりな点もなかったわけではない。なかでも私をいらだたせ、当惑させたのは、使用人と話すときにつねに背中を向けていることだ。まるで私たちが何か奇怪な生き物で、見るに堪えないかのように。あるいは、われわれのような人間にはみじんの親近感も抱けず、そのせいで緊張し、臆病になっていたのかもしれない。まずいことがあると大声で怒鳴るのだが、いくら怒鳴られても背中を向けられていては怖くない。怖いと感じるには、怒鳴り声だけでなく怒った顔も必要なのだ。その一方で、ウィン氏は一風変わったやり方でやさしさを示すこともあった。使用人の生活につきものの最大の恐怖は、貴重品をこわしてしまうことだ。手入れ中の不注意な動作ひとつで一生分の給料に匹敵する値段の品物を破壊しかねず、そんなことがあれば、雇い主は即座にその事実を指摘する。それだけにある日、枝つき燭台の手入れの最中に手がすべり、床に落として割ってしまったと告げるはめになったとき、私は不安におののいていた。ウィン氏は無表情な背中をこちらに向けたまま私の告白を聞きおえると、ひょいと肩をすくめ、「海の上ではもっとひどいことがいくらでもあるさ」と言うなり大股で部屋を出ていった。

グリンリーヴェンで出されるスタッフ用の食事は不思議といまひとつで、食欲をそそらない薄味の煮込み料理が主体の、いつも代わり映えのしないものだった。私が奉公を始めたころはデザートは週に一度だけで、日曜日に出されたにちゃにちゃしたライスプティング。それが一年ほどすると、ご老体が突如として、われわれはいまや以前とは違う文明の世に生きているのだと思いいたったのか、毎週水曜日に果物の甘煮が出るようになった。

ご老体がもたらし、メイドたちに歓迎された変化が、もうひとつある。独り身の紳士がなぜそんなことを思いついたのかは謎だが、日曜日に礼拝に出るとき、黒いボンネットのかわりに小ぶりなトーク帽をかぶってもいいことになったのだ。教会行きはもちろんひとつの儀式だった。われわれはサーヴァンツ・ホールに集合し、決められた時間が来ると、執事の合図を受けてぞろぞろと教会に向かう。われわれが着席するとすぐ、ほかの者はだれも使うことを許されていない専用の扉から旦那様が入ってくる。

サーヴァンツ・ホールでは、天板にスレートを使った細長いテーブルで食事をした。銘々皿は琺瑯製で、スレートの上ですべったり弾んだりする。これにはいたたまれない思いをさせられた。あちこちすべり、かちゃかちゃと音をたてる食器と格闘する私を見て、メイドたちがくすくすと忍び笑いを漏らす。当時の私は女の子と口をきくだけで赤くなったから、熱くなったカラーの上に真っ赤な顔が突きでたところは、あまり見られた光景ではなかったはずだ。

おまけに少年時代の私は想像力過多で、幽霊話など聞こうものならひとたまりもない。そのためベラム・フォートを訪れた際、自室と隣りあった部屋でかつて揺り籠のなかの赤ん坊が窒息死させられ、そのため真夜中前後になると赤ん坊の泣き声や悲鳴が響くことがあると聞かされると、その話が頭にこびりついてしまった。ある荒れ模様の夜、風がひゅうひゅう音をたててモミの木々のあいだを吹き抜け、風に逆らって飛びまわるカモメがけたたましい声をあげるなか、私は不運な赤ん坊のことを考えて眠れずにいた。起きあがって窓から外を見たとき、悲鳴と泣き声が聞こえた。どこからそんな勇気が湧いてきたのか、私は部屋を飛びだし、赤ん坊の幽霊が出るとされる部屋に足を踏みいれた。すると窓の下に木の揺り籠が置かれ、ゆっくり左右に揺れている。そのとき、廊下で物音がした。こちらに近づいてくる。

ドアのところに行ってみると、ちらつく光が近づいてくる。明かりの正体を見届けようとはせずに一目散に自室に逃げ帰り、ベッドに飛びこんで頭から夜具をかぶった。そのまま恐怖にふるえて横たわっているうちに、私はいつしか眠りに落ちた。

翌朝、朝食の席でハウスキーパーに訊かれた。「昨夜、廊下を走っていたのはあんたなの、エドウィン？」それに対して、私はいささか用心深く答えた。

「はい、何かが動きまわっているのが聞こえた気がして」

「わたしよ」とハウスキーパー。「鎧戸がばたんばたんいっていたから直しに行ったの」

ハウスキーパーはどこか探るような目を向けてきた。私が気も狂わんばかりにおびえていたことを見抜いているかのように。いまどきの人々は、その種の幽霊がらみの経験とは縁がないようだ。私が思うに、それは知恵がついた結果、人々が妄想にまどわされにくくなったからではない。当時使われていたランプや蠟燭のちらつく明かりが、想像力などみじんも持ちあわせていない人間にさえ目の錯覚を起こさせたのだ。

よく人に「暇な時間にすることなんてあったんですか?」と訊ねられ、説明に困ることがある。私たちの娯楽は素朴なもので、それを与えてくれるのは周囲の土地だった。しょっちゅう散歩をし、途中でアナグマの巣穴を見つければ、夜にまた出かけていって観察する。狐の親子を見かけた場合もしかり。私たちにとって野の花々は暦であり、何種類もの花があったにもかかわらず、どの花の名もすべて知っていた。鳥がつがって巣を作り卵を孵すのを観察し、川のどのあたりがマスの餌場になるかも予想できた。森や草地や畑が私たちの遊び場であり、だれよりも早くカッコウの鳴き声を聞いたときの感動は、言葉ではとうてい説明できない。その年最初の子羊を目にしたときの喜びもまた。

はじめてクリケットの試合をしたのはグリンリーヴェンでのことだ。クリケットはあそこで覚えたと言ってもいいかもしれない。ウィン氏が大のクリケット好きで、お屋敷の使用人からなるチームを作っていたからだ。その気の入れようたるや大変なもので、わざわざ本職のコーチを雇い、シーズン中は屋敷に滞在させていた。その甲斐あって、わがチームは地元のどのチームに対しても不敗を誇っていた。

ウィン氏は音楽好きでもあり、大広間とテナンツ・ホール(借地人集会所)にオルガンを一台ずつ置いていた。テナンツ・ホールは大きな納屋のような建物で、農民や村人は年に二回、ここに集まって地代を払い、上等な夕食とふんだんな酒という形でその一部を払い戻される。ウィン氏自身はオルガンは弾けず、地元のオルガン奏者ウィリアムズ氏を定期的に招いて演奏させていた。晩餐がすむと、オルガンの音色はサーヴァンツ・ホールにも漂ってきて、私たちは仕事を片づけたあと、少しでもよく聞こえるように緑色のラシャの仕切りの外に並んで耳を傾けたものだ。屋敷内にあったのは電気式の水オルガン〔水圧を利用して音を出すパイプオルガン〕で、大戦間の一九三〇年代に映画館でよく使われたワーリッツァー社の電気オルガンのご先祖だった。

グリンリーヴェンに住みこんで二年が過ぎると、私は田園生活を大いに楽しみながらも、そろそろ環境を変える必要を感じはじめた。まだロンドンを見たことがなく、都に行けば簡単に金持ちになれるという神話は、田舎の若者にとってはいまなお魅力的だったのだ。そこで執事に辞めるつもりだと告げた。

「さて、ご老体がなんとおっしゃるかな」というのが執事の唯一の感想だった。どのような理由があろうと、雇い主はだれもが辞職の申し出を個人的な侮辱同然に受けとめ、使用人は予告した期限が来るまで、永遠にも思える針のむしろの一か月間を過ごすことになる。「いまは都合が悪い」と言われることも多く、ばか正直に「いつならご都合がよろしいでしょうか?」などと尋ねれば、生意気を言うなと決めつけられる。私はご老体に手紙を書くことにした。そっけない手紙が返ってきて、いまだにどういうことか理解できないのだが、そこにはこう書かれていた。

「エドウィン、ここを辞めたがるなど私に言わせれば自殺行為だ。そこまで肉がついてしまった以上、いい職にありつける見込みは限りなく小さいのだからな」

しかし当時の私は、ひょろひょろの痩せっぽちだったのだ！　そのことでウィン氏と議論しても始まらないと判断した私は、一か月の予告期間が過ぎるのを待ち、給料を受けとってひっそりと屋敷をあとにした。

次の奉公先はロンドンと決めていたため、〈マッシーズ〉に手紙を書くのは見合わせた。〈マッシーズ〉はこちらの希望にお構いなしで、求人があった屋敷に手当たりしだいに求職者を送りこんでいるか、ロンドンの屋敷のほうが就職希望者が多いため、田舎の求人を優先しているかのどちらかに思えたからだ。そこで、まだバークリー・スクエアのボーイス伯爵のところで働いていた兄に手紙を書いた。

兄はパディントン駅に迎えに来て、ヴィクトリア街の裏手にある下宿屋に連れていってくれた。下の階には労働者向けのレストランがあり、アントンという人なつこい男が切りまわしていた。私はロンドンにすっかり圧倒され、心のなかで〝ここはおまえ向きの場所じゃないぞ〟とつぶやいた。実際アントンと兄がいなければ、その後は生涯、田舎でのお屋敷奉公に甘んじていただろう。

私はやがて〈マッシーズ〉を訪れ、イートン・スクエアにあるテイラー夫妻の屋敷に行くよう言われた。面接の相手はお屋敷の奥方だった。迫力のあるご婦人で、弾丸を発射するような勢いで矢継ぎ早に質問を浴びせかけてくる。どうやらお眼鏡にかなったと見えてその場で採用され、翌朝には屋敷に移った。そこで知ったのは、テイラー氏が裕福な鉱山主であり、ご夫妻の本宅はチップチェース城、そして二人とも断じて上流階級の人間ではないという事実だ。これには仰天した。イートン・スクエアの屋敷は、随所に毛並みのよさと趣味のよさが感じられたからだ。ところがこの屋敷の所有者はファーカー卿で、年に二、三か月ほどテイラー夫妻に貸しているだけだという。聞けばこのようなことは貴族社会では一般的に行なわれており、商売人と交際しようとはしないものの、懐が寂しいときに商売人からソブリン金貨を何枚か受けとるのは気にしないらしい。彼らはのちにアメリカ人を相手に同じことをしているが、こちらが一般的になるのは第一次世界大戦が終わってからだ。同僚たちはまた、テイラー夫人がちょっとしたやかまし屋で、なおかつ変わり者だと警告してくれた。奥方はいわば〝杖ふり女〟で、家のなかでも外でも杖を手放さない。ふりまわしたり、われわれの腹に向けたり、怒って床を突いたりと、ありとあらゆる身ぶりに杖が登場する。一男二女の母親で、息子はインドで軍務に服していた。勤めはじめた当初、屋敷には執事が不在だった。執事はまだチップチェース城にいて、テイラー氏の面倒を見ていたのだ。下男は私も含めて二人だけで、二人とも同時に雇われている。はたして無事にやっていけるのか、いささか不安だった。トランクを自分の部屋に運びこむか運びこまないかのうちに、早くも奥方からお呼びがかかった。

「今夜、晩餐会があるの、エドウィン。出席者は十四人。なんとかなりそうかしら?」

〝いいえ、奥様、私どもには無理です!〟と言うにはもはや遅すぎる。私は「精いっぱいの努力をいたします」と答えた。

もうひとりの下男ウィリアムと、額を突きあわせて相談する。給仕を二人雇い、厨房スタッフもきっちり仕事をこなしてくれた結果、七時にはすべてが順調に進みそうなあんばいになっていた。するとテイラー夫人が姉娘のマージョリー嬢を連れて食堂に入ってきた。食卓をひと目見るなり、テーブルの上で払いのけるように杖をふって言う。

「これじゃだめよ。てんでなってないわ」

〝それはこっちのせりふですよ、奥様。そういう言い方はいただけないな〟私は思い、一歩も引くまいと身構えた。

「まずこのナプキンよ。どれも左右同じ高さに折ってあるけど、これは片方を高く、片方を低く折らないと。これじゃあ、まるで三流どころのレストランだわ」

夫人が息継ぎをして先を続けるより早く、私は口をはさんだ。

「お言葉を返すようですが奥様、ご希望どおりナプキンの左右の高さを違えて折ってしまいますと、それこそ三流どころのレストランのように見えてしまいます。確かな筋から聞いた話では、バッキンガム宮殿ではつねにこの〝司教冠《ミトラ》〟折りが用いられているとか。国王ご夫妻がよしとされている折り方ならば、奥様にもご満足いただけると思ったのですが」

一瞬たじろいだ奥方がふたたび攻勢に出る気配を見て、〝やれやれ、一巻の終わりだな。いまのはちょっと言いすぎた〟と思ったとき、マージョリー嬢が助け舟を出してくれた。あるいはずっとこのような機会が来るのを待っていたのかもしれない。

「この人の言うとおりよ、お母様。先週うかがったレディ・コールドウェルのお宅でも、ナプキンはこういうふうに折ってあったわ」

奥方は形勢不利を悟って引きさがった。それもたいそう潔く。

「どうやらあなたの言うとおりで、わたしが勘違いしていたようね。お礼を言うわ、エドウィン」

晩餐会は順調に進んだ。客人のひとりは、ウィリアムと私が念入りに磨きあげた銀器を褒め、私はテイラー夫人がその発言を心に留めたのを見てとった。翌朝、ウィリアムと私は奥方の居間に呼ばれた。奥様は私に向かって口を開いた。杖の先を私の腹すれすれに突きつけていたから、おそらくそうだったのだろう。

「昨夜は本当によくやってくれたわね。満点をあげるわ。これからもその調子でやってちょうだい」

そして杖をひっこめ、財布のなかをまさぐると、めいめいにソブリン金貨〔昔の一ポンド金貨〕を一枚ずつくれた。その後は奥方とはしっくりいっていたが、それも執事が合流するまでだった。執事はテイラー夫人を死ぬほど恐れており、見苦しいほど卑屈にふるまう。そのせいで、当然ながらぺこぺこすればするほど奥方にきつく当たられたのだ。

ようやくロンドンで暮らすのに慣れてきたところで田舎に戻ることになった。チップチェース城はなかなか悪くない屋敷で、見た目もまずまずではあるものの、最高の状態にするには資金をどっさり注ぎこむ必要があった。照明にはまだ石油ランプが使われていたが、数が少なすぎて明るさが足りず、暖房や衛生の設備にもかなり改善の余地がある。しかも鼠がうようよしていた。鼠はいたるところにいた。廊下にも、床下にも、もちろん下水の周辺にも。農場育ちで鼠には慣れていた私でさえ、どこを歩いていても一対のピンク色の目にじっと見つめられているのを感じるのは、気持ちのいいものではなかった。奥方に駆除を提案すると、「わかっているわ、エドウィン」と言われた。「わたしだっていやでたまらないけど、あなたが言うように毒を撒くことは、旦那様が許してくれないのよ」

〝そうはいっても〟私は思った。〝やつらを野放しにはしておけない〟。そこで午後になると、二二口径のライフルに弾をこめて食器室に陣どり、連中が下水管を這いあがってくるのを待ち受けて、残飯入れに頭をつっこんだところを狙い撃つようになった。

ある日、でかいやつに照準を合わせた直後に声がかかった。「エドウィン、いったい何をしているの?」

ふりむくと、奥方の杖の先がこちらを指している。

「鼠を撃っております、奥様」私はわかりきったことを言った。

「少しは仕留めた?」

「はい、三匹ほど」

「見せてちょうだい」と言われて尻尾をつまんで持ちあげてみせると、奥方は言った。「上出来よ。するとあなたは旦那様の反対をものともせず、自分の判断で鼠退治をしているわけね」

「そう言ってよろしいかと思います、奥様」

「いいことをしてくれたわ。では手数料を決めなくてはね。一匹仕留めるごとに六ペンス払うわ」

「それには及びません、奥様。なんと申しましても勤務時間中にしていることですから」

テイラー夫人はそうは考えず、どうしても手数料を払うと言い張った。私は週に一度、証拠品として鼠の尻尾を持っていき、手数料を受けとった。これはかなりいい商売になった。近所の少年何人かに声をかけ、鼠の尻尾一本につき三ペンスやると持ちかけて、結構な額の利ざやを稼いだのだ。

やがて奥方が私に儲けさせすぎていると思ったのか、はたまた旦那様のほうが奥方に目の前で鼠の尻尾をふりまわされるのにうんざりしたのか、とうとう本職の駆除業者が雇われた。これほど量感たっぷりの小男には、あとにも先にもお目にかかったことがない。身長五フィート〔約一五〇センチ〕で肩幅もほぼ同じくらいあり、おまけにがっしりしている。この男も毒を使うことは許されなかったが、しばらくのあいだ罠を仕掛け、多いときで一日四十匹くらい捕まえていた。

競馬の手ほどきをしてくれたのは、このテイラー夫人だった。ある朝、居間を片づけていた私に言ったのだ。

「エドウィン、明日は非番だったわよね？」そんなことを知っているとは思わなかったので、これには驚いた。

「はい、奥様」と答える。

「何をして過ごすつもり？」と奥方。私はこの質問の意図を測りかね、まだ決めていないと当たり障りのない返事をした。

「ヘクサム競馬に行ってみる気はない？」

「ですが奥様」私は答えた。「競馬は一度もしたことがありませんし、競馬場に行ったところで、どうすればいいのかわかりません」

「だったらそろそろ覚えるべきよ。だれか友達を連れていきなさい。だれでもいいからひとり連れていけば、軍資金の足しにめいめいに一ソブリンずつあげるわ」

〝軍資金の足しにだって！〟私は思った。こんなうまい話を逃す手はない。そこで庭師のひとりを連れていくことに決め、「ただし、だれにもひとことも言うなよ」と言い含めた。その日はついていて、二人とも五レースに賭けて四勝という上々の戦果をあげ、上等な夕食とたっぷりの酒にありついたうえ、財布の中身を四ソブリン増やして帰宅した。翌日、首尾を訊かれて結果を報告すると、テイラー夫人はまるで自分が勝ったようにうれしそうな顔をした。貴族の屋敷では考えられない事態だが、私は奥様の気前のよさに心あたたまるものを感じた。

金持ちの金銭に対する態度はなんとも不可解だ。愚かしいほど金離れのいい者、生まれつき気前のいい者、ある面では物惜しみしないのに別の面ではみみっちい者、どこまでもけちで、〝ああでないと財産を作って保ちつづけることはできない〟という古い常套句の見本のような者。わがテイラー夫人はといえば、ときとして金銭に関してとてつもなく不注意だった。ある日、テイラー夫妻はいっしょに休暇に出かけると宣言した。だからといって怠けられると思ったら大間違いで、留守中も手抜きをせずに屋敷を上から下まできちんと掃除するように、と言い残したが、これはどの雇い主も必ず口にする決まり文句だ。二人が出発してじきにハウスメイド頭が走り寄ってきて、いっしょに奥様の私室に来てほしいと言う。彼女が開けてみせた化粧台の引き出しには、ソブリン金貨と半ソブリン金貨がぎっしり詰まっていた。

「どうしたらいいと思う、これ？　奥様ったら引き出しに鍵をかけずに行っちゃったのよ」

鍵穴に鍵がさしこまれたままだったので、私は引き出しを閉めて鍵をかけた。

「これをどこかに隠そう」鍵を示して言う。「ぼくたち二人しか知らない場所に。それで奥様の留守中に何かあったら、ぼくたち二人の責任だってことになる。ほかの使用人には何も言っちゃだめだよ」

同僚たちを信用できなかったわけではない。だが私の経験では、一部の雇い主とすべての警官は、何かが紛失するとすぐさまスタッフを疑い、それが決まって濡れ衣なのだ。テイラー夫妻が戻ってくると、私はすぐに奥方のところに行って私たちが何をしたかを告げた。奥様に言われてハウスメイド頭を呼びに行き、三人で奥様の私室に向かう。隠し場所から鍵を出して渡すと、奥様は引き出しを開けてなかをのぞき、金貨をひとつかみ出して言った。

「ありがとう、二人とも。このことは旦那様には内緒よ。さあ、これを持っていって二人で分けなさい」

これほど思いやりがあり気前のいい雇い主のもとを離れようと考えるなど、不可解なばかりか、いささか恩知らずにさえ思えるかもしれない。だが私はまだ、二年以上続けてもいいと思えるほど魅力ある地位にたどりついてはいなかった。昇格の機会を求めて経験を積むためには、次々に職場を変えていくしかない。そこでテイラー夫妻のもとで一年半を過ごしたあと、私はラトランドにあるカウリー卿の居館コールドオヴァートン・ホールに移った。

これはひとつ間違えば後悔するはめになりかねなかった選択だった。〝トビー〟・カウリーは当時、悪名を馳せていたからだ。しばらく前にサー・チャールズ・ハートップの離婚がらみで、奥方の不倫相手として訴えられていたのだ。さて、不倫自体は社交界では必ずしも珍しいことではなく、週末に客を招くに当たっては、晩餐の席順を決めるときに劣らぬ細心の注意を払って招待客に寝室を割りふるご婦人もいたほどだ。ただしその種の情事はあくまでもひそやかに行なわれ、周囲も見て見ぬふりをするものとされていた。火遊びが表沙汰になれば、当事者は制裁を免れず、場合によっては社交界から締めだされかねない。このやり方は偽善的ではあるがきわめてうまくいっていたようで、社交界にとっても王室にとっても好都合だったらしい。

カウリー卿はレディ・ハートップをつまみ食いするだけでは満足できなかったらしく、まるごと自分のものにしたがり、サー・チャールズはその落とし前をつけさせようと決意していた。慰謝料は八万ポンドで、いまの物価に換算すると百万に近い。これは離婚訴訟で支払いを命じられた慰謝料としては最高額だが、持っていたからといってうらやましがられる類いの記録ではない。

私が奉公に上がった時点でトビー卿とレディ・ハートップはすでに結婚していたが、その一件はいまだ人々の記憶に新しかった。トビー卿の下男だと口にすると、相手が決まってひどく奇妙な探るような視線を向けてきたのは、私を雇い主の同類と見なしてのことだろう。そのあとにしばしば「どんな人たちなんだい？」という質問が続いたのは、お二人の奔放ぶりを物語る、みだらでどぎつい具体例の数々を期待してのことらしく、過去に仕えた方々の多くよりきちんとしていると答えると、失望の表情がありありと顔に浮かんだものだ。

ここは第一下男として採用された私にとって快適な職場で、一年間を平穏無事に過ごしたものの、やはりまだ腰を落ちつける気にはなれなかった。いったい何を求めていたのか、自分でもよくわからない。真実の恋人と同じで、実際にめぐりあえばそれとわかるはずだと思っていた気がする。

私は先代ロクスバラ公爵夫人のもとに移った。同じく第一下男としての採用だ。今度の奉公先では、都会と田舎という二つの世界のいいとこどりができそうに思えた。先代公爵夫人はパーク・レーンから少し奥に入ったサウス街に小さな屋敷を、ダンバーのロクスバラ・パーク内に隠居所を持っていたからだ。当主の死によって限嗣相続不動産が最近親者の手に移ると、未亡人の境遇は悪化することが多く、相続人が肉親以外の人間だった場合はとりわけその傾向が強い。かつては六万エーカーの領地を持つフロアーズ城の女主人として大勢の客をもてなしていたわが公爵夫人も、一夜にして社交界ではほとんど忘れられた存在になり、収入も大幅に減ってしまっていた。私の雇い主のなかで最も貴族的だったのはおそらくこの先代公爵夫人だろう。ヴィクトリア女王を手本にしているのではないかと思ったことも一度や二度ではない。どこまでも淑女らしく、物静かで、そのくせ横暴だった。ここを辞めたときは、後ろ髪を引かれる思いだった。辞めたくて辞めたのではない。奥方の資金が底をつきはじめ、使用人を減らさざるを得なくなったのだ。スコットランドで暮らしていたときにゴルフを始め、解雇通告を受けたときにはかなり腕が上がってきていただけに、去りがたい思いはひとしおだった。

はたしてどんな運命が待っているのかと思いめぐらせながら、またしても〈マッシーズ〉に向かう。ずっと大きな屋敷を希望していたものの、いまだに縁がないままになっている。求人が少なく、より好みできる状況ではなかったため、なんであれ提示された最初の職を受けいれないのは冒険だったのだ。それでも私は運がよく、応募した先で断られたことはまだ一度もなかった。ダービー卿お抱えの、揃いの下男候補として面接を受けたときのことは勘定に入れない。身長が六フィート〔約一八〇センチ〕しかなく、先方が求める背丈に一インチ半〔四センチ弱〕足りなかったのは、私の落ち度ではないからだ。

〈マッシーズ〉に到着すると、私は応対した事務員にいままでより大きな屋敷に勤めたいと告げた。

「そうですねえ」相手は自信なさげに言った。「明日アスター家で三人の下男のうちの第一下男の採用面接がありますが、うちからほかにも七人が応募しますから、ちょっと難しいと思いますよ」

「構いません」私は言った。「試しにやってみます」

セントジェイムズ・スクエアの屋敷で、アスター家の家令パー氏の面接を受けた。

「身長は？」というのが最初の質問だった。

「六フィートです。ですが揃いの下男をお求めとは知りませんでした」

「そんなものは求めちゃいないが、奥様は小人はお嫌いなんでね」相手はそっけなく答えた。

いったいどれくらいの身長があれば小人と見なされずにすむのかと思わずにいられなかった。ついでパー氏は猛然と質問を浴びせはじめ、十分ほどして口をつぐんだ。

「よろしい、君ならなんとかなるだろう」そう言って立ちあがる。

「どういう意味でしょうか、サー？」私は尋ねた。

「どういう意味だと思うかね――採用だよ」

「外で待っているほかの応募者たちはどうするんです？」

「ほかの応募者のことは心配せんでよろしい。それより仕事のことを考えてくれ。さあ、これをうちが使っているマドックス街の仕立て屋、リリコの店に持っていって、スーツとお仕着せの寸法をとってもらうんだ。それがすんだら、なるべく早く戻ってくるように。すぐ働いてもらえると思っていいんだろうね？」そんなしだいで、私は一九一二年に二十六歳でアスター家で働きはじめ、その後五十一年間、同家にとどまることになる。

そこは魅惑に満ちた新世界だった。上流社交界、政治活動、田舎暮らし、家庭生活。それらがすべていっしょくたになっている。最初の一、二か月はろくにものを考える暇もなかった。セントジェイムズ・スクエアとクリヴデンのあいだを列車で移動するとき以外、ずっと働きずめだったからだ。アスター夫人は第四子の誕生を間近に控え、寝室にこもりきりだった。第四子というのは、奥様が最初の結婚でもうけたボビー・ショー氏を第一子と数えてのことだ。母乳係の乳母もすでに屋敷に住みこんでおり、名前をステファル夫人といった。それまで子供部屋とはまったく縁がなかった私は、ステファル夫人がたいそう上品な話し方をする感じのいいご婦人だと知って驚いた。母乳を与える乳母といえば、大柄でがさつな百姓女だとばかり思っていたからだ。私が勤めはじめて数日後に男児が誕生し、デイヴィッドと名づけられた。

私は新しい女主人との対面を心待ちにしながら、一方では不安も覚えていた。サーヴァンツ・ホールの面々は、手に負えない難物というアスター夫人像を描くのにかなり力を入れていたからだ。

アスター氏のお人柄とおふるまいにすっかり感じいったと口にしたときも、返ってきたのは「旦那様はいいんだよ。問題は奥様のほうでね」という言葉だった。奥様との対面はデイヴィッド様の誕生後三日とせずに実現したが、これはなんとも奇妙な初顔合わせだった。パー氏が私を自室に呼んで言った。

「奥様が今晩六時に晩餐会を催される。給仕を務めるのはきみと私だ」

「奥様が」私は口ごもった。「で、ですが……」

「奥様はまだベッドのなかだ。まさにそのとおり。だから食事は奥様の寝室でお出しする。あの方がじっとしていられるのは二日が限度でね」

その夜アスター夫人を目にしたときは、いままで見たなかで最高の美女かもしれないと思った。薔薇色の輝きと、すばらしい髪と肌、そして牝鹿を思わせる美しい瞳。その瞳がときに一瞬にして雌虎の目に変わることを、私はのちに知ることになる。かの有名な〝ギブソン・ガールズ〟のイラストは、アスター夫人の義兄デイナ・ギブソンが、アスター夫人の姉に当たる妻アイリーンをモデルにして描いたものだが、アスター夫人がモデルだったとしてもなんの不思議もない。どうやら奥様は、私の視線に気づいたらしい。

「はじめて見る顔ね」と言い、矢継ぎ早に質問を浴びせかけてきた。「名前は？　出身地は？　年齢は？　いつからここに？　居心地はどう？　みんなはよくしてくれていて？」そして最後に「ご両親はご健在？」

私は髪の付け根まで赤くなり、口ごもりながら答えようとした。

「いいのよ、あとで教えてちょうだい。長く勤めてくれるとうれしいわ。ちゃんと面倒を見てあげてね、パー。いい子のようだもの」

そして奥様は客人たちに注意を転じ、その夜はそれきり私には目もくれなかった。まるで私がその場から消え去ったかのように。

だが寝床を離れて動きまわるようになると、奥様はふたたび目がまわりそうな勢いで私を質問攻めにした。私はつねづね、アメリカの南部人は北部人よりおっとりしていると思っていたのだが、それはとんでもない思い違いだったらしい。伝言を頼むときも早口でがんがんまくしたて、こちらがそれをその場ですべてのみこんで頭にたたきこまないと、ご機嫌が悪くなる。同じことを二度も言わせるなというわけだ。聡明な人間に対してさえ手厳しく、また嘘つきには我慢できなかったから、何かを忘れたときにごまかそうとしようものなら大変なことになる。とにかく最初のうちは、奥様の言動すべてにとまどってばかりだった。私はすでにお屋敷奉公を何年か経験し、さまざまな場面で自分がとるべきふるまいも、雇い主がどのようにふるまうかも承知しているつもりだった。お屋敷奉公の世界には、雇い主と使用人のふるまいに関する不文律があったからだ。サーヴァンツ・ホール式の言い方をすれば、〝お互いに分をわきまえていた〟のだ。ところがアスター夫人には分というものがないらしく、私の日々が予測しがたく困難に満ちた、ときとしてとてつもなく心身を消耗するものになることは目に見えていた。のちに（私より何年もあとになって）スタッフに加わったミス・ハリソンは、勤めはじめてじきに、私がレディ・アスターを評して「あの方はきみが理解している意味での淑女ではないよ」と言ったと書いている。私自身がスタッフの一員になったときに受けた印象も、要約すればそんなところになりそうだ。そしてその印象は、ほとんど最後まで変わらなかった。八十歳になってもなお、レディ・アスターは予測のつかない行動をとる方だった。それをとやかく言う気はない。あるいはそういう方だったからこそ、そば近く仕え、長いつきあいを通して奥様を理解しようとした者たちに、あれほどまで慕われたのかもしれない。だが奥様の言動が、ときとして愛想を尽かしたくなる類いのものだったことは事実だ。気まぐれなのはアメリカ人だからだと言って片づけられる話でもない。私の経験では、この国に生活の拠点を移したアメリカ人は、しばらくすると生まれながらのイギリス人以上にイギリス的になる。あくまでも奥様個人が無軌道だったのであり、それは生涯変わらなかった。軽率な発言で多くの人間を傷つけ、それによってご自身も傷ついた。だがいまの世には、奥様のような人物がもう少しいたほうがいい気がする――男女ともに。

奉公を始めて数週間後には、私はひとつの結論に達していた。自分自身の心の平和のために、アスター夫人となんらかの形で折りあうように努めなくてはならない。それも他人を当てにせず、自分自身の力で。パー氏は執事としては有能ながら、断じて統率者の器ではなかった。自分のことしか考えず、失敗をごまかすために他人に責任をなすりつけることもためらわない。アスター夫人にはまったく反論できないか、する気がないらしく、そのせいでいつもこてんぱんにやっつけられている。パー氏のやり方が間違っていることに気づくのに、時間はかからなかった。私はテイラー夫人に対してしたように、必要なときは自己主張しようと心を決めた。力の及ぶかぎり最高の仕事をすることで自分の能力を示し、それでもアスター夫人なりほかのだれかなりに難癖をつけられたら、そのときはきちんと反論しよう、と。これは最終的には成功したが、すんなりとことが運んだためしは一度としてない。

ウォルドーフ・アスター氏は奥方とはまったく違っていた。生まれはアメリカ人ながら、先ほど言及したこの国に同化したアメリカ人の典型例で、すでにとびきり上等のイギリス紳士になりきっていた。下院議員として多忙な日々を送っておられたため、下男時代の私は晩餐会のとき以外はあまり旦那様をお見かけしていない。保守党議員でありながらスタッフの待遇に関する考え方はきわめて進歩的で、私たちは給料も食事も十分に与えられ、余暇には旦那様が作った親睦会で娯楽や運動を楽しんでいた。旦那様はつねに礼儀正しく気配りある態度で私たちに接し、みずから立派な模範を示すことで、スタッフの敬意を一身に集めていた。

小さいお子さんのいるお屋敷に勤めたのはこのときがはじめてで、私はこれが気に入った。幼い子供の存在は屋敷に活気と張り合いを与え、未来へのつながりを感じさせてくれる。私が勤めはじめた時点でボビー(・ショー)様は八歳か九歳、ビリー様は五歳、フィリス(ウィシー)様は三歳。デイヴィッド様は私がスタッフに加わった直後に生まれ、マイケル様とジェイコブ(ジェイキー)様は私が軍にいたあいだに誕生した。私がお子様方の存在を心から楽しむようになったのは、寄宿学校に入ってお屋敷にいない時期があったにもかかわらず、あるいはだからこそ、戦争が終わってからだ。お子様方でさえ、使用人に対するご自分の〝分〟をわきまえていた。なれなれしくない程度に気さくで、ときに私たちにいたずらを仕掛けることはあっても、どこまでなら許されるかを本能的に察していたようだ。そして成長するにつれてごく自然に、具体的にどこがどうとは言えないものの、階級の違いをはっきりと感じさせる態度をとるようになった。アスター家は文句なしに裕福だったが、お子様方は金銭面で甘やかされてはいなかった。それどころか、ときどき手持ちの現金が不足して、私やほかの使用人が何ペンスか用立てたことさえある。

お子様方が小さいうちは、アスター夫人は申し分のない母親だった。お子様方は同年代の友人たちの羨望の的だったに違いない。あれほど美しく、子供を対等の存在として扱い、目上ぶることも押しつけがましい言い方をすることもない母親に恵まれていたのだから。物語をして聞かせ、アメリカ南部の歌を歌う奥様は、抗いがたい魅力を放っていた。物まねもお上手で、ご自分の友人、とりわけ尊大な人々のまねをしてみせると、お子様方は大喜びしたものだ。おそらく私が奥様に贈ることのできる最高の賛辞は、お子様方が居間でお母上といっしょに過ごしている様子を使用人がよく盗み聞きしていたと述べることだろう。お子様方が大きくなると、残念ながら奥様が母親としての愛情を目に見える形で示すことは少なくなった。粗捜しをしたり皮肉を言ったりする場面が増え、ときには露骨に傷つけるようなことさえ口にした。それでもお子様方が危機に直面すると、奥様はつねにそのかたわらに寄り添い、どこまでも味方をして、必要ならば許しを与えている。

小さい子供がいるお屋敷に欠点があるとすれば、それは乳母の存在だ。ミス・ハリソンは最初の著作『おだまり、ローズ』のなかで、乳母は概してほかの使用人に評判が悪いがギボンズばあやは違ったと書いている。私はそうは思わなかった。この見解の相違は無理のないもので、ミス・ハリソンがアスター家に加わった時点では、お子様方はみなすでに子供部屋を卒業しており、当然ながら乳母の権力は小さくなっていた。なおもクリヴデンにとどまってはいたものの、それは多くの乳母と同じく、いわば感謝の印に終身居住権を与えられてのことだった。だが私が勤めはじめた当時、ギボンズばあやはアスター夫人に次ぐ第二の権力者で、その後何年間もその地位を保ちつづけたのだ。

　今日ではほとんどの家で子育てがすべてに優先され、男がそのような状況に異議を唱えるには、とりわけそれが自宅で進行中の場合、かなり勇気がいる。それに対して、抽象的な形で異議を唱える分には、そこまでの勇気は必要ない。そこで私もひとつ、そうしてみようと思う。私に言わせれば、われわれは幼い子供に手をかけすぎている。幼い子供はしょせん動物と同じで、食事と運動さえきちんとさせれば、あとは放っておいて勝手に育つに任せればいいのだ。愛情と躾は必要だが、子供が家とその住人すべてを支配することは許すべきでない。この問題についてはまだいくらでも論じられるが、私が言わんとしていることはご理解いただけたと思う。むやみと医者に飛んでいったり本を調べたりするかわりに、自然界、なんなら農場に目を向け、丈夫で健康で賢い動物たちがいかにすくすくと育っているかを観察すべきなのだ。プレップスクールとパブリックスクールというイギリスの教育制度には、私は大いに賛成だ。寄宿生活のなかで、少年たちは自分の足で立ち、自分の力で戦うことを学ぶ。しかし、そのような世界に足を踏みいれるための準備が家庭でなされていないのは、いささかばかげている気がする。少年たちはずっと甘やかされ、ちやほやされ、自分のことを何ひとつ自分で決めないまま家を離れるため、寄宿学校でのスパルタ生活に対する心の準備ができていない。そして、金をもらってそのような事態を作りだしているのが乳母なのだ。乳母は自分たちの存在を正当化するために、あれこれ注文をつけてすべての人間の時間と忍耐力に多大な負担をかけ、しかも、それがまかりとおってしまう。迷惑な要求をつっぱねたくても、乳母は屋敷の女主人に告げ口できる立場にあるだけに、ほかの使用人は手も足も出ない。〝ばあやのすることに間違いはない〟という言葉は、お子様方だけでなくスタッフにも当てはまるのだ。

ギボンズばあやはそこまでひどくはなかったものの、屋敷の円滑な運営を妨げることはしばしばあり、最大の被害者は、ただでさえ殺気立ちがちな厨房だった。また、女というのは同性の相手に対するふるまい方に関しては奇妙な生き物で、男なら別の男に反感を抱けば本人同士で解決しようとするところを、女は策略を用いる。いまでも覚えているのは、私が執事になってまもない時期に起きた、とりわけ悪質な出来事だ。アスター家ではしばらく前からハウスキーパーが次々に変わり、なかなか適任者が見つからないため、当時はすでにレディ・アスターになっていた奥様は、私に助言を求められた。

「ハウスメイド頭のヴァイオレット・キャヴニーを昇格させてはいかがでしょう」私は提案した。「働き者ですし、こちらのお屋敷での仕事の手順も心得ております」

奥様はその提案を受けいれた。ところがギボンズばあやはこれが気に入らず、それを隠そうとしなかった。ある日、子供部屋で大掃除がすんでから、ばあやはヴァイオレットを呼びつけて引き出しのひとつに髪の毛が何本か残っていたと文句を言い、掃除のやり直しを要求した。ヴァイオレットが髪の毛は自分の点検後に引き出しに入れられたものだと反論すると、ばあやはすぐさまレディ・アスターに告げ口に行き、ヴァイオレットは奥様に呼びつけられた。私は出頭前のヴァイオレットを捕まえて自分の言い分をきちんと主張するよう助言したが、彼女はそうはせず、出てきたときには顔を涙で濡らしていた。馘になったのだ。私は奥様を説得しようとした。

「あの女は嘘つきよ」奥様は言い、私がそれはあくまでも推測でしかないと指摘すると、こう答えた。「たとえそうだとしても、ギボンズばあやとうまくやっていけないのなら辞めてもらうしかないわ」

私は匙を投げた。この種の女性の理屈には、反論のしようがない。ささいなエピソードに思えるかもしれないが、いくら小さなことでも何度か繰り返されれば、スタッフのあいだには悪感情が芽生える。だが、そろそろ私の仕事に話を戻そう。いったん落ちついてしまうと、アスター家での生活は楽しいものだった。奥様の気性も多少はのみこめてきたうえに、旦那様には最初から心酔している。勤めはじめてわずか数か月後に客室接待係のデイヴィッドが辞め、私が後任に指名された。客室接待係は晩餐後に客間に詰めていなくてはならないため、下男よりも夜遅くまで仕事がある。ところが私は早起きで、生まれたときからの習慣は変えられない。というわけで、私はいささか寝不足気味になった。

寝不足といえば、旦那様の従僕のデイヴィッド・ヒューズが、酒か女かあるいはその両方か、ともかくなんらかの理由で夜遊びにのめりこみ、朝起きるのに苦労するようになった。うっかり寝坊をすると、旦那様を起こして髭を剃り、朝食をさしあげて風呂の準備をし、最後に着替えを手伝うという朝の日課が、八時までに終わらなくなる。二、三回、起きてきていないのに気づいて部屋に起こしに行ったところ、礼を言われるどころか悪態をつかれ、その後は放っておいて自力で対処させることにした。結果は予想どおりだった。二、三日は気を引きしめてかかっても、すぐにまた寝坊するという具合で、とうとう解雇されたのだ。アスター夫妻は二日後にフランスとドイツの周遊旅行に出発することになっていたため、新しい従僕を雇うまで私が一時的にその役目を代行し、旅行にお供するよう命じられた。

「だけど人の髭を剃ったことなんて一度もないんですよ」パー氏からそれを告げられたとき、私は言った。

「本番までまだ四十八時間ある」というのが無愛想な返事だった。私は志願者を募り、「きみ、きみ、それときみ」と下男のひとりと雑用係とホールボーイを練習台に指名した。そして犠牲者たちの言葉を借りれば〝みっちりと練習〟した結果、出発までには旦那様が命の危険を感じずにすむ程度には上達していた。帰国する直前になって、奥様がおっしゃった。

「もうすっかり旦那様の従僕になりきってしまったようね、リー」私を呼ぶのにはじめて名字を使うことで、奥様は私の新しい地位を認めたことを示したのだ。

「そのようなことはございません」私は言い返した。奥様もそろそろ私のそんな態度に慣れてきていた。

「はいはい、そういうことにしておきましょう。でもね、旦那様はあなたの世話の仕方にたいそう満足されていて、従僕になってほしいそうよ」

「でしたら新しい客室接待係を雇っていただきませんと。両方は務まりません」

そこでファーニー氏なる人物が客室接待係として採用され、私はアスター夫妻がいかに思いやりある雇い主かを目にする機会を与えられた。新任の客室接待係は、着任後二週間足らずで重い病気にかかったのだ。ファーニー氏は特別の部屋をあてがわれて手厚い治療を受け、病人の世話をするために日勤と夜勤の看護婦が雇われた。その甲斐あって回復したものの、当分は働けそうになかったため、ファーニー氏は結局屋敷を去った。ファーニー氏の闘病中、ずっとその仕事を代行していた私は、またしても奥様に呼びつけられた。

「掛け持ちでも申し分なくいい仕事をしているようじゃないの、リー。だったらこのまま続けたらどう？」

私が反論しようとすると、奥様はつけ加えた。

「もちろんお給料は仕事の増加に見合うように増額されるわ」

給料は増えたが、仕事の増加に見合うほどではなかった。パー氏はしぶちんで、かなり強硬に掛けあった末にどうにか納得できる額を勝ちとったものの、あと味はすっきりしなかった。

若いご夫婦のお屋敷で働くもうひとつの利点は、当主夫妻のご両親と顔を合わせる機会があるためご一家の全体像を把握できることだ。もっとも残念ながら、アスター夫妻はどちらもすでにお母上を亡くされていた。伴侶の死がその後の人生に与えた影響は、とりわけ旦那様のお父上の場合に大きかったように思える。もともと少し変わったところのある方だったが、奇矯さと狂気を分ける境界線はあやふやなことが多いだけに、よき妻の存在には夫が境界線の反対側にさまよいでるのを防ぐ力があるのだ。ご老体のお宅には何度か滞在している。最初に訪れたのはヒーヴァー城で、ケントにあるこのカントリー・ハウスは、それ自体がご老体の変人ぶりを示す実例だった。廃墟と化した城を買って改築したとき、とくにこだわったのが城門と跳ね橋と濠で、城の外にはチューダー朝様式を模した村を作らせ、滞在客の宿舎として使った。毎晩、一定の時間になると城門は閉ざされ、跳ね橋は引きあげられて、ご老体は外の世界から自分を切り離し、いにしえの豪族さながらに、濠で守られた城にこもるのだ。その後、二軒のタウン・ハウスも訪れている。ひとつはカールトンハウス・テラス一八番地で、もうひとつはテムズ左岸のヴィクトリア河岸通りにあるアスター家管理事務所。後者はやはりチューダー朝様式の建物で、ご老体が自分のために莫大な費用をかけて建てたものだ。ご老体の変人ぶりはここにも表われており、なんと部屋のドアには内側の把手がない。ドアが閉まると自動的に鍵がかかり、外に出られなくなってしまうのだ。羽目板を動かしてその奥にあるボタンを押せば鍵が開くようになっており、一部の滞在客はこの仕組みを教えられていたが、それ以外の滞在客は下男を呼んで出してもらうしかなかった。ご老体はおそらく何者かに始末されるのを恐れていたのだろう。その証拠に、寝るときはいつもベッド脇のテーブルに装塡ずみの拳銃を二挺置いていた。ご老体にはもうひとつ、アスター夫人をいたく驚かせた習慣があった。自分では決して客人を出迎えず、秘書のひとりに代理をさせるのだ。いつだったか奥様が、「訪ねてくるのをやめない有力者がどうしてあんなに大勢いるのか、さっぱりわからないわ」とおっしゃるのを聞いたことがある。だが私にはわかった。彼らはご老体の富のにおいを嗅ぎつけ、自分の嗅覚に従ったのだ。

ご老体は物惜しみをしない温厚な老紳士で、私は好感を持っていた。そして、その気前のよさは身内以外の人間にも示された。プーリー氏という執事は、十三年間の奉公のあいだに酒に溺れるようになった。ご老体はついに辛抱できなくなり、解雇を決意した。

「プーリー」ご老体は言った。「そう酒癖が悪くては辞めてもらうしかない。だが素面のときのふるまいは立派なものだし、長年仕えてくれたのだから、餞別にこれをやろう」

そして一枚の銀行手形を渡した。プーリー氏が部屋を出てから見てみると、額面はなんと千ポンド。その夜、プーリー氏がパブで友人たちに言うのには、「いやあ、実にめでたい。こんなときぐらい酔っても罰は当たらんよ」

アスター夫人のお父上であるチズウェル・ラングホーン氏は、老ウォルドーフ氏とは白墨とチーズほどにも違っていた。タフで気さく、いくぶん見せびらかし屋で芝居っ気もある。娘である奥様同様、考えなしにものを言い、しきたりには頓着しない。そんなラングホーン氏は、ご自身の魅力で奥様の友人全員にすんなり受けいれられていた。スタッフに対しても実に愛想がよく、チップもはずむため、だれかに悪く言われるのはついぞ聞いたことがない。一度だけ、運転手のチャールズ・ホプキンズがラングホーン氏を口汚くののしるのを耳にしたが、これは事情を知ってみれば無理もないことだった。ラングホーン氏は嚙み煙草を愛好しており、唾を吐く癖があった。当時の下層階級ではよく見られた癖で、パブのカウンターにはたいてい痰壺が置かれていたとはいえ、これは紳士にふさわしい行為とは見なされていなかった。ラングホーン氏ももちろん家のなかでは慎んでいたが、唾を吐く癖があることは庭師からの報告で私も承知していた。ある日、ラングホーン氏は奥様の名代として、週末の滞在客として訪れるオーストリアの次期国王、フランツ・フェルディナント大公を駅まで迎えに行くことになった。運転手のチャールズ・ホプキンズが選んだのは、ご自慢でお気に入りの真新しいランチェスター。車が私道のはずれに着くより早く、ラングホーン氏は喉にからんだ痰を切り、窓めがけて唾を吐いた。むろん窓が開いていると思ってのことだろう。だが窓は開いていなかった。最初は呆然と、ついで怒りに燃えて汚れた窓を見つめたチャールズは、次の瞬間、見つめるのをやめた。車が門番小屋の門柱にぶつかり、フェンダーが派手にへこんでしまったのだ。戻ってきたとき、チャールズは頭から湯気をたてていた。数か月後、こう思ったことを覚えている。チャールズが怒りに任せて無謀運転をしていれば、事故を起こして乗客に重い障害を負わせ、結果的に第一次世界大戦の勃発を防げていたかもしれない、と。

アスター夫人のクリスチャン・サイエンスへの改宗については、多くの人が書いている。奥様はこの宗教を友人だけでなく使用人にも勧めていた。私の見たところ、奥様を改宗に走らせた責任は医者にある。奥様は一時期、次々に病気に見舞われたが、医者は弁護士や葬儀屋同様、表向きはさも相手を気遣っているような態度をとりながら、実際にはなによりもまず金儲けに関心がある。また、医者には群れを作って働く習性があり、内科医が専門医を呼び、その専門医がまた別の医者の意見を求め、という具合にどんどん人数がふくれあがっていく。私は使用人人生の全期間を通して、そのような例を見てきた。やがて届く請求書には、どれほど裕福な患者でも目をむくような金額が記されている。比喩的な表現を使えば、医者たちは欲をかきすぎて、ついにアスター夫人という、金の卵を生む鵞鳥を殺してしまったのだ。奥様は医者たちの魂胆に気づき、その反動で、医療行為の拒否という教義をすんなりと受けいれてしまった。私をクリスチャン・サイエンスに改宗させようという奥様の試みは失敗したものの、私の下で働いていた下男がひとり改宗している。残念ながら御利益はあまりなかったらしく、私はその下男を解雇せざるを得なかった。

第一次世界大戦の勃発は完全な不意打ちで、開戦を予想し備えていた者は皆無だったと思う。当然ながら、アスター氏と私は今後のことについて話しあった。旦那様は軍務に不適格と判定されており、それをたいそう苦にされていた。

「きみは自分の良心が命じるとおりに行動しなくてはいけないよ、リー。余計なことを言ってきみの判断を左右するつもりはない」

私は一九一四年の開戦後まもなく志願した。旦那様は、復員後はもとの地位に復帰させると明言してくださり、その約束は果たされた。

ふり返ってみると、従軍生活は楽しかった。私はちょうどそれを必要としていた時期に、それまでとは違う生活を経験したのだ。階層も境遇もさまざまな人間と知りあったことは、私の人間に対する理解の幅を広げてくれた。一九一九年に除隊になった時点での階級は中隊づき曹長だが、いちばん楽しかったのは小隊づきの軍曹時代だ。いっそ曹長になどならなければよかったと思ったことは数知れない。階下にある使用人の領域でだれかに活を入れるはめになると、相手は陰で私を非難するときに、決まってその階級を引き合いに出したからだ。休職中はアスター夫妻からたびたび手紙が届き、食料品の差し入れもいただいている。そして戦争が終わると、すでに述べたように旦那様は約束を守ってくださり、私

第一次世界大戦勃発。軍服姿のエドウィン・リー。

は従僕として職場に復帰するとともに、年一二〇ポンドに昇給した。ただし職場になじむには少し時間がかかった。スタッフの顔ぶれも仕事のやり方も変わっていたからだ。

一九一九年の末に、旦那様のお父上が亡くなられた。この死がご一家に多少の波乱を巻き起こすだろうことは私も承知していたものの、それがわれわれ全員の生活にどのような影響を与えるかには気づいていなかった。老ウォルドーフ氏は、私が軍務のために職場を離れていた一九一六年に爵位を買い、まず男爵に、ついで子爵になっていた。そのときはひと騒動あったらしい。議員としての活動ぶりを評価されていた旦那様は、いずれお父上が死去すれば上院に移らねばならず、その時点で下院議員としての経歴に終止符が打たれるからだ。無理もないことながら旦那様も奥様も激怒され、それ以来、ご老体とは疎遠になっていた。とはいえ、こうも早く他界されたのは予想外で、お二人とも完全に虚をつかれた格好だった。老子爵が亡くなられたとなると、爵位を継いだ旦那様が上院に移ることで生じた空席を埋めるために、下院のプリマス選挙区では補欠選挙が行なわれることになる。

いささか不条理ながらもいかにもイギリス的だと思うのは、貴族院《ハウス・オヴ・ローズ》である上院に属すべき男性貴族《ロード》は下院議員になれないのに対して、女性貴族《レディ》はなれることだ。そこで旦那様の後継者として奥様が立候補してはどうかという提案がなされた。セントジェイムズ・スクエア四番地とクリヴデンの両方で果てしなく繰り返された議論は、悪夢そのものだった。レディ・アスターのお気持ちが一時間ごとに変わるのだ。物事を決められない状況は奥様の性分に合わない。ある日、私は奥様に呼ばれた。「ねえ、リー」奥様はおっしゃった。「プリマスの件について、これまでに大勢の人の意見を聞いてきたわ。あなたはどうするべきだと思って？」

「私でしたら、一か八かやってみますが」私は答えた。

自分の意見がなんらかの形で奥様の気持ちを変えさせたと思うほど、私はうぬぼれていない。だが二日後に、ふたたび奥様からお呼びがかかった。「リー、このあいだの助言に従うことにしたわ。あなたの言うように〝一か八かやってみる〟ことにね」

奥様はそれを実行し、その結果、下院に議席を占めた初の女性議員として歴史に名を残している。

選挙期間中、私はプリマスにあるアスター家の屋敷エリオット・テラス三番地に出向き、お二人のために家事を取り仕切らなくてはならなかった。屋敷内は昼も夜も活気に満ちていた。大勢の人が出入りし、電話がひっきりなしに鳴りつづける。だがその甲斐あって、奥様はめでたく当選した。結果が判明した翌日、奥様から結構な額の小切手を渡された。「それを何に使うつもり？」

「金時計を買おうかと。以前から欲しいと思っておりましたので」

「それを返しなさい」奥様は言い、私の目の前で小切手を破いた。〝あーあ〟私は思った。〝何かまずいことを言ったかな？〟

「金時計はわたしが買ってあげるわ」

奥様はその言葉を違えなかった。銘が刻まれたその見事な金時計を、私はいまでも持っている。議員になった結果、奥様が変わったことは言うまでもない。もともと十分すぎるくらい活力に満ちていたのが、一段と精力的になったように感じられた。そして奥様は、それまで以上にお屋敷の中心になった。昼食会や晩餐会が毎日のように開かれ、スタッフはろくに予告もないまま、わずかな時間で準備をすることを強いられる。執事のパー氏はこの状況についていけず、しじゅう奥様と衝突するようになり、一九二〇年のはじめに解雇された。私は奥様に呼ばれた。執事への昇格を提案されたのではない。すでに決まったこととして、パー氏の後釜にすわるよう命じられたのだ。私はそれが気に入らなかった。

「お断りいたします、奥様。私に務まるとは思えません」

「できるとわかっていなければ頼んだりしないわ、リー」

さっきよりはましになったと思ったが、私はなおもごねつづけた。

「いいじゃないの、試しにやってみなさいよ」奥様の目は楽しげにきらめき、口調もやわらいでいる。だいぶいい感じになってきた。

「そこまでおっしゃるのでしたら試しにやってみますが」私は言った。「やはりまだ自信がありません」

「わたしが手伝ってあげるわ」奥様は応じ、弾むような足どりで部屋から出ていった。

私は大いに満足していた。思いどおりの方向に話を持っていき、失敗した場合に備えて予防線も張ってある。そしてなによりも、執事になれたことがたまらなく誇らしかった。

いまや物事が円滑に進むかどうかは私にかかっている。新任の上司はあまりやかましいことを言うべきではないという考え方もあるが、そんな悠長なことは言っていられない。たがのゆるみには、戦地から戻った時点で気づいていた。〝だっていまは戦争中じゃないか〟を仕事の手を抜く口実にできた期間が、あまりにも長すぎたのだ。塹壕のなかで夢見た〝英雄が住むにふさわしい国〟は現実にならず、今後も実現しそうにない。ならば昔の秩序を回復し、本腰を入れて目の前の難題にぶつかっていくしかない。そこで私はまず人員の一部を入れ替え、ともに現場に立ち、何をどうしてほしいかを実際にやってみせるという方法で新人たちを教育した。不安だったのは晩餐会とレセプションだ。どちらもとにかく規模が大きく、晩餐会には四十人、レセプションには多いときで二千人もの人々が集まってくる。自分自身の心の平和のために、私は予行演習をすることにした。それによって、だれもが果たすべき役割を心得ていること、安心して責任をゆだねられることを確認したのだ。大きな難問のひとつは、往々にして正確なタイミングが成否の鍵を握っているのに対して、奥様に時間の観念が皆無だったことだ。奥様のお付きメイド――これは一九二九年以降はずっとミス・ハリソンが務めていた――に、客人方をお迎えするのに間に合うように奥様を階下に送りだすよう念を押し、ついで旦那様に、食事の用意が整ったら奥様と客人方をすみやかに食堂に移動させてくださるよう、くどいほどお願いする。旦那様はときどき、処置なしとばかりに両手をふりあげたものだ。「私に言われても困るよ、リー。本人にその気がないかぎり、あれを移動させるのは不可能だ」力を合わせた甲斐あって事態はいくぶん改善されたものの、私は双方から文句を言われるはめになった。シェフはせっかくの料理がだいなしになるとわめくし、レディ・アスターはお客様方をせかすわけにはいかないと言い張るのだ。

私は経験を積み、試行錯誤を重ねることで仕事を学んだ。一度、セントジェイムズ・スクエアと近くにあるリージェント街の交通を麻痺させてしまったことがある。その夜はバルフォア卿夫妻を主賓とする晩餐会とレセプションが予定されており、私は前もって地元の警察署に足を運び、屋敷に向かう馬車と自動車の流れを制御するために警官を三人派遣してくれるよう頼んでおいた。ところが派遣されたのは巡査が三人で、三人ともほかの二人の指図を受けようとしない。御者と運転手が大声でわめき、クラクションと鞭の音が鳴り響き、乗り物は客人たちを乗せたまま立ち往生。この混乱を収拾するのに三十分かかり、翌日、辞表を出すと言い張るシェフをなだめるのには、それ以上に長い時間を要した。

私が思うに、スタッフの能力を最大限に引きだそうと思えば、みずから手本を示すのが一番だ。これは思い上がりやうぬぼれから言っているのではない。こちらがどんな仕事をするのも厭わないことを行動で示せば、相手はその分だけいい仕事をしようと努力するという意味だ。とりわけ腕試しならぬ喉試しをしたいと思っていたのは、取り次ぎ役の仕事だった。客人が到着すると、取り次ぎ役は声高らかにその名を招待主夫妻に告げる。私がいつも雇っていた取り次ぎ役はバトリー氏で、その仕事ぶりはすばらしかった。ある晩、待っていた機会がめぐってきた。いくぶん風邪気味だったバトリー氏の声がかすれてきたのだ。この夜は、国王ジョージ五世とメアリー王妃ご臨席の晩餐会に続いて大規模なレセプションが催され、出席者は全員、正式の夜会服に勲章を佩用することになっていた。出席者のなかには労働党の古参議員も何人かいたが、その一部は、ご当人たちの言葉を借りれば、大礼服や夜会服で〝めかしこむ〟ことはしない主義で、ウィル・ソーン氏もそのひとりだった。しかしながら、主義を持つのとそれを実践するのは話が別だ。ソーン氏は身をもってそれを知ることになった。徒歩でセントジェイムズ・スクエアに到着したソーン氏は、ご本人も認めているとおり、きらびやかに正装した招待客の群れとミンクやティアラで華やかに着飾ったご婦人方を目にして怖じけづいた。そこで招待客の大半がなかに入ってしまうまで、あたりをぶらついて時間をつぶすことにした。しかし、それも長くは続かなかった。警官に見とがめられ、故意徘徊罪で逮捕されそうになったのだ。その場は無事に切り抜けたものの、ソーン氏はこの一件でいささか自信を失い、それ以上何かが起きないうちになかに入ることにした。当番の下男はゴードン・グリメットで、取り次ぎ役を代行中の私のそばに立っていた。ゴードンの役目は、取り次ぐべき客人の名を私に教えることだ。私が勲章も肩書もどっさり持っている某大物貴族の名を取り次いだ直後に、ゴードンが高い声で「ウィリアム・ソーン様」と告げた。ついでぐっと声を落とし、みんなに聞こえるようなささやき声で続ける。「折り返した襟、色つきのシャツ、色物のネクタイ、青いスーツ、上着は短く前裾は斜め裁ち」さて、私はかなり厄介な状況下でも平静を保つ能力があると自負しているが、これはてきめんだった。やっとの思いでソーン氏の名を取り次ぎ、バトリー氏に合図してあとを任せると、大笑いしながら階下に避難する。やがてもう大丈夫だろうと判断し、小言を言おうとゴードンを呼びにやったものの、顔を見るともういけない。先刻のひと幕が脳裏によみがえり、二人ともとめどなく笑いつづけるはめになった。あいにく新聞が中途半端にそれを嗅ぎつけ、この一件は歪曲された形でご本人に伝わった。だがソーン氏はこれを悪意には解釈しなかったらしく、のちに自分の失敗談としてしばしばこの出来事を口にしている。

私が執事に任命されたとき、レディ・アスターが手を貸すとおっしゃったことにはすでに触れた。奥様は二年間にわたってほぼ完璧に約束を果たしたのちに、あたかも双方の合意があったかのように、突如として援助の手をひっこめた。それだけではない。奥様はほとんど私に敵意を抱いたかのようだった。ことあるごとに難癖をつけ、口を出す。むろん私もすでに奥様のご気性はかなりのみこんでおり、その程度のことは柳に風と受け流していたが、奥様のそんな態度がスタッフの仕事ぶりにまで影響を及ぼしはじめると、そろそろ我慢も限界だと思わずにはいられなかった。ある晩、奥様は私を客間に呼びつけ、ご家族の前で喧嘩を吹っかけてきた。もはやこれまでだ。「申しわけございません、奥様。もう私などお目障りなだけのようですから、お暇をちょうだいするしかございません」

「お暇ですって、リー?」奥様の目が楽しげにきらめきはじめた。

「はい、辞めさせていただきます」きびすを返して立ち去ろうとすると、奥様が追いかけてきた。

「だったら辞めたあとの行き先を教えてちょうだい。わたしもいっしょに行くから」

そんなふうに言われては、降参するしかない！　私たちは笑いだし、その後かなりの期間、奥様の私に対する風当たりはやわらいでいた。

また別のときにも、奥様は私を発狂の一歩手前まで追いやっている。こちらは大規模な晩餐会の直前で、たしか王室の方々も出席されることになっていた。議会から遅れて戻ってきた奥様は、食堂に行って食卓に飾られた花をひと目見るなり靴を脱ぎ捨て、テーブルのひとつによじ登った。グラスや銀器をなぎ倒し、テーブルに水滴をしたたらせながら中央に飾られた花をめちゃめちゃにしだす。私はしばし呆然と立ちつくしていた。「おやめください、奥様」私は言った。「そのようなことをされては困ります。おかげで私の仕事もデコレーターの仕事もだいなしです。このような形で晩餐会を運営することをお望みなら、ご自分でやっていただくしかありません。私は手を引かせていただきます」食堂を出ると、奥様が走って追いかけてきた。

「待って、リー。待ってちょうだい」

クリヴデンの玄関ホール、1940年代。Photo/ The LIFE Picture Collection/ Getty Images

ふりむくと、奥様は靴を脱いだままの見るも哀れな姿で立っていた。

「心配しないで、すぐ着替えるから」

そして奥様は食堂に駆け戻り、テーブルの上を少しばかり片づけてから靴を拾うと、手に持ったままで一目散に階段を駆けあがっていった。

奥様はまた、私の下で働くスタッフの採用にも口を出すようになった。私が面接して採用を決めた応募者を奥様にお目通りさせるのは以前からの習慣だったとはいえ、それはいわばただの形式で、私の決定に奥様のお墨つきをいただく場でしかない。三〇年代に入って経験を積んだ下男を雇うのが難しくなるなか、私はこれならばと思った応募者をひとり選んだ。ところが奥様は彼に会うなり、自分のところでは下男はありとあらゆる仕事を手伝うことになっていると言ってのけたのだ。「窓拭きとか石炭運びとか、必要ならどんな仕事でもする覚悟はあるでしょうね？」奥様は迫った。

「いいえ、奥様」相手は答えた。「残念ですが、一般に下男がするものとされている仕事以外はお引き受けする気はございません」

「そう、だったらあなたに用はないわ」奥様は言い、席を蹴った。

「こちらの奥様が欲しがってるのは下男なんかじゃない。雑用係だ」男はそんな捨てぜりふを残して去り、奥様からいきさつを聞いた私は、はっきりと思うところを申しあげた。

「呼び戻してちょうだい、リー」奥様は叫んだ。

「そうはまいりません。奥様は取り返しのつかないことをしてしまわれました」

奥様は失敗から学ぶことのできない方だった。ある日、推薦されて面接を受けに来た下男をお目通りさせたときは、十分間にわたって相手の信仰について質問したらしい。部屋から出てくると、男は首をふってみせた。

「下男はお呼びでないようですよ。奥様は坊さんをお探しらしい」

一度など、奥様に強引に押し切られて、完全に自分の倫理観に反する行為をするはめになったこともある。奥様は私に、ご自分の友人のハウスキーパーを盗ませたのだ。なかなか適任者を見つけられずにいたさなか、ある日、奥様が私のところに来て言った。

「だれそれのところのミセス・ムーアというのが優秀らしいの。連絡をとって、いまより高い給料を出すと言いなさい。そうすればうちに来ると思うわ」

「ですが奥様、それでは泥棒と同じでございます」私は抗弁した。「許されることではございません」

「いいからやるのよ、リー」奥様はおっしゃり、いかにも女性らしく、良心をなだめようとしてつけ加えた。「本人だってよそに移りたがっているに決まっているわ」

このような行為には、問題のご友人の怒りを買いかねないことに加えて、不都合な点が二つある。ひとつは引き抜かれた使用人に権力意識を持たせてしまうこと、もうひとつは引き抜いたあげくに期待はずれとわかっても、お払い箱にするのは難しいうえにフェアでないことだ。幸いこのときは、どちらの事態も生じなかった。アスター家に移ってきたムーア夫人は申し分なく有能で、完璧に家政を取り仕切ったのちに当家を去ってバッキンガム宮殿のハウスキーパーになり、お屋敷奉公の世界では大物のひとりに数えられている。

ムーア夫人とは一度、レディ・アスターを相手に共同戦線を張ったことがある。どこか訪問先で、玄関ホールにあるクリスタルの枝つき燭台に本物の蠟燭が使われているのをごらんになった奥様は、セントジェイムズ・スクエアでもその方式を採用すべきだと決めてしまったのだ。ムーア夫人も私も反対したが、あえなく押し切られた。そして、われわれの最悪の不安が的中した。玄関から吹きこむ風にあおられて蠟燭の燃え方に片寄りが生じた結果、蠟が受け皿からあふれ、翌朝には絨毯のあちこちに固まった蠟がこびりついていたのだ。

「まあ、大変。どうしましょう」惨状をお目にかけるためにお呼びすると、奥様は叫んだ。

ムーア夫人が答えた。「どうするもこうするも、絨毯をできるだけきれいにするしかございません。一日や二日で終わる作業ではございませんし、おそらくもとどおりにはなるまいと存じます」

奥様は神妙な顔をして、こそこそと引きさがった。

そんなしだいで、アスター卿ご夫妻のもとでの生活は長年にわたって続いた。単調な面もあったが、一瞬たりとも退屈を感じたことはない。ある意味では、それは寂しい生活だった。大勢の人間に囲まれていながら寂しいなどと言うのは奇妙に思えるかもしれない。だが私は船の船長のようなものであり、悩みを相談できる相手はいなかった。私生活をさらけだすのもご法度で、おまけにいい仕事をしてもお褒めの言葉はほとんどいただけない。一度、奥様にそう申しあげたことがある。

「いったいどうしろというの、リー？　四六時中、よくやったと背中をなでてほしいとでも？」

そんなふうに言われては、二度と胸襟を開く気になれるものではない。

どこかの時点で、もはや別の屋敷に移ることはできないと悟り、自分がすでにアスター家の一部と化していることに気づいたはずだが、それがいつだったのかははっきりしない。第二次世界大戦の直前だったかもしれない。そして戦争が始まってしまえば、当然ながら暇をとることは不可能だった。

私が学び、実践してきたお屋敷奉公のあるべき形は、第二次世界大戦によって根底からくつがえされ、二度ともとには戻らなかった。戦争が終わると、私はなんとかして昔の秩序を回復しようと努力し、外見的にはそれなりの陣容を整えるのに成功したものの、新たなスタッフにかつてのような帰属意識を持たせることはできなかった。レディ・アスターはご家族に説得されて、一九四五年に議会活動から身を引いた。ご本人の意に反しての引退とされているが、あるいは事後になってそんなふりをしただけかもしれない。それを境に、奥様はそれまで以上に気まぐれになった。幸いだったのは、世界のあちこちを旅行するのにかなりの時間を費やしていたことだ。旦那様は戦時中の激務がたたってお体を悪くされていた。以前から敬意を抱きあっていた旦那様と私の関係はいっそう親密なものになり、主人と使用人のあいだでは異例なほど多くの秘密を分かちあったのではないかと思う。旦那様は一九五二年に逝去され、私は偉大な友を失った。

いまにして思えば、その時点で引退すべきだったのだろう。実際、お暇をいただくことを真剣に考えもしたが、爵位と財産を継いだビリー様に、辞められては困ると説得された。昔から好意を抱いていた坊ちゃまにそこまで言われれば、こちらとしても辞意を撤回するにやぶさかでない。ビリー様はお仕えしやすい雇い主で、お屋敷が戦前と同じように運営されることは期待せず、状況が変わったことを理解されていた。せいぜい一、二年でお暇をいただくつもりが、いつその話を切りだしてもなにかしら辞めるわけにいかない事情が出てくるという具合で、引退は何度も先送りされた。とはいえ、私はある意味では幸運だった。ビリー様の執事兼従僕のジョージ・ワシントンが、ご主人の家督相続と同時にスタッフに加わっていたため、私には若いながらも経験豊富な助っ人がいたからだ。

ビリー様のもとには足かけ十一年間とどまった。ようやく慰留をふり切って引退したのは一九六三年〔正しくは一九六二年〕。プロヒューモ・スキャンダルはその翌年に起きている。この件に関して立ち入った話をする気は皆無ながら、これだけは言っておきたい。ビリー様は大衆によって裁かれ、なんの証拠もなしに有罪を宣告された。私から見たビリー様は、公平で名誉を重んじる寛大なご主人だった。ご自分ほど恵まれていない人々のために、立派な仕事をいくつもされている。そんなビリー様の転落に狂喜乱舞しているかに見えた者たちにとって、おそらくビリー様は、自分たちの心や言葉や行ないによる不品行を転嫁するための生け贄だったのだろう。

私はすでに海辺の町イーストボーンに家を購入し、一九五三年九月には結婚もしていた。もっと早くその件に触れなかったことについては、妻エミリーに謝罪する。だが私はここまで、一貫して自分の私生活ではなく仕事人生について語ってきたのだ。エミリーは私が何年も前から好ましく思い、毎日見つめていた女性で、当時はアスター家の電話交換手だった。私は結婚を急ごうとはしなかった。女性に興味がなかったなどと言う気はないが、ひとりの女性に深入りすることは許されないと感じていたからだ。私のような仕事をしている人間と生活をともにできる、というより、ともにする気になってくれる女性などいるとは思えなかったのだ。

アスター家を辞めたとき、おそらく現役を退いた男ならだれもがするように、自分の人生をじっくりふり返ってみた。義務を果たすために全力を尽くし、そうすることによって、階級や地位を問わず、およそどのような男もまず望めないほど充実した人生を送ることができた、というのがそのとき抱いた感想だ。ラドヤード・キプリング氏の詩「もしも……」の一節を引用させてもらえば、

私は〝王らとともに歩み、なおかつ大衆性を失わずに〟すんだのだ。

リー氏の回想についてひとこと

リー氏は冒頭で、年齢のせいで記憶力が衰えていると述べていますが、そんな様子はどこにもうかがえません。その理由のひとつは、リー氏の引退後、リー氏とわたし、そしてほかにも大勢いるリー氏の友人たちが、顔を合わせるたびに昔の思い出話をしていることでしょう。その結果、ともに過ごした現役時代の生活を、だれもがほとんど暗記してしまっているのです。聞くところによると、リー氏のボーリング・クラブではレディ・アスターの名前は禁句になっているとか！

それにしても不思議なのは、リー氏とわたしの関係です。知りあってすでに五十年以上、とても親しくしているにもかかわらず、リー氏はいまだにわたしをミス・ハリソンと呼ぶのです。わたしもリー氏をエドウィンと呼んだことは一度もないとはいえ、少なくとも〝父さん〟という呼び方には親しみが感じられます。そもそもリー氏の場合、クリスチャンネームはあってもなくてもいいものだと言っても過言ではなく、使われるのを聞いた記憶はほとんどありません。アスター家を訪れる方々にとって、リー氏はつねにリーまたはミスター・リーで、王室の方々もその名を忘れることはありませんでした。スタッフにとってはリー氏は〝サー〟であり、陰では大将または船長と呼ばれていました。

船長というあだ名はまさにどんぴしゃりでした。リー氏はあらゆる意味で船長だったからです。それはある意味でリー氏に孤独をもたらしました。わたしたちは個人的なものであれ仕事上のものであれ、悩みがあればいつでもリー氏に相談できたのに、リー氏には相談できる相手がいなかったからです。それだけに、リー氏が人の上に立つ人間に必要不可欠な種類の強さを備えていたのは幸運でした。

それでもひとつだけ、わたしには毎日リー氏の力になれることがありました。レディ・アスターに朝食をお持ちして階下に戻ったわたしを、リー氏はいわばバロメーターとして使うのです。

「今朝の予報はどうかな、ミス・ハリソン?」

“クリヴデンのリー卿” ことエドウィン・リー、クリヴデンにて。

そしてわたしはリー氏に、奥様の〝気温〟を報告するのです。

リー氏が悪い言葉を使うのはごくまれで、それも部下を叱るときと奥様のふるまいをののしるときだけ。パグス・パーラーでみんなでリー氏をけしかけてきわどい話をさせても、最後までたどりつけたためしがありません。いよいよというあたりで顔を赤らめ、しどろもどろになりだすため、だれもが大笑いして肝心の落ちを聞かずじまいになってしまうのです。

リー氏はお金の扱いに長けていました。それなりに年を重ねてから少しばかり株に手を出し、たいていいつも儲けていたようです。いまでも覚えているのは、当時暮らしはじめたばかりだったイーストボーンのお宅を褒めたときのこと。「これは日本からの贈り物だよ、ミス・ハリソン。戦前に買った日本株が、戦争中はどれも紙くず同然になったものの、その後、とてつもなく値上がりしてね。それを売って煉瓦とモルタルに変えたというわけだ」

リー氏はまた、周囲の人間が抱える金銭問題を解決してあげたりもしていました。アスター家に〝船乗り《セーラー》〟と呼ばれる雑用係がいました。本名はついぞ聞いた覚えがありません。セーラーはスパニエル犬が飼い主を慕うようにリー氏を慕っていました。やがてセーラーが深酒をするようになると、〝父さん〟はそれに気づき、さらには酔っぱらったセーラーがその場に居合わせたたかり屋全員に酒をおごってしまうことも知りました。そこで話し合いの結果、リー氏は毎月セーラーの給料から半分を天引きし、投資にまわすことになったのです。セーラーは雑用係にしてはかなりの財産を遺して他界し、そのうち百ポンドをリー氏に遺贈しています。

リー氏は自慢めいた言い方はいっさいしませんでしたが、ほかのお屋敷からいくつも引き抜きの話があり、レディ・アスターからもらっているよりはるかに高い給料を提示されていたことは、わたしも知っています。多くはアメリカからの申し出で、わたしが見せてもらった手紙に記されていた金額は、掛け値なしに天文学的なものでした。それでもリー氏がアスター家にとどまったのは、変化を好まなかったのに加えて、奥様とスタッフ一同への忠誠心からでもありました。

そしてリー氏の忠誠心にとって、奥様はまさに試練でした。それは決して珍しいことではなく、多くの雇い主が使用人に愛されたいと願い、そんな形でわたしたちの真心を試そうとしたのです。たとえばレディ・アスターが滞在先であるソールズベリー卿の居館ハットフィールド・ハウスから帰宅されたときのこと。奥様が入ってきたとき、わたしは玄関にいました。

「ただいま、リー。すばらしい週末だったわ。なにしろあそこの執事ときたら、何をさせても本当にそつがないのよ」

「おっしゃるとおりでございます、奥様」リー氏は答えました。「ついでに申しあげれば、ゴルフの腕前も相当のものだとか」

リー氏が話してくれた別の小競り合いが起きたのは、ジョージ六世とエリザベス王妃の戴冠式当日でした。レディ・アスターから、持ち場を離れても支障のない使用人は全員パレード見物に行かせていいと言われていたリー氏は、男性使用人全員に外出を許可し、自分は留守を守っていました。儀式が終わってじきに玄関の呼び鈴が鳴り、いつまでも鳴りやみません。出てみると、奥様が呼び鈴のボタンにぴたりと親指をあてがって立っていました。

「玄関に応対に出るのにこんなに時間がかかるなんて、この家はいったいどうなっているの?」奥様が嚙みつきます。

「奥様」リー氏は答えました。「お忘れのようですが、奥様は持ち場を離れても支障のない使用人は全員、戴冠式を見物に行かせてかまわないとおっしゃいました。私はそれを額面どおりに受けとって、全員に外出許可を与えたのでございます。あの者たちは奥様と違って、帰宅の際の優先権を与えられておりません。戻りしだいすみやかに持ち場に復帰させますので、どうかご安心ください」

奥様は笑みを浮かべ、ひょいと膝を折ってリー氏にお辞儀しました。「お見それしましたわ。いまの口ぶり、わたしの執事というより夫みたいだったわよ、リー」そして大声でわたしを呼びながら階段を駆けあがる奥様に向かって、リー氏はわたしもまだ戻っていないと声をかけました。

「戴冠式が毎日なくてよかったわ」奥様は叫び返しました。

これまたずいぶん前に起きた別のいざこざでは、リー氏は使用人の言い分を代弁しています。当時はボブカットが流行していて、リー氏はハウスメイドのひとりに、おかっぱにしてもいいかと尋ねられたのです。

「次に奥様にお目にかかったとき、覚えていたらうかがってみよう」そう約束したリー氏は、忘れずに奥様にお伺いを立てました。

「いったいどうしておかっぱ頭にしたいわけ？」奥様が問いただします。

「もっか流行中の髪形だからではないかと存じます」

「だったらいまのままにしておくように言いなさい。流行を追うメイドになど用はないわ」

「承知いたしました」リー氏は答えました。「ですが、ひとこと言わせていただけば、そのような非妥協的な態度をおとりになりますと、多少なりとも髪が残っているハウスメイドを雇えれば御の字という状況になるのも、そう先のことではあるまいと存じます」

レディ・アスターはたまりかねたように笑いだし、メイドたちにはなんでも好きな髪形をさせて構わないとおっしゃいました。

さっきもちらりと触れたとおり、〝父さん〟はお金には不自由していませんでした。わたしは最近、それなのになぜ一度も車を持とうとしなかったのか尋ねてみました。

「車が欲しければ、いただきますとひとこと言うだけで一台もらえていたはずなんだよ、ミス・ハリソン。大戦間に奥様がダイムラーを買い替えたとき、古いほうをくださるとおっしゃったのでね」

「そして父さんはそれを断ったと。どうしてまた？」

「ひとつには、私には分不相応な高級車だったからだ。あんなものに乗って買い物に行ったら、法外な高値を吹っかけられるのが落ちだ。それに早朝や深夜に、奥様のためにお客様方を自宅や駅まで送り迎えするはめになるのも目に見えていた。本来、私がすべき仕事ではないが、それくらいはする義理があると感じてしまっただろうからね。どのみち、私が運転手をどう思っているかはきみも知っているはずだ」

とはいえ、悪い気はしなかったようです。リー氏ご本人の言葉を借りれば、その申し出は、奥様の気前のよさと親切心の表われだったからです。ついでリー氏はこう言って、その発言を修正しました。

「そうは言っても、先を見越して行動することが肝心だからね」

現役時代のリー氏はこうした賢者めいた格言の宝庫でしたし、実のところ、それはいまも変わりません。取材のために最後に会い、かつての雇い主たち、なかでもレディ・アスターについて語りあっていたとき、リー氏は言いました。「つまるところ、お屋敷奉公はひとことで言えばこういうことではないかな。われわれは彼らを必要とし、彼らもわれわれを必要としていた」

レディ・アスターには、いい仕事をした使用人を褒めることができないという欠点がおありでした。

それだけに、高級紙『タイムズ』の政治欄に掲載されたこんな記事を読んだときは、リー氏もさぞかしうれしく思ったに違いありません。

下院でソレンソン氏という社会主義の議員が、第二次世界大戦の開戦当初にロンドンから民間人を疎開させたときのやり方について苦情を述べていました。「私の選挙区のある女性は、大きなカントリー・ハウスに送られたものの自宅に戻ってきてしまった。その理由というのは、執事の目つきが気に入らなかったというものでして。おや、そこの女先生（レディ・アスター）は笑っていますな。きっとご自分の執事を怖がっているんでしょう」

奥様はぴしりと言い返しました。「怖がっているですって？　とんでもない、彼はまたとない宝物よ」

4 チャールズ・ディーン

リー氏が執事の王様だとすれば、チャールズ・ディーンは王子のひとりです。チャールズは〝父さん〟が自分の上を行っていることを否定しようとせず、王者として敬い、自分が知っていることはほとんどすべてリー氏から学んだと述べています。それだけではありません。チャールズによると、上をめざす自信とやる気を与えてくれたのもリー氏だというのです。「アスター家で働きはじめた時点では、だれが見てもただの田舎者に毛が生えた程度だったのが、よそに移ったときには大物のひとりと見なされるまでになっていたんだ。それもすべてリー氏のおかげだよ」と。だけどリー氏だって、お屋敷奉公を始めたときはただの田舎者だったのよ。いくらそう言っても、チャールズは首をふり、そんなはずはないと言い張るばかり。リー氏に新米のころや未熟なころがあったなどとは想像もできないらしいのです。まるで自分の父親には、学校で悪さをしたり初恋の痛みを味わったりしたことなどあるはずがないと思いこんでいる息子のように。

チャールズにはじめて会ったのは、レディ・クランボーンのお供でクリヴデンに滞在したときでした。すぐに親しくなったわけではありません。長い年月のあいだに、イギリス国内やパリ、ビアリッツ、スイスで偶然の出会いを重ねるうちに、少しずつ友情が育っていったのです。不思議なのは、アメリカでは一度も顔を合わせなかったこと。あとで記憶を照らしあわせたところ、わたしたちは同じ時期に何度もアメリカに滞在しているのです。

チャールズの第一印象は、どんな物事や人に対しても真面目になれず、なんでもかんでも茶化してしまう人。いつも女の子に色目を使っていて、わたしにもちょっかいを出してきたものの、北部出身のメイドがみな道を踏みはずすためにロンドンに出てきたわけではないと悟るのに、時間はかかりませんでした。そしてわたしはほどなく、チャールズに別の面があることを知りました。

副執事であるチャールズは銀器の管理を担当していて、わたしに地下の銀器室を見せてくれたのです。ご存じない方のために説明しておくと、銀器室というのは一般にかなり大きな部屋で、厚さが四インチ〔約一〇センチ〕ある鉄の扉を開けると、その内側にある鋼鉄製の格子戸を通して、皿やボウル、カップやトロフィー、枝つき燭台その他の装飾品を見ることができます。そして運がよければ、この格子戸の鍵も開けられ、金庫のなかに通されて、戸棚や引き出しの中身を見せてもらえるのです。様式もさまざまな銀のカトラリーがぎっしり詰まった引き出しもあれば、値段のつけようがないほど貴重な家宝が並んだ戸棚もありという具合で、まるで『アラビアン・ナイト』の一場面を見ているよう。現役時代にはずいぶん多くの銀器室を見てきたわたしも、このときチャールズが見せてくれたものほど管理が行き届いた部屋は目にしたことがありません。チャールズの銀器はどれも、十分に時間をかけてこまめに手入れをすることでしか得られない、黒っぽく沈んだえも言われぬ光沢を帯びていました。後任の副執事たちは、ディーンという名を憎むようになったに違いありません。リー氏はことあるごとにその名を引き合いに出し、彼と比べるとまだまだだと小言を言ったからです。

若いころのチャールズが食卓で給仕をするところは見たことがありませんが、どうやら慎重さと自信と敏捷さを兼ね備えた、天性の給仕だったようです。機敏でありながら人目につかない身のこなしは、ひとつにはたぶんダンスの才能のおかげでしょう。チャールズほど足運びの軽いパートナーには、ほとんどお目にかかったことがありません。執事としてのチャールズは、にやにや笑いを浮かべてさえいなければ、実に堂々として見えました。正味六フィート〔約一八〇センチ〕の長身に、すっと背筋が伸びた姿勢のよさ。サーヴァンツ・ホールで冗談の種になっていた漆黒の髪は、履いているブーツに劣らずつややかで、ヘアクリームの代わりに靴墨を使っているのだと噂されていたほど。チャールズは二通りの英語を自由に使い分けていました。階下で使用人仲間といるときはグロスターシャーのお国訛り丸出しなのが、玄関ホールではすばやく上流風のよそゆきの発音に切り替わるのです。お客様方の前では、多くのコメディアンと同じく、心の動きを見せないとぼけた表情を保つことができ、それでいて周囲で何が起きているかをつねに完璧に把握していたことは、何も言われないうちにさっと動いてご要望を満たしていたのを見ればわかります。存在感と威厳を感じさせる一方で、だれかをくつろがせたいと思えば瞬時に物腰をやわらげることができる。チャールズはそんな執事でした。

レディ・アスターが亡くなられるまでの最後の数年間、イートン・スクエアのお屋敷で同僚として過ごしたとき、チャールズはだれよりもやさしく、そしてまめまめしく奥様に仕え、わたしやほかのスタッフにとっても最高の友人でした。奥様がなかなかベッドに入ってくださらなくなると、チャールズとシェフのオットー・ダンゲルはわたしにつきあって起きていてくれ、その後、三人で寝酒を飲みながら奥様が無事に寝つくのを待ち、それから寝床に入ったものです。でも、この調子ではチャールズの話を横どりしてしまいそう。というわけで、改めまして、執事の世界の王子様をご紹介します。

ブーツボーイの話

一八九五年に、八人きょうだいの第四子としてグロスターシャーのビズリーで生まれた。生家のコテージは〝憩いの場《ザ・ネスト》〟と呼ばれ、家の前の通りは〝後ろ側《ザ・バックサイド》〟〔ネストには女陰、バックサイドには尻の意味もある〕。それのどこが面白いんだとおっしゃる向きにはもうひとつ。第一次世界大戦中、塹壕のなかで隣にいた男は学校教師の息子で名前がケイン、ラッシャムズという丘のふもとに住んでいた。この男の家は、人呼んで〝ラッシャムズ・ボトム〟〔いずれもスペルは違うが、ケインはかつて学校で使われた体罰用の〝鞭〟、ラッシャムズは〝やつらを鞭打て〟、ラッシャムズ・ボトムは〝やつらの尻を打ちすえろ〟という意味になる〕。これが本当だと信じられるあなたは、これから語ることもすべて信じてくれるだろう。

親父は村の商店で肉屋兼パン屋として働き、収入は週一ポンド足らず。私が生まれた時点ですでに勤続三十年だったのだから、賃上げなどというものは、ごく最近まで労働者階級の人間には無縁だったことがわかる。それっぽっちの稼ぎで家族を養うのは当時でさえ楽ではなく、親父もたいていの男と同じように、少しでも余計に稼ぐためならどんな仕事もいとわず、その結果、朝から晩まで働きづめに働くはめになっていた。パン作りは朝の五時に始まったからだ。

親父が使っていたオーブンは、食パンや丸パン、ケーキを焼くのが最大の役目ながら、村の女たちの料理の手段としても活躍していた。ストーブのない家も多く、あっても骨つきの肉やパイ、ケーキを入れるには小さすぎる場合も少なくない。そのため日曜日になると、一ペニーか二ペンスの料金を払って〝うちの父ちゃん〟のためのご馳走《ちそう》に火を通そうと、料理を抱えた女たちがぞろぞろと村の通りを歩く光景が見られたものだ。パン焼き場は井戸端会議の場でもあり、「スミスんとこは今日は牛肉らしいね。いったいどこでそんな御銭《おあし》を手に入れたんだか」とか、「ジョーンズのおかみさんがゲームパイを焼いてたところを見ると、ビル・ジョーンズはまた密猟をやらかしたらしいね」などという言葉が飛び交っていた。

学校生活ではこれといった事件は起きていない。読み書きはできたし、のちにはかなり高額な金を扱い、それを帳簿につけなくてはならなかったことを思えば、なにかしら学びはしたのだろう。教会の聖歌隊員だったのは、人より歌がうまかったからではない。村の少年は五、六歳になると全員が自動的に聖歌隊に入る仕組みになっていたのだ。字が読めない者、音痴な者は歌に合わせて口だけ動かすよう指示されていたため、聖歌その他の歌が終わるときには滑稽な光景が見られた。歌詞はもう終わっているのに、まだ口をぱくぱくさせている連中がいるのだ。まるで巣のなかで餌を与えられるのを待つ雛のように。

学校に通ったのは十歳か十一歳くらいまで。本当はもっと通わなくてはならなかったはずだが、だれも気づいていないか、気づいていても気にしなかったらしい。当時の人々は、余計なお節介をすべきでない場合もあることを心得ていたのだ。私は親父といっしょにパン焼き場で働きはじめた。仕事の内容は、地元の農場や辺鄙な地域にパンや食料品を届けてまわること。荷馬車を使ったとはいえ、実際には徒歩でしかたどりつけない配達先がいくつもあったため、これはかなり骨が折れた。一九一〇年までこの仕事を続け、そのころにはあたり一帯の地理、住民男女のしていることや行動様式、動物や鳥の生態がそっくり頭に入っていた。荷馬車を御すこと、裸馬に乗ることができ、いざとなればパンを作ることも豚をほふって塩漬けにすることもできる。外の世界についての知識と経験はそれがほぼすべてで、雇い主にとっての私の値打ちは、いまだに週五シリングのままだった。

母方のおばの連れ合いはブリストルの御者で、身なりが立派でさっそうとしている御者は、当時は特別な存在と見なされていた。ある日、昔から気の合う相手だったこのおじが言った。「ブリストルで働いてみる気はないか？」それは私の以前からの夢だった。ブリストルにはすでに一、二度行ったことがある。波止場をうろついて、広い世界への入り口のように思える、大きく活気に満ちた船と港に驚きの目をみはったものだ。それを話すと、おじはちょっと疑わしげな顔をした。「うーん。クリフトン校のブーツボーイになっても、その夢が叶ったことになるかどうか。でも、その気があるなら世話するよ」

私はその申し出を受けた。そうすれば、少なくともいまとは違う世界を垣間見ることができる。たとえそれが、朝っぱらから鼻の曲がりそうなにおいを嗅がなくてはならない世界であっても。どうやら靴磨きは手ほどきなしでできる仕事だと考えられていたらしく、さっそくブーツ部屋に連れていかれて手入れに使う道具類と五十足のブーツを見せられ、仕事にかかるよう言われた。問題は、ブーツがどれも学校指定の同じ形なのに加えて、サイズも同じものが多いことで、そのため生徒たちはすんなり自分の靴を見つけられない。口論が始まり、それが喧嘩に発展して、せっかく手入れした靴も、ぶったり投げたりの武器としていささか手荒く扱われるはめになる。私が暴力をふるわれずにすんだのは、喧嘩の原因を作った張本人だったことを思えば、驚くべきことだった。たぶんいったん喧嘩が始まると、原因など忘れてしまったのだろう。

“薔薇に囲まれた一本の刺”ブーツボーイ時代のチャールズ・ディーン。職場はブリストルにあるクリプトン校の寮、オールデンハウス。

仕事のこつは一日かそこらでのみこんだ。生徒たちは上流のお坊ちゃまばかりながら、ごく気さくに接してくれた。つまり、仲間内で使っている類いのひどいあだ名で呼び、顔を合わせるたびに罵詈雑言を投げつけてきたということだ。朝一番の仕事をするのは六時半。この仕事はたぶん、私をブリストル一の嫌われ者にしていたのではないかと思う。ハンドベルを鳴らして生徒たちを起こすのだが、共同寝室のカーテンを開けてまわると、どぎつい悪態を浴びせられる。その手の表現は農家の庭でさんざん耳にしていたとはいえ、ここの生徒たちのは牛乳が腐ること確実なものすごさだった。食事のときに厨房から食堂に料理を運ぶのも私の役目で、それ以外の時間には、ほかの使用人がしたがらない仕事がすべてこちらにまわってくる。クリフトン校には二年いた。出世の見込みがある仕事ではなかったから積極性に欠けると言われてもしかたがないが、私はブリストルでの生活が気に入り、新しく手にした自由を満喫していた。

一九一三年にそろそろ環境を変えたくなり、ウェストン・スーパー・メアの仕立て屋の家の雑役夫になった。雇い主は商売人や中流階級の人間が出無精と呼ぶタイプで、料理人とハウスメイドをひとりずつ雇っており、ここでの日々は快適で気楽なものだった。

そして開戦。

宣戦布告から一週間ほどして、物欲しげな目で女の子たちを眺めながら海岸沿いの遊歩道を歩いていると、募兵係の下士官が即席の演台の上に立ち、ばかでかい声で「祖国はきみを必要としている」と叫んでいるのが目に入った。両側にふるいつきたくなるほどいかした女の子がひとりずつ立っていて、よせばいいのに、つい立ちどまって見とれてしまった。ふと気づくと、募兵係がこちらを見ている。「健康で丈夫そうな若者じゃないか」募兵係は言った。「そして、その目つきから判断して、どうやら女好きらしい。では、このお嬢さんたちの代理として取引を提案しよう。きみが募兵に応じれば、この二人に一回ずつキスしてもらえる。さあ、どうだ？」

いったいどうすることができただろう。ここで逃げだせば、募兵係と周囲のやじ馬連中に嘲られるのは目に見えている。そんなしだいで、われに返ってみれば、署名欄にサインして、入隊を承知したことを示す銀貨を受けとり、音高いキスの二連発に顔をほてらせて歩み去ろうとしていた。

一週間後、私は騎兵連隊である北サマセット義勇騎兵団の一員として、バース競馬場で訓練を受けながら、自分の間抜けぶりを呪っていた。それでもたいていの新兵と比べれば、私はまだ幸運だった。乗馬の腕は悪くなく、馬の世話の仕方も知っていたため、教官役の下士官たちにあまり罵倒されずにすんだからだ。所属する分隊が突撃命令を受けたときの光景は、一八〇九年にイギリス軍が追撃のフランス軍を激戦の末に破ったコランナでの軽騎兵部隊の突撃を思わせた。右でも左でも、男たちが次々に落馬していく。スペインの戦場との違いは、行く手にいっせいに火を吹き轟音をとどろかせる銃が待ち受けていないことだけ。足を引きずって戻ってきた負傷者のひとりに、特務曹長が声をかけた。「おい、そこの！　貴様、娑婆では何をしていた？」

「路面電車の運転手であります、曹長どの」

「今度は手綱のかわりに馬の首にハンドルをつけてこい。そうすりゃ少しは言うことを聞いてくれるかもしれんぞ！」

一九一五年の二月には、私はフランスにいた。配属されたのはルーアンの新馬供給拠点。カナダ人のあこぎな博労《ばくろう》が送りつけてきた野生馬の群れを調教しなくてはならず、成功するまでの苦労が大きかっただけに、いきなり戦場に出るよりは、実戦の怖さをあまり感じずにすんだ気がする。

ソンム川をさかのぼり、一九一五年四月十二日の夜にベルギー西部の激戦地イープルを通過。町の全域が炎上していたことを覚えている。五月十三日に戦闘を開始し、六時間半後には連隊の半数が戦死していた。

やがて部隊は退却して再編成され、私が所属する中隊はアナン氏というアイルランド出身の士官の指揮下に入った。アナン氏は私を呼んで言った。「きみは家事使用人だったそうだな、ディーン。私の従卒になってもらいたい」従卒になれば食事と寝床の質が上がることはわかっている。私は二つ返事で承知した。

割り当てられた宿舎は村の主任司祭の家で、アナン氏はカトリック教徒だったため、家主との関係は良好だった。私はせいぜい役に立つよう努め、フランス語を少しばかり覚え、有力者である司祭のおかげで、われわれはじきにご馳走に不自由しない身分になっていた。残念なのは、アナン氏がある晩、大隊を指揮する少佐と同僚の士官何人かを夕食に招待したことだ。せっかくの親切がやっかみを買う結果になり、少佐はアナン氏の宿舎を横どりして従卒の私も手に入れようと決めた。だが少佐は、名門の出であるわが上官の存在を考慮に入れていなかった。このとき知ったのだが、軍隊内の序列は、社会的地位の前では無意味らしい。アナン氏が手をまわした結果、われわれ二人は第一近衛竜騎兵連隊に転属することになった。おまけに少佐はアナン氏の宿舎も手に入れ損ねた。司祭が少佐もほかの士官も受けいれようとしなかったからだ。転属先の連隊で、アナン氏は宿舎割り当て将校に任命された。当然ながら、これはアナン氏にとって不都合なはずがなく、ときたま塹壕内の任務についたのを除けば、私も楽をさせてもらった。

休戦後にドイツに移動し、農場内のコテージに滞在。五年ぶりにベッドで眠った。アナン氏は娑婆に戻りたくてうずうずしており、私も同じ気持ちだと知っていたため、二人同時に一九一九年二月に除隊できるよう取り計らってくれた。そんなしだいで、戦争は私の将来にとって決して無駄な時間ではなかった。上流の紳士と知りあって身のまわりの世話をし、大陸風の料理を少々と、片言のフランス語とドイツ語を学んだのだから。

故郷ビズリーに戻ってじきに、家事使用人の仕事に復帰しようと決めた。下男として採用された先は、わが家からほど近いリピアット・パーク。ウッドコック判事夫妻の居館で、使用人が各部門に二人しかいない小さな屋敷ながら、一六〇五年にカトリック教徒が国王ジェイムズ一世の暗殺を謀った火薬陰謀事件が計画された場所として、近所では有名だった。どんなに歴史にうとい住民でも、それだけは知っていたに違いない。その証拠に、奉公先の屋敷の名を口にすると決まって、「ああ、ガイ・フォークスの一件が始まった屋敷だな」という言葉が返ってきたものだ。まるで自分もあの陰謀に加わっていたかのような秘密めかした口調で。

ウッドコック家で働いていた時期に、自分自身の不可解な一面を発見した。勤めはじめたときの執事はボイド氏といい、執事としては完璧ながら、どこまでもいやなやつだった。私をとことんこき使い、やることなすことすべてにけちをつける。私へのそんな仕打ちには、ハウスキーパーでさえ呆れはてていた。

「よく辛抱できるわね、チャールズ」と、よく言われたものだ。それでも私は辛抱し、ボイド氏から多くを学んだ。そしてボイド氏が病気で辞めると、いくつか安堵のため息をつき、よりよい未来を期待した。後任の執事は、ボイド氏とは正反対だった。だらしのない怠け者で、細かいことは気にしない。楽をできるようになったはずなのに、この執事とその態度は、ボイド氏よりさらに気に食わなかった。どんな執事がいいのか、自分でもわかっていなかった気がする。数年後、私はエドウィン・リーという執事のなかについに求めるものを見いだすが、それはまだ先の話だ。

屋敷内での自分の立場に満足できなくなり、よそに移ることを考えはじめたとき、ひとつの求人広告が目に入った。ボーフォート公爵の本邸バドミントン・ハウスで第二下男を求めているという。バドミントン・ハウスは当時もいまも、イギリス国内のカントリー・ハウスのなかでは最大の狩猟の拠点だ。執事のベヴァン氏との面接は、スウィンドンで行なわれた。もしもバドミントンで面接を受け、屋敷の現状を目にしていたら、おそらくこの話はなかったことにしていただろう。屋敷はかなりひどいありさまだったからだ。戦争のせいで荒れるがままになっていた屋敷を、かつての輝かしい秩序ある状態に戻す手伝いをするのが私の仕事らしく、それはかなりの重労働を意味していた。雇い主は、とかく物事がごく短時間で自分たちが正常と見なす状態に復帰することを期待しがちで、他のすべての業界同様、お屋敷奉公の世界でも、いいチームを作りあげるのは容易でないことを理解できないらしい。使用人の意識も戦前とは変わっていた。あたりに漂う社会主義のにおいのせいもあって、われわれのほとんどは、上流階級の面々が是が非でもすべてを以前と同じ状態に戻そうと決意していることにすぐには気づかなかったし、失業率の高さを思えば雇い主の意向に従うしかないと理解するのにも、かなり時間がかかったのだ。

バドミントン・ハウスは狐狩りその他の狩猟の舞台に打ってつけだった。十七世紀からボーフォート公爵の居館として使われてきたパラーディオ様式の大邸宅で、一七四〇年に建築家のウィリアム・ケントによって増改築されている。このときケントが設計した庭園は、のちに有名な造園家ケイパビリティ・ブラウンの手で拡張された。国際的な馬術競技会の会場としても有名だが、開戦以来、開催は見合わせられていた。狐狩り用の猟犬の犬舎はなおも運営が続けられていて、雄と雌の二つの群れがあり、ときには両者の混合チームを作ることもあったらしい。馬が六十頭ほどいる厩舎と種畜牧場もあった。とにかく馬、馬、馬という感じで、そのため各部門に六人ずついる屋内スタッフのほかに、猟犬頭と第一、第二の猟犬頭補佐、それに六人から八人の猟犬係がいて、厩舎で馬の世話をする馬丁も兼ねていた。領内で働く者と、老公爵の持つ農地で働く者はすべて、当時はバドミントン村でくらしていた。

狩猟シーズン中は狐狩りが週に五日催され、それ以外の日は兎狩りや鳥撃ちがある。屋敷はずっと宿泊客で満杯で、スタッフもそれに対処できるだけの人数が揃っていた。屋敷の長はもちろんボーフォート公爵夫妻で、ひとり息子はウースター侯爵、二人の令嬢はレディ・ブランシュ・サマセットとレディ・ダイアナ・サマセット。こんなふうにひとつの家族のなかに違う名前が混在しているのは、貴族の家ではよくあることだ。私はある意味ではレディ・ダイアナのお付きメイドのようなものだった。レディ・ダイアナの狩猟服一式の手入れは私の役目で、この令嬢はかなりの時間を狩猟服姿で過ごしていたからだ。着つけの手伝いはもちろんしなかったが、泥はねだらけになって帰宅したお嬢様がブーツを脱ぐのを手伝うはめになったことは何度もある。

狩猟服の手入れは労多くして功少ない仕事だ。身につける時点では染みひとつあってはならず、狩りに出発するときは、だれもが威風堂々と馬にまたがって、まるで最新ファッションのイラストから抜けでたように見える。われわれ使用人はそんな騎手たちに誇らしげな笑みを向けることを期待されているが、やがて戻ってくるときにはだれもが汚れてよれよれになっており、服やブーツをきれいにするには何時間もの作業が必要なことを、こちらはいやと言うほど知っているのだ。とりわけ気の毒に思えたのが、公爵夫人を担当していた第一下男だった。奥方はもういい年で、狩猟に出かけても一時間かそこらで戻ってきてしまう。そんなにすぐ戻ってくるのでは、わざわざ手入れする甲斐がないように思えた。とはいえ、公爵夫人は勇ましいご婦人だった。玄関のドアを開けると、雨でずぶ濡れになった公爵夫人が、池にでも落ちたような姿で立っていたことが何度もある。「いますぐお茶を持ってきてちょうだい、チャールズ。いいえ、わたしは濡れてなどいませんよ。ちっとも濡れてなどいませんとも」

そして奥方は、ぶつぶつ独り言を言いながら濡れた足跡と水たまりを残して歩み去っていく。

ご注文の品を伝えるために食料品貯蔵室に行くたびに、私はそこのメイドに言ったものだ。「居間まですっと、おもらしの跡が残ってたよ」

公爵閣下は心身ともに大変なお人だった。体重は二四ストーン〔一五〇キロ強〕。もちろん馬を駆っての狐狩りはすでにやめていたが、古いフォードのオープンカー、通称ティン・リジーで狩猟隊のあとを追っていた。車の座席はとりはずされていて、ウィンザー・チェアにすわった公爵を下男が数人がかりで運んできたら、みんなで椅子ごとよっこらしょと後部に乗せ、紐で固定すればいい。そして公爵は出発する。運転手に向かって大声で悪態をつき、いまなお狩猟に参加しているかのように雄叫《おたけ》びをあげながら。ときには狩りに参加しない客人たちが、何も知らずに公爵の誘いに乗り、ロールスロイスやダイムラーであとに続くこともあった。

さて、旧式のフォードは車高が高く、運転手は田舎のでこぼこ道に慣れている。そこで公爵を乗せた車はでこぼこした農道を猛スピードで走り抜け、耕された畑ものともせずに突き進んで、あとに続いた客人たちを破滅の道に誘いこむ。やがて客人たちが車ごと立ち往生してしまうと、公爵は嘲ったり大声で助言を与えたりしながら、大きな黒い鴉のようにフォードでその周囲を走りまわるのだ。ときには公爵自身が自業自得で痛い目に遭い、椅子から転げ落ちて車の床に這いつくばり、自分自身の愚行を棚に上げて運転手をののしりながら帰宅することもあった。

公爵はたいそう気の毒な症状に悩まされていた。大小便の失禁だ。もちろん、いつでも用を足せるような状況なら、さほど問題はなかっただろう。しかし、いったん車に固定されてしまえばおりることはできず、狩りの一日を終えて戻ってきた公爵を上階に運びあげるのは、われわれ男の使用人にとって気持ちのいい仕事ではなかった。椅子の座面の下の溝に二本の棒を通し、四人がかりで持ちあげる。私はいつも後ろ側で、異臭の直撃を受けていたが、公爵の従僕よりはましだと考えて自分を慰めていた。従僕は公爵を風呂に入れなくてはならないのだ。公爵閣下を浴槽に入れたり出したりするのには、滑車装置が必要だったという。

バドミントンの常連客のなかにエドワード皇太子がいた。たいていはお忍びだったとはいえ、殿下はだれにとっても少しばかり迷惑な存在だった。乗馬が下手で、乗っているときより落ちているときのほうが多く、それが第一王位継承権者となれば、万一のことがあってはとだれもが気が気でない。もちろん若き皇太子ご本人だけは例外で、平気で危険なまねをなさる。おかげで主催者側は、狩りの参加者二人にひそかに依頼して皇太子の身の安全に気を配ってもらい、地元の医者たちに警戒態勢をとらせ、さらに報道関係者にも対処しなくてはならなかった。訪問は秘密にされているのに、記者連中はネタのにおいを嗅ぎとれるらしく、つねに最悪の事態に備えて待機していたのだ。議会と新聞各紙はのちに、たかだか鎖骨骨折を理由に、皇太子に狐狩りをやめさせようとしている。

サーヴァンツ・ホールでの規律は厳しく、しごく旧式だった。上級使用人が列を作って入ってくる少なくとも五分前に、全員が食卓のまわりの定位置に立っていなくてはならず、行列が近づいてきたら、すばやく気をつけの姿勢をとる。肉料理を食べおわると、普通は二組に分かれるところを、この屋敷では三組に分かれる。執事、ハウスキーパー、従僕、お付きメイドたちがパグス・パーラーに移動するだけでなく、ハウスメイドたちも自分たちの居間に移るのだ。料理は完全な沈黙のなかで、給仕され食される。この窮屈さについては、お供でやってきた他家の使用人の多くがひとこと言わずにいられなかったようだ。「うちではやってほしくないな」というのが彼らの見解だった。

執事は運転手に対しては当たりがきついものと相場が決まっていた。とりわけバドミントン・ハウスの執事は、狂信的と言いたいほどに運転手に敵意を持っていた。馬が収入源になっていたため、自動車はわれわれの生活様式をおびやかすものと見なされ、運転手は疫病神扱いされていたのだ。

バドミントンで副執事を務めていたジミー・ウィードンは、私の家事使用人としての人生を彩る偉大な人物のひとりだ。仕事の範囲ははっきりせず、ありとあらゆる仕事を少しずつしていた気がする。その理由はたぶん、ジミーがかれこれ四十年ほど前、電報係のボーイとして雇われたことにある。むろん当時は電話はなく、ジミーはモールス信号で電報を送受信するためにロンドンから派遣されてきたのだ。電話の設置によって仕事を失っても屋敷を離れたがらず、どんな仕事でもする下働きとしてとどまることを許された。いわばランプボーイと雑用係と家令室づきボーイと下男と執事をいっしょくたにしたような存在で、その地位はともかく、自分の仕事にはかなり誇りを持っていた。私が勤めはじめた時点ですでにほとんどの視力を失っていたものの、超人的な位置感覚と触覚の持ち主で、大きな盆をぴたりと腹に押し当てて厨房から食堂へ料理を運んでいく光景には、何度見ても驚かされた。厨房を出て一定の歩調で階段に向かい、八段上がったら右に曲がり、四段下がって緑色のラシャの仕切りまで進む。仕切りを押し開けて使用人の領域から出たら、料理が冷めないよう、猛スピードで八角形の広大なホールを横切って給仕室へ。ある日、親切のつもりで仕切りを開けてやったところ、ジミーは自分の現在位置を見失ってしまった。「この馬鹿が。なんだって余計なまねをした？　おかげでどこにいるのかわからなくなったぞ。さっさと食堂まで案内しないか」

言われたとおりに食堂まで案内するあいだも、ジミーはずっと悪態をつきどおしだった。もうひとつ、いつ見てもほれぼれしたのは、ジミーが晩餐のために食卓を整えるときに見せる芸当だ。テーブルの側面に沿ってじりじりと進んでいき、ほぼ真ん中あたりに達したところで首を左右にふる。サイドボードの上の鏡に映った自分の姿を頼りに、どこが中心かをほとんど誤差なく割りだすと、そこを出発点にして、すべての銀器を寸分の狂いもなく並べてのけるのだ。給仕を務めるときは、ジミーはいつも野菜を担当した。野菜なら、まだ肉料理の給仕がすんでいない客に配っても問題はないからだ。

ジミーからは銀器の手入れについて多くを教わった。ジミーにとって銀器洗いはひとつの儀式だった。作業には鉛張りの流しを二つ使う。一方の流しには軟石鹼と水を入れ、十分に泡が立つまでかきまぜる。この石鹼水は朝のうちに一日分を作っておき、足りなくなれば補充した。もう一方の流しはすすぎに使う。蛇口から出る湯で軽くすすいだ銀器を石鹼水を満たした流しに移して洗い、またすすぎ用の流しに戻したら、今度は水ですすぐのだ。それを流しの横にある水切り板に並べるのだが、一日そのままにしておいても、銀器の表面が曇ることはない。使う前に水差し一杯分の熱湯をかけて拭きあげれば、仕上がりは完璧だった。

ジミーはランプボーイの仕事も少しだけしていた。客間のランプに油を補充するのは、ご一家と客人方が晩餐のために着替えているときとされていたにもかかわらず、ジミーはいつでも自由にその作業をすることを許されていた。というより、ジミーはいわばご一家が誇る展示品のひとつになっていたのだ。ジミーが客間に入っていき、卓上ランプを集めて衝立の後ろにひっこみ、ランプの側面を指先でたたきながら油を満たしていく。しばしば客人のひとりがあの音は何かと尋ね、公爵夫人は答える。

「ああ、あれはジミーですわ。ランプに油を入れていますの。あのとおり、ほとんど目が見えないんですけど、ランプをたたいたときの音で、入っている油の量が正確にわかりますのよ」

狩猟客の世話をしていて厄介なことのひとつは、たいていの場合、だれもがいっせいに戻ってきて、すぐさま風呂に入りたがることだ。ひとりで二人か三人の紳士のお世話を担当していると、もたもたしてはいられない。紳士方はひどく乱暴な口をきくうえ、その日の首尾が悪いと当たり散らしてくる。こちらは馬耳東風と聞き流す。家事使用人になってじきに学んだことのひとつは、からまれてもいっさい気にするなということだ。バドミントン・ハウスの入浴設備は、あの当時としても少々旧式だった。浴槽は戸棚に収納されていて、戸を開けると蝶番が動いて下におりてくる。あまり大きくないため、入浴する紳士が不注意だと大量の湯が床にこぼれ、あとで拭きとるはめになることもしょっちゅうだった。紳士方は口は悪いが金離れはよく、チップはたんまりくださった。紳士方から見れば、あれはたぶん罪滅ぼしのための献金だったのだろう。

ときには外で息抜きをすることもあり、これはとくに夏に多かった。二週間に一度ダンスがあり、足さばきに自信のある私は、ダンスとその付録を大いに楽しんだ。付録とはもちろん女の子だ。やがてバドミントン村の小柄な娘と逢い引きするようになった。約束の夜には郵便局で待ちあわせ、森に誘いこんで軽くいちゃつく。もうひとり気になる子がいて、こちらはスコットランド出身のハウスメイド。臆病な娘で、暗い酒蔵に朝食用のビールをとりに行くのをいやがっていた。

彼女いわく、「ぞっとするんだもの」

私はさっそく付き添いを買ってでた。

「いい子にしてるなら、いっしょに来てもいいけど」というのが答えだった。

いい子にしているというのはどういう意味かわからなかったが、私はある日、執事に渋い顔をされるはめになった。酒蔵から戻ってくるなり、その娘が叫んだのだ。「ひどいわ、チャールズ、あたしもうお嫁に行けない!」

バドミントン・ハウスでは男の使用人は厳重に監視され、女の使用人とはしっかり隔離されていた。われわれの部屋に入ることを許されていたのは、掃除とベッドメイクをする通いのしわくちゃ婆さんだけ。この婆さんには一度、男としての自尊心を傷つけられたことがある。その日、部屋に近づいてくる婆さんの足音に気づいて、私は声をあげた。「ちょっと待って、おばさん。いま着替えてるんだ」

婆さんはドアの外から首をつっこんで言った。「気にしなさんな、チャーリー坊や。そんなものはいやってほど見てきてるんだ。一インチ〔約二・五センチ〕ばかし余計に見たところで、どうってことないさ!」

バドミントンでの日々は楽しかったが、生涯をここで過ごして第二のジミー・ウィードンになる自分は想像できなかった。とはいえ、ロンドンに行くのは考えるだけで恐ろしい。ビズリーにいたころに一度、聖歌隊の遠足で訪れて、騒音と人の多さに圧倒されてしまっていたのだ。それでも、鉄道馬車でオックスフォード街を走り、まだちっぽけな店だったセルフリッジ百貨店を見たことは覚えている。そんな私を説得してロンドンで運試しをする気にさせたのは、近くの村で催されたダンスの集いで知りあった友人で、執事をしていたトム・ケアリーだ。トムが仕えていたストラット夫人は当時の社交界の大物で、三人の令嬢はみな良縁に恵まれ、それぞれマンスター伯爵夫人、レディ・スタヴァデール、フィップス・フォーンビー夫人になっている。ストラット夫人はまた、のちに知ったところによると、レディ・アスターの親しい友人でもあった。私は退職を願いで、あっさり認められた。いい厄介払いだと思ったわけではなく、ロンドンを見てみたいという私の希望を理解してくれたらしい。

パディントン駅に着いたときの私は、迷子の坊やそのものだった。ほかの乗客がいなくなってから赤帽に近づいて状況を説明し、今夜の寝場所を確保するにはどこに行けばいいかと尋ねた。

「どこにも行く必要はないやな」赤帽は言った。「駅の隣に救世軍がやってる宿泊所がある」

そんなしだいで、いまを去ること五十五年前、私がロンドンで過ごしたはじめての夜の宿賃は一シリングだった。

翌日には職業紹介所〈キャンベル&ハーン〉を探し当てた。副執事の求人は二つあり、求人者はアスター卿夫妻とフェアラムのリー卿夫妻。セントジェイムズ・スクエアはすぐそこだったので、最初にそちらを当たってみることにした。

正面の階段を上がり、玄関の呼び鈴を鳴らす。応対に出たのは、お仕着せ姿のたいそう洗練された若い下男だった。私は執事のリー氏に会いたいと言った。

「副執事の求人の件でお見えになった方とお見受けしますが」相手は愛想よく言った。

「はい」私は答えた。

「でしたら広場から階段をおりたところにある地下勝手口にまわって、そちらの呼び鈴を鳴らしてください。正面玄関はアスター卿ご夫妻とお客様方専用になっておりますので」

ちょっぴり勇気がしぼむのを感じながら、言われたとおりにした。驚いたことに、ドアを開けたのはさっきと同じ男で、満面に笑みを浮かべている。

「ずっとこういう機会が来るのを待ってたんだ」そいつは言った。「おれもはじめてここに来たとき同じことをして、ああいう具合にとっちめられたもんでね」

あとでわかったことだが、これがのちに生涯の友になるゴードン・グリメットだった〔グリメットの回想では別の屋敷でのエピソード。著者または語り手の記憶違いか〕。

リー氏との面接はうまい具合に進んだ。二人とも田舎育ちなのがよかったのだと思う。やがてリー氏は採用を告げた。

「いつから働ける?」

「お望みならいまからでも。ただ、着るものがありません」

「それはこちらで用意できる」リー氏は言った。「では、さっそく始めてもらいたい。明日の晩は、王族方ご臨席の晩餐会に続いて、出席者千人のレセプションが催される。銀器の状態がいまひとつだが、きみなら明晩の催しに間に合うように必要な分の手入れをすませてくれるだろう」

十五分後、私は配膳室でせっせと銀器を洗って磨きながら、いったいなぜあのいまいましい呼び鈴を鳴らしてしまったのだろうと考えていた。

晩餐会は何から何までびっくりするほど順調に運んだ。ゴードンがウィル・ソーンの服装についてあの有名な発言をしたのは、この夜のことだ。そのせいで馘になるのではないかと思ったことを覚えている。その翌週、月刊誌『タトラー』に〝ウィル・ソーン氏が考える晩餐会にふさわしい服装――セントジェイムズ・スクエア四番地の使用人一同は、はたしてあの衝撃から立ち直ったか〟という記事が出たからなおさらだ。

リー氏の手腕には感服させられた。つねに必要なときに必要な場所にいて、問題の芽を端から摘みとっているように見える。そして鷹のように目ざとい。私といっしょに働いていた臨時雇いの給仕が、桃に食欲をそそられたらしく、デザートを給仕してまわったあとで、ひとつくすねて燕尾服のポケットにすべりこませた。リー氏はすぐさまそれに気づき、さっさと追いだしてしまった。パーティーが終わって片づけがすむと、リー氏は査問会のようなものを開き、その夜のわれわれの仕事ぶりを褒めたうえで二、三の反省点を指摘した。ついでシャンパンを一本開け、全員に一杯ずつふるまってから寝床に追いやった。ようやく横になったときには、午前三時になっていた。

新しい職場に慣れ、ほかの使用人と親しくなると、レディ・アスターについてのおなじみの話を聞かされ、ほどなく〝レディ・アスターを満足させれば、みんなが満足〟という言葉が的を射ていることを知った。レディ・アスターとの関係に関しては、副執事の私は幸運だった。ひとりで働いていることが多く、あまり接点がなかったのだ。おもな仕事が銀器の管理と手入れだけに、ほぼ一日じゅう安全地帯である配膳室にいて、玄関に応対に出ることも、昼食会や晩餐会で給仕を務めることも、たまにしかない。銀器の状態についてのリー氏の言葉はかなり控えめなものだと判明したうえ、アスター家所蔵の銀器は、イギリスでも指折りの立派なコレクションだったため、すべてをあるべき状態に戻すにはかなりの時間がかかった。このときは、盲目のジミー・ウィーデンとともに働いたバドミントン・ハウスでの日々にこのときほど感謝したことはない。

本当の意味でレディ・アスターと会ったのは数週間が過ぎてからで、私はすでに新しい職場になじむいっぽうで、奥様の辛辣な言葉には心を乱されなくてすんでいた。リー氏は私の仕事ぶりに満足してくれていた。実際、ようやく作業を終えて銀器室を点検してもらうと、リー氏は満足の意を表し、最後に「これは奥様にも見に来ていただこう」とつけ加え、それを実行した。

やがて姿を現わしたレディ・アスターは、小さな女の子のように手をたたき、ぴょんぴょん飛びはねた。「まるでアラジンの洞窟みたいね。そう思わない、リー？」と叫ぶ。

このとき胸のなかで、〝これでひと安心だな、チャーリー坊や〟とつぶやいたという事実は、私がまだレディ・アスターをよく知らなかったことを物語っている。それから何週間かして、使用人のためのダンスの催しがあった。当然ながら、最初の一時間はアスター卿ご夫妻も参加される。そういう場でのエチケットに詳しくない私は、奥様にダンスを申しこむのは作法に適ったことだろうかとリー氏に尋ねた。

「奥様はそれを期待されているはずだよ、チャールズ」という答えに、私はその機会が来るのを待った。レディ・アスターをリードして室内を二回りしたところで、奥様が足を止め、ぐいと腕を伸ばして私を遠ざけた。〝あれ、何かまずいことをしたかな〟と思ったとき、奥様はにっこり笑いかけてきた。「ダンスの半分でも仕事の腕前がよければ、すばらしい副執事になれるのにね、ディーン」それだけ言うと、またひょいと私を引き寄せて踊りを再開する。レディ・アスターはそういう方だった。使用人がどんなにいい仕事をしようと、自分がそう思っていることを当の使用人に悟らせようとはしないのだ。

副執事として、私はいまやサーヴァンツ・ホールでそれなりの責任を負っていた。上級使用人がパグス・パーラーに移動したあとは、その場を仕切ることになる。さらに、肉の切り分け方も覚えなくてはならない。これに関しては、私は才能に恵まれていたらしい。厨房スタッフも私の腕前を評価してくれ、シェフはわざわざリー氏を厨房に呼んで、われわれの食卓から下げられてきた骨つき肉を見せている。

「私の肉はこういう具合に扱ってもらいたいね」とシェフは言ったそうだ。

レディ・アスターのもとにいたのは三年間。さまざまな経験を積んだ三年間で、上司であるリー氏がいかに偉大な人物かに気づくのに時間はかからなかった。それまでの私は、ただ流れに身を任せることに満足し、先のことは考えず、その日その日を生きていた。リー氏の存在は、人生はただ惰性で生きるだけのものではないことを教えてくれた。野心が芽生え、仕事にも観察にも以前より熱が入るようになった。盛大なパーティーの数々が練習の場を与えてくれ、目の前にはリー氏というお手本もある。私は自分から昇格を求めようとはせず、じっと機会が来るのを待った。そしてその機会は、アスター一族の別の女性の姿をとって訪れた。

きっかけは、オボレンスキー公爵夫妻が短期滞在の予定でクリヴデンに到着したことだ。公爵夫人は結婚前はアリス・アスターといい、奥様の義理のいとこで、タイタニック号とともに海に沈んだアスター大佐の令嬢に当たる。その奥方のお付きメイドのイザベラ・ボヤック（それにしても、こんなご大層な名前の持ち主が、なぜもっと簡単な名前を使うよう命じられずにすんだのか、理解に苦しむ）が雑談のさなかに言うのには、

「公爵が執事兼従僕をお探しなの。だれかいい人を知らない？」

「ぼくじゃだめかい？」私は答えた。

イザベラは公爵夫人に話してみると応じた。

「秘密厳守で頼むよ。でないと大騒ぎになる」私は言い含めた。滞在客に使用人を〝盗まれ〟て喜ぶ人間はいない。ましてや犯人が身内の場合、ほとんど近親相姦のように見なされる。いずれは越えなくてはならない関門だとしても、まだ脈があるかどうかもわからない時点でそこにぶつかるのは避けたかった。水面下でひそかに交渉が進められ、ついに先方が採用したいと言ってきた。私はリー氏に会いに行って助言を求めた。

「何を血迷ったことを。公爵は一文なしだぞ」というのがリー氏の言葉だった。

さて、リー氏の判断力を私以上に高く評価している者はいなかったと思う。だがこの件に関しては、リー氏が判断を誤っていることは明らかだった。公爵は文なしかもしれないが、奥方は違う。アリス・アスターがめったにないほど裕福な女相続人で、成人すると同時に数百万ドルの遺産を相続したことは周知の事実だった。しかも私の経験から言って、アスター家では使用人関係は女性の管轄だ。それに、たとえ失敗しても失うものはほとんどない。私くらいの経験があれば、すぐに別の働き口が見つかるはずだ。そう説明しても、リー氏はまだ納得しなかった。「奥様にはだれが話すのかね？」

自分で話すと答えると、リー氏はいくぶん態度をやわらげた。さっそく面会の段どりをつけてもらい、不安におののきながら雌獅子の住処《すみか》に足を踏みいれる。レディ・アスターは私の言葉をひとまずおだやかに受けとめてから尋ねた。

「執事の口に空きがあることは、どうやって知ったの？」

さあ、ここでうかつなことを言うわけにはいかない。レディ・アスターは嘘つきが大嫌いなのだ。そこで私は、ロンドンには使用人の地下情報網のようなものがあり、仕事の空きがあればそこから情報が入ってくるのだと答えた。奥様はそれで納得したらしい。

「だけど、どうしてわたしのところを辞めたくなったの、チャールズ？」

これまた危なっかしい質問だった。奥様は巧妙にも、私の決断の理由がご自分にあるかのような言い方をしている。使用人は給料の額など気にするべきではないとされていたから、その話題も避けたほうがいい。

「もっと上をめざすためと、旅行がしたいからでございます」

「あら、旅行がしたいなら任せてちょうだい。快適な配膳室にいながらにして世界じゅうを見てまわれるように、必要な映画フィルムを全部借りてあげるわ」

これには返す言葉がなく、私はただ間の抜けたにやにや笑いを浮かべてその場に立っていた。

「辞められると寂しくなるわ、チャールズ」

そう言わせてしまえば、もうこっちのものだ。「ですが、縁もゆかりもないお宅に移るわけではございませんから」

レディ・アスターはしばらく考えてから言った。「それでよしとするしかなさそうね。うちに来てどれくらいになるかしら？」

四年近くになると答えた。

「だったらお餞別をあげないとね。お金ではなく金のカフスボタンにして、頭文字を入れるわ。あなたの名前を先にして、C・DへN・Aより、とね」四週間後に暇乞いに行くと、奥様はカフスボタンを渡してくれた。

部屋を出て、かつて心のなかで投げつけた悪口雑言のいくつかを思い浮かべると、なんだか卑劣漢になった気がした。決して奥様が嫌いだったわけではない。ただ、あの方はときとして、その好意にとことんつけこむようなまねをなさるのだ。寂しくなるだろうと思ったが、心配は無用だった。レディ・アスターとはその後、私がお屋敷奉公の世界から引退するまでに、たっぷり顔を合わせることになる。

公爵夫人はレディ・アスターとはまったく違っていた。まだ若く、やっと二十二歳くらい。ご夫君のオボレンスキー公爵ともども、いわゆる〝刹那《せつな》派〟に属していた。これは終戦後、独自のやり方で戦争を忘れようとした若者集団だ。パーティー、酒、ダンス、ナイトクラブざんまいの陽気で愉快な時代は一九二六年、つまりゼネストの年まで続いた。私はその前年の一九二五年春、公爵家に息子アイヴァンが生まれる直前にアリス・アスターの執事になっている。

勤めはじめた当初は、公爵夫人は扱いにくく、ささいなことで騒ぎたてすぎるように思えた。宵っぱりで、朝はいつも十一時まで寝ているため、家事が何もかも遅れてしまう。物音をたてられないから掃除はいっさいできず、真っ昼間になるまで家のなかを動きまわるのにも気を使わなくてはならないのでは、ハウスキーパーはたまったものではない。夜型の生活に慣れるには、かなり時間がかかった。いつしか悪夢に悩まされるようになり、何度となく仕事がらみの夢を見てうなされるうちに、辞表を出す寸前まで追いつめられた。私の様子がおかしいのに気づいたのだろう、ある日、公爵夫人が言った。

「自分がやかまし屋だってことはわかっているわ、ディーン。だけど、そんなのは適当に聞き流してくれればいいのよ」

それからは、そうさせてもらった。何を言われようが、ただ黙々と仕事を続けたのだ。

公爵夫人にはレディ・アスターと共通の欠点がひとつあった。ただし、程度はこちらのほうがひどい。時間の観念がまったくないのだ。王族方ご臨席のパーティーにさえ遅刻するほどで、そんなときは公爵を先に行かせ、お付きメイドのミス・ボヤックが夜会服と化粧道具を抱えて駆けおりてきて、目的地に向かう車のなかで着つけをする。そんな夜がいったい何度あったことか。

公爵夫人はただ軽薄なだけの女性だったわけではない。絵画、演劇、バレエなどの芸術にも関心を持ち、年代物の家具にかけてはかなりの権威だった。お母上はヴィンセント・アスターの死後に再婚し、当時はレディ・リベルズデールになっていた。イギリス貴族になったアメリカ人で、たいそう豪胆なご婦人だった。娘の結婚には反対したものの、のちに認めている。

オボレンスキー公爵は好感の持てる人物で、気持ちよく仕えることができた。ロシア貴族とイギリス紳士がほどよく混ざりあった感じで、革命で財産は失ったものの、高い教養と躾のよさに加えて、恵まれた容姿と愛嬌が世渡りの役に立っていた。アリス・アスターとは財産目当てで結婚したのではないかと疑われ、非難もされているが、それがごく普通の慣行になっている世界の人々と交際していたことを思えば、ある種の問題について感情よりも理性を優先したからといって、責めるのは酷だろう。アリス・アスターにとっても、これはとてもいい買い物だったはずだ。公爵はありとあらゆる形で妻への愛情を示し、だいたいにおいて陽気で愉快だったのだから。ときたま強度の鬱状態に陥ったのは、おそらくロシアの血のなせる業だろう。公爵は迷信深く、アリス・アスターがツタンカーメンの墓に最初に足を踏みいれたグループの一員だったことを気に病み、ときとして妻にファラオの呪いがかかっているのではないかと疑っていたようだ。

公爵夫妻の住まいはハノーヴァー・ロッジ。リージェント公園内の大きなカントリー・ハウスだ。ここでのお楽しみのお膳立てをするのが私の役目だった。手頃な大きさの、パーティー会場としては理想的な場所で、見事な庭園が運河のほとりまで広がっている。前の持ち主はビーティー提督で、屋敷の売却をめぐっては、ちょっとした行き違いがあったらしい。提督と提督夫人はどちらも相手が屋敷を手放したがっていると思い、屋敷は売りに出された。売買成立後に、実は二人とも手放したくないと思っていたと判明し、割増金をどっさり上乗せして買い戻そうとしたものの、失敗したという。

リージェント運河はちょっとした頭痛の種だった。ある日、公爵夫人の寝室に呼びつけられた。

「ねえ、ディーン。眠れないのよ。さっきから庭のはずれで銃声がしているの。警察を呼ぶべきだと思うわ」

「いいえ、奥様」私は説明した。「あれは、はしけの船頭たちが馬に向かって鞭を鳴らしている音でございます」

「なんだ、そうだったの。だったら船頭たちのところに行って、やめるように言ってちょうだい」私は返事をうやむやにしたまま、そっと引きさがった。

スタッフの規模は中程度だった。私の下に下男が二人、ハウスキーパーの下にハウスメイドが二人、シェフのワシリー・ユルチェンコ（公爵を慕ってロシアから亡命してきた男で、同時代のシェフのなかでは指折りの厨房の芸術家だった）の下に厨房メイドが二人。公爵夫人のお付きメイドのミス・ボヤック、乳母のミス・スピラー、運転手のギルバート、雑用係。ほかに庭師が三、四人いた。

さて、ワシリーは料理の腕は最高ながら、いっしょに働きやすい相手ではなく、むら気なうえに癇癪持ちだった。シェフは感情の起伏が激しいのが相場とはいえ、ワシリーはときとして狂人同然のふるまいをする。私は長年のあいだに慣れてしまったが、ほかのスタッフはそうはいかず、あるとき雑用係がワシリーのせいで辞めてしまった。やがて見つけた有望な後任候補は、採用された場合、飼っているオウムといっしょに住みこむことになるという。こんな状況ははじめてで、オウムの面接もするべきだろうかと考えたあげく、やめておくことにした。いくつか当たり障りのない質問をしてから、奥様に話してみなくてはならないと告げる。公爵夫人には異論はなかった。「きっと子供たちが喜ぶわ」（そのころには娘もひとり生まれていた）

部屋を出ようとしたとき、質問された。「そのオウムは言葉を話すの、ディーン？」

話すのがとても上手だそうだと答える。

「あら、そう」

何を考えているかは見当がついた。

「飼い主によりますと、どこでどなたにお見せしても、まったく問題はないはずだとのことでございます」

公爵夫人はそれで納得した。ジョンは――というのがその雑用係の名前だった――オウムを入れた鳥籠を地下の石炭置き場に置いておいた。厨房のぬくもりであたたまっているから、鳥のねぐらにはぴったりだ。お子様方はこのオウムがすっかり気に入って、ちょっとしたご馳走をやりに来ては話しかけていた。ジョンが来てから二か月ほどして、私は公爵夫人に呼ばれた。

「子供たちが心配なのよ。乳母の話では、このごろ悪い言葉を使うようになったらしいの。何か思い当たることはある？」

「いいえ、奥様。階下でもむやみと悪態はつきませんし、ましてやお子様方の前でそのようなまねをする者はおりません。よろしければ具体的にどのような言葉なのか、いくつか例をあげていただければ……」

「無理よ、ディーン。あんなひどい言葉、とてもじゃないけど口にできないわ」

〝けっ、よく言うよ〟私は思った。公爵夫人がかなりどぎつい言葉を使うのを、一度ならず耳にしていたからだ。

「そのかわり」と公爵夫人は続けた。「ここにいくつか書いてきたわ」と言って、紙を渡してよこす。「暇なときに目を通して、調べてみてちょうだい」

リストには一、二のわりに一般的な表現に続いて、〝イングランドの糞ったれ〟、〝ブリテンのこん畜生〟が登場する。これが必要な手がかりを与えてくれた。石炭置き場と厨房のあたりをうろつくこと数日、私の忍耐はついに報いられた。厨房で怒りの叫びがあがったと思うと、ワシリーが現われた。大声でロシア語の悪態をつき、肉を切り分けるのに使う大型のナイフをふりまわしている。

「よお《アロー》、ワス」オウムが言った。

シェフは哀れな鳥に怒りをぶつけた。鳥籠の隙間からナイフをつっこんだのだ。

「いまいましい鳥め、殺してやる。イングランドの糞ったれ！　ブリテンのこん畜生！　くたばれ、アリス！」

最後のせりふは、もちろんリストには載っていなかった。おかしくて死にそうだったが、まずはワシリーをなだめて厨房に戻らせなくてはならない。それから公爵夫人に調査結果を報告する。結果はわかりきっていた。ジョンとオウムは追いだされ、ワシリーは屋敷にとどまったのだ。

ハノーヴァー・ロッジは行動の拠点ではあっても、本当の意味でわが家と呼べる場所ではなかった。というより、アリス・アスターに仕えていた長い歳月、本当のわが家などというものとは縁がなかった気がする。われわれの生活はこんな感じだった。ロンドンの社交シーズンが終わると夏の盛りにアメリカに向かい、ロードアイランドの避暑地ニューポートに滞在したあと、秋にはハドソン河畔のラインベックに移る。その後ロンドンに戻ってクリスマスを過ごし、年が明けるとスキーを楽しむためにスイスのサンモリッツへ向かい、パレス・ホテルに滞在。そこからパリのホテル・リッツを経て南フランスに移動し、カンヌのカールトン・ホテルで春を過ごしてから、次の社交シーズンの開始とともにふたたびロンドンに戻る。ときにはそこに、ヨーロッパ各地での小旅行や国内での週末旅行が加わった。私はオボレンスキー公爵夫妻のお供で、大西洋を二十八回横断している。移動の足はマジェスティック号、オリンピック号、ベレンガリア号、モーリタニア号、アキタニア号、リヴァイアサン号などの豪華客船で、一度を除いてはすべて一等船室での旅だった。

公爵ご一家に同行した使用人は私を含めて六人――ワシリー、下男、ミス・ボヤック、乳母のミス・アーヴィン、そして子守メイド。切符の予約は私の仕事だが、この額がなかなかばかにならない。さっき触れた唯一の例外になった航海のとき、運賃の額を公爵夫人に告げてみた。奥様はちょっと青くなり、高すぎるとこぼした。これこそ私が待っていた好機だった。一等船室で旅をしていると、雇い主との距離が近すぎて、ひっきりなしに用事を言いつけられるはめになる。休暇気分にはほど遠く、おまけに、等級の低い船室で寝起きしているよその使用人が楽しくやっているのが目に入るので、なおさらやりきれない。

「ミス・ボヤックと私が二等船室を使えば、運賃の節約になるかと存じますが」私はすかさず提案し、ではそうしようということになった。

航海の前半は文句なしに最高だった。好きなだけ酒場に通って、好きなだけ女の子と楽しんで。ところがある朝、ひと仕事終えた祝いに一杯やっていると、だれかが入ってきて言った。「お宅の奥様が外であんたを探してるぜ」

私は急いで酒場を抜けだし、昇降階段をおりて公爵の部屋に行くと、せっせと働きはじめた。数分後に公爵夫人が入ってきて言った。

「今回の航海では、時間の半分はあなたを探すのに使っている気がするわ、ディーン」

「ご不便をおかけして申しわけございません、奥様」私は応じた。「同じ船の上ですから、それほど遠くにいたはずはないのですが」

「あなたがどこにいたかは知っているわ。たとえこの目で見ていなくても、すぐわかったでしょうね」公爵夫人は言い、小さく鼻をくんくん言わせてみせた。「これからは一等船室を使いなさい」そう言って、船室番号が記された切符を渡してよこす。「それと、こっちはミス・ボヤックの分」

二人とも、ひとまずお祭り騒ぎとはお別れだった。それからは、のべつ公爵夫人に追い使われる身になったからだ。

いまや荷造りは偉大な芸術と化していた。ありとあらゆる季節に適した衣類とスポーツ用品が必要なため、手荷物は膨大な量にのぼる。全部で九十九個で、そのほとんどがトランクだ。ひとつひとつに番号をつけて中身を記録し、長い目録を旅先に持っていけば、急に何かを出せと言われても、ものの数分で応じられる。鍵束をいくつも身につけていたため、歩くとじゃらじゃら音がして、まるで看守のようだった。あるとき目的地に着くと、公爵が親切のつもりでおっしゃった。「荷物は私が引き受けるから、税関で落ちあおう。ところで全部でいくつくらいあるんだい？」

「九十九個でございます」私は答えた。

「なんとまあ！　だったらいまのは忘れてくれ、ディーン。ホテルで待っているよ」

ときには通関手続きで苦労することもある。荷物の上に紙幣を何枚かのせておくと手続きが早くすむ国がある一方で、同じ行為が命とりになる国もあり、チップを渡すのはすべてがすんでからにしたほうが賢明だった。あるとき船がニューヨーク港に着き、ようやく荷物が全部集まったところに、税関職員が近づいてきた。

「たまげたな、こいつは全部おまえさんのかい?」

これはオボレンスキー公爵ご夫妻のお荷物で、私は公爵家の執事だと説明しても、相手はまったく恐れいる様子がない。

「たとえあんたがアントニーとクレオパトラの執事だったとしても、知ったことじゃない。トランクをいくつか開けてもらわんと。まずはそいつからだ」

指さされたトランクには、公爵夫人の乗馬服が入っていた。私がトランクを開けると、税関職員は中身をかきまわし、乗馬ズボンを一枚引っぱりだした。

「こいつはなんだ? お宅の奥方はこんな色気のない下着をつけてるのか?」

私は説明しようとした。相手は次に、シャツとネクタイ数本、それに乗馬服の上着を持ちあげた。

「で、こっちは?」

「奥様の乗馬服だ」私は憤慨のあまりつばを飛ばさんばかりに言った。

「ほう、乗馬服《ハビット》ね」相手がばかにした口調で言う。「おれにはどうも、お宅の公爵夫人はえらくいかがわしい趣味《ハビット》をお持ちのような気がするがね。このトランクはもう閉めていいぞ。今度はちょいと旦那のドレスを見せてもらおうか!」

はじめてのアメリカ訪問のことは一生忘れないだろう。贅沢な暮らしはかなり見慣れていたとはいえ、アメリカにあるアスター一族の屋敷と日常生活の豪勢さは、そんなものとは桁が違う。五番街六五〇番地にあるアスター邸は絢爛豪華の極致だった。広々とした玄関ホールに足を踏みいれ、二枚扉の巨大な青銅門を抜けると、そこは応接室になっていて、壁には絵が描かれたカンバスが張りめぐらされている。その奥は画廊を兼ねた舞踏室で、公爵夫人の祖母にあたるアスター夫人は、かつてこの部屋で盛大な舞踏会やレセプションを開き、ニューヨーク社交界の中心人物になった。ニューヨーク社交界を構成すべき四百人の人々の名を記した有名な名簿は、この舞踏室の収容人数をもとに、アスター夫人が法律家で社交家のウォード・マカリスターとともに作成したものだ。どこもかしこも彫像やタペストリーだらけで、大理石の階段を上がった先には金ぴかの客間。悪趣味だと感じる人もいるだろうが、私は見ておいてよかったと思っている。この屋敷はほどなく取り壊され、跡地にはユダヤ教の礼拝堂が建てられたからだ。

そこから公爵夫人の兄、ヴィンセント・アスター氏のヨットで、氏の邸宅ビーチウッドへ。ここの使用人は英米の混成チームで、執事のほかにひとりか二人イギリス人がいる以外は、みなアメリカ人だった。屋敷にはパグス・パーラーも家令室もない。サーヴァンツ・ホールでスタッフ一同に引きあわされたときの感想は、〝なんだか妙な連中だな〟だった。挨拶の言葉は堅苦しさの極致の〝はじめまして、サー〟だし、メイドたちは膝を曲げてお辞儀をしたきり、人形のように黙りこくっている。会話はほとんどなく、しかもぎこちない。七月の暑い日とあって、だんだんカラーの下がほてってくる。そこで私はついに、執事のブルックス氏に向かって言った。「ひとつお願いがあるんですが」

「はい、ディーンさん、なんでしょうか?」

「上着を脱いでもいいですか? ここはくそ暑くてかなわない」

とたんにだれもが肩の力を抜いた。「なあんだ、この人だって生身の人間なんじゃないか」異口同音の叫びがあがる。

どうやらブルックス氏が、イギリスの執事は上に超がつく気どり屋だとかなんとか吹きこんだらしい。一同が私はただの単純な田舎者だと悟るのに、時間はかからなかった。ただし一部のメイドはじきに、私がそれほど単細胞ではないと思うようになったが！

このはじめてのアメリカ旅行の際、ヴィンセント・アスターは妹がラインベックに屋敷を建てられるよう、九九エーカーの土地を贈与している。何かばかでかい建物ができると思われたらしく、これは新聞でちょっと騒がれた。工事中は見物人があたりをうろついて、「なんかの施設ができるっていうのはここかい？」と言っていた。

実際にできあがったのは魅力あふれるアン女王様式の屋敷だったとはいえ、見物人たちには少しばかり先見の明があったに違いない。その建物はいまでは不良少女の更生施設になっているからだ。

豪快そのものの金の使いっぷりには目をみはらずにいられなかった。ヴィンセント・アスターはドイツの造船所でヨットを作らせた。名づけてヌールマハール号。三層の甲板を持つ小型の軍艦のような作りで、客用の船室が八つある。建造費は百万ドル。あの当時としてはとてつもない金額だ。ラインベックのわれわれの屋敷も、ロンドンから運ばれた値段のつけようがないほど貴重な骨董品で飾りつけられた。ありとあらゆるものが――正確には、ほぼありとあらゆるものが――揃っていたが、大々的なお披露目パーティーの二日前になって、調理器具とベッド用のリネン類がいっさいないことが判明した。なくてはならない生活必需品の調達がお留守になっていたのだ。

同じく〝必需品〟で私が管理していたものに酒がある。当時は禁酒法の時代だった。十分な酒が手に入ると思うかと公爵に訊かれ、「軍資金さえ十分にいただければ、それはもういくらでも」と答えた。

「ただし、まずいことになった場合、きみに責めを負ってもらわなくてはならない。そのかわり、いい弁護士をつけるし刑務所にも面会に行くからね」あまり慰めにはならなかったが、先方から少し分け前をもらえることになっていたので、まあいいさ、とけなげな笑みを浮かべることができた。すべてが順調に進み、商品は車でニューヨークから届けられることになった。何千ドル分もの酒を積んでいるにもかかわらず、屋敷の前で止まった車のなかには、酒瓶は一本も見えなかった。

この件ではちょっぴり稼がせてもらったとはいえ、私は雇い主の金に関しては基本的にかなり良心的だった。まとまった額の金を持ち歩き、使うたびに手帳に明細を記入する。この手帳は〝帳簿《ザ・ブック》〟と呼ばれるようになった。たまに夜になって外出すると、連れに「どうだ、チャーリー。帳簿のおごりで一杯やろうじゃないか」と言われ、ときには誘惑に負けたこともある。たとえばパリに滞在中、男の使用人仲間二人と夜遊びをしていて、いっしょにペルノーを飲んでいたときのことだ。三人のドゥミ・モンデーヌ、つまりフランスの商売女が、遊びに来ないかと持ちかけてきた。「ぼくは遠慮するよ」私は言った。「帰らないと。それに三人とも、そんなに金を持ってないし」

「金なんていりませんって、チャールズ」うちの第一下男が言った。「帳簿に面倒を見てもらいましょう！」

ヨーロッパを旅してまわるのは楽しかった。われわれイギリス人はいまでこそ貧しい親戚のように扱われているが、当時は下にも置かないもてなしを受けていたのだ。さまざまな国のお屋敷奉公の状況を比較する機会にも恵まれたが、イギリスほどお屋敷奉公の水準が高い国はひとつもないように思えた――そう、ポーランドのポトツキ伯爵邸に滞在するまでは。

まるで歴史を二百年ほどさかのぼったかのようだった。ワルシャワ駅で出迎えを受け、少なくとも半ダースほどの使用人がわれわれの荷物に飛びついた。駅の外では四頭立ての馬車が三台待っていて、一台に公爵夫妻が乗り、残り二台にわれわれ使用人が分乗する。車列は騎乗の供人たちに先導されて、緑豊かな郊外へ。「ロンドンの市長就任披露パレードみたいだね」ミス・ボヤックに言ったが、笑ってもらえなかった。王妃を気どって沿道の農民たちににこやかな笑みをふりまくのに忙しく、それどころではなかったらしい。馬車はやがて長い私道に入り、遠くにある宮殿が少しずつ近づいてくる。前方を走る馬の一頭が自然の欲求に応えると、どこからともなく男がひとり現われて、目障りな小山を片づけた。

屋敷の手前にある中庭は砂利敷きで、われわれの車列を追いかけるようにして、使用人らが車輪と馬の蹄鉄の跡をならしていく。馬車はアーチをくぐったところでついに止まり、われわれは助けおろされて大広間に入った。屋内スタッフは無数にいるらしく、すべての作業を決められた手順どおりに、しかも無言で片づけているようだ。すごいなと思ったが、ちょっと怖い気もした。その夜の食事は生演奏つきで、演奏するのは厩舎の下働きからなるオーケストラ。イギリスでいえば近衛騎兵連隊の軍楽隊のようなものかな、と私は思った。文明の地に戻ったときは、ほっとした気分になったものだ。

ヴェネチアではかつてバイロンが暮らした館を借り、愉快な数週間を過ごした。私がこの街を気に入ったのは、いたるところに驚きが待ち受けていたからだ。到着してじきに、公爵のゴンドラが当時の流行作家マイケル・アーレン氏のゴンドラに衝突し、アーレン氏はわれわれの滞在期間が終わるまで、しょっちゅう館に遊びに来ていた。館にはメルカティー伯爵の令嬢アトランタが滞在していて、伯爵令嬢とアーレン氏は意気投合し、二人はやがて結婚している。滞在客のなかには、のちにエドワード皇太子の侍従になったチップス・チャノンもいた。

執事兼従僕という仕事の特徴は、雇い主一家とごく間近に接する機会が多いことだ。新婚時代からオボレンスキー夫妻に仕えてきた私は、幸せが忍耐に変わり、恋人同士の他愛ない喧嘩がとげとげしい口論になり、倦怠感が猜疑心につながるのを目の当たりにした。取り返しのつかない言葉が口にされ、二人がよそに慰めを求め、相手が待ってましたとばかりにそれに応じるのを。

すぐに金持ちや貴族のモラルを批判する世の人々は、彼らがつねに誘惑にさらされていることを忘れている。ストレスを受けて心が乱れた雇い主は、ときに立場を忘れ、身近に仕える使用人の意見ばかりか助言さえ求めることがある。私はどちらを求められても、いつも相手の機嫌を損ねる危険を冒して、できるだけ礼儀正しくやんわりと断ってきた。これは簡単なことではなかった。信頼して打ち明けてくれたと思えば、悪い気はしないからだ。だが私に関するかぎり、〝見ざる、聞かざる、言わざる〟の三猿主義は大いに有効だった。いつも頭にあったのは、私も知っていたある従僕の運命だ。有名な離婚裁判で証言台に立つことを承知したこの従僕は、秘密を守れない人物と見なされて、その後はどこでも雇ってもらえなかった。私もときどきささやかな噂話を楽しんだことは否定しないが、浮気その他の脱線行為は、それをするのが金持ちだろうと貧乏人だろうと、たいして違わない。だから〝執事が見たもの〟は、だれもが身近に目にしているものと似たり寄ったりなのだ。

一九三一年に離婚を決意したのは、わが公爵夫人のほうだった。公爵夫人はぴたりと旅行をやめ、われわれはハノーヴァー・ロッジに腰を据えた。複数の人々が、表向きは二人を仲直りさせるために訪ねてきたが、本当のところは詳しい事情を知りたいだけだった。ただひとり本気で夫婦の仲を修復しようとしたティリー・ロッシュの努力は実を結ばず、当時、裕福なマーシャル・フィールドの義理の兄弟と結婚したばかりだったこの高名なダンサーは、皮肉にもほぼ一年後に離婚している。

私は微妙な立場に置かれたものの、幸いにもなんらかの決断を迫られることはなかった。当の私自身も含めて、だれもが私はアリス・アスターに仕えつづけるべきだと見なしていたからだ。一九三二年の十二月に離婚が成立し、翌三三年の早い時期に、わが女主人はしばらく前から背景に見え隠れしていたライムント・フォン・ホフマンスタールと再婚した。

新しい主人の父親は、オーストリア人劇作家のフーゴー・ホフマンスタールで、リヒャルト・シュトラウスのためにオペラの台本を書いている。息子のほうも、ウィーンの偉大な劇場経営者マックス・ラインハルトのために少しばかり劇作をしていた。ラインハルトがロンドンのライシアム劇場で上演した『奇跡』では、レディ・ダイアナ・クーパーが聖母を演じている。レディ・ダイアナはアリス・アスターと同じくバレエ愛好家で、二人はともにサドラーズ・ウェルズの後援者だった。あのバレエ団が早々に解散せずにすんだのは、ある程度まであの二人のおかげだったのではないかと思う。

フォン・ホフマンスタール氏とはしっくりいったとはいえ、オーストリア人の運転手兼従僕のマックスに身のまわりのお世話を任せることができたのはありがたかった。不思議なのはシェフのワシリーがスタッフの一員としてこちらに残ったことだが、おそらく公爵についていっても給料をもらえる見込みがなかったのだろう。いまやわれわれは、イギリス、オーストリア、アメリカの三か国を行き来するようになった。ときにはパリやサンモリッツ、ビアリッツ、カンヌも訪れたことは言うまでもない。オーストリアではカンマーに館を借りた。館はエサンスキ伯爵が所有する城の敷地内にある。そちらに滞在中は上級使用人だけを本国から移動させ、足りない人員は現地採用のオーストリア人で補った。彼らはみな優秀な使用人で、イギリス式のお屋敷運営にすんなりとなじんでくれた。それに、このころには私も国際人になりつつあったと言っても、うぬぼれにはならないと思う。少なくとも、指示の内容を相手に理解させられる程度の語学力は身についていた。しょせん階下でしか通用しない、ブロークンなオーストリア方言のドイツ語だったにしても。

フォン・ホフマンスタールから学び、のちに大いに重宝したことのひとつに、ワインに関する知識がある。自分ではいっぱしのワイン通のつもりでいたのが、その道の専門家に会ってはじめて、自分の知識がいかに乏しいかに気づいた。食事のときに出される酒類はすべてフォン・ホフマンスタール氏がみずから選んで管理していたし、結婚後まもなく、ロスチャイルド家の所蔵ワインがオークションに出品されると、その一部を買いとっている。とりわけこだわったのが料理との相性で、二人で味見をした結果、相性がいまひとつとされた一本が丸ごと廃棄処分になったこともある。廃棄処分になったワインは、もちろんサーヴァンツ・ホール行きになった。ロンドン滞在中にハノーヴァー・ロッジに頻繁に顔を出した常連のひとりに、〈ワイン・アンド・フード・ソサエティ〉のワイン通、アンドレ・シモンがいる。二人は晩餐の席で何時間もかけてさまざまなヴィンテージの美点を語り、私はそれをじっくり聞くことができた。また、よくロンドン同業者組合連合会が主催する晩餐会の手伝いを頼まれ、監督役を務めたことも、知識の幅を広げるのに役立った。

私はふたたび夫婦関係の崩壊を目の当たりにすることになった。事態の進行は今度のほうが早く、アリス・アスターは一九三七年に二人目の夫と離婚した。当然ながら、私は次の再婚相手にだれが選ばれるかに関心を抱いた。そしてついにその人物の名が明らかになると、アリス・アスターに仕えるのはこれまでだと悟った。私は決して上流気どりの俗物ではなかったが、いくら上に〝元〟がついても、現在の『モーニング・スター』の前身で共産党の機関紙である『デイリー・ワーカー』の編集責任者に仕える気にはなれなかったのだ。

そんなしだいで、十二年ぶりに職探しをすることになった。今回は紹介所を使うつもりはない。すでに十分に顔が売れているいまは、求職中だという噂を地下情報網で広めて反応を待てばそれですむ。長くは待たなかった。シカゴのマーシャル・フィールド氏の前妻であるジェイムズ・フィールド夫人の執事にどうかという話があり、それを受けたのだ。夫人の住まいはリージェント公園内にあるホーム・ハウス。ハノーヴァー・ロッジから近く、建築様式もよく似ていた。

フィールド夫人には以前アメリカで会っていた。フィールド夫妻はロングアイランドのハンティンドンにイギリスのカントリー・ハウスを模した美しい屋敷を持っており、私は遊猟会などに招かれたオボレンスキー夫妻のお供で、そこに滞在したことがあったのだ。使用人はみなイングランド人で、猟場管理人たちはスコットランド人だった。

私が得た情報によると、フィールド夫人にはもっか交際中の男性がいた。お相手はピーター・プレイデル・ブヴァリー。ラドナー伯爵の弟で、二人は近く結婚するという。フィールド夫人はまた、母親のウィリー・ジェイムズ夫人がエドワード七世のよくも悪くもおそらく最も有名な愛人だった縁で、王室の方々とも親しく交際しているらしい。愛人うんぬんはバッキンガム宮殿に出入りを許される理由としては奇妙に思えるが、要するに血は水よりも濃いということだろう。ヴィクトリア女王やエドワード七世の時代には、夫以外の男に似た子供が生まれるのは、よくあることだったらしい。それはともかく、全体としてはよさそうな仕事だったので、私はフィールド夫人の面接を受ける手筈をつけ、採用したいという申し出を受けいれた。

そしてアリス・アスターに辞職を申しでたところ、これがまさに鳩の群れのなかに猫を放したような結果を招いた。とてつもない大騒ぎになったのだ。私にとことん天狗になる機会があったとしたら、このときがそれだった。執事を替えるのは、どうやら夫を取り替えること以上にご婦人を動揺させるらしい。まず、フィールド夫人からもらうはずの給料よりかなり高い金額を提示され、それを断ると、今度はアリス・アスターの代理人のケッチン・コマーに呼びだされた。相手は、きみはなくてはならない人材だとさんざん私を持ちあげたうえで、給料をさらに増額しようと申しでた。私の決心は揺らがなかった。するとついに、あろうことかフォン・ホフマンスタールが、会いに来てほしいと言ってきた。「頼むからそばにいてやってくれ、ディーン。今後はこれまで以上にきみが必要になるはずだ」

「申しわけありません」私は答えた。「それだけはご勘弁ください」

ついに暇乞いをしたとき、アリス・アスターは何粒か涙をこぼし、これも私にはつらかった。

「ご心配には及びません、奥様」私は言った。「通りの少し先へ移るだけです。私でお役に立てることがあれば、なんなりとお手伝いさせていただきます」

わざわざこんなことを書いたのは、自慢やひけらかしのためではない。ある程度長いあいだそばにいた使用人に、雇い主がいかに依存しきってしまうかを示すためだ。

この転職を後悔したことはない。フィールド夫人はお仕えしやすく、ブヴァリー夫人になってからも、これといった態度の変化はなかった。四十歳前後のきりりとした美女で、アリス・アスターとほぼ同年齢ながら、あれほど無茶なところはない。夜更かしもあまりせず、その分、屋敷の切り盛りも楽だった。宴会の流儀はどことなくレディ・アスターを思わせたが、規模はもっと小さい。外国には頻繁に行ったものの私は同行を求められなかった。それを不満に思ったことはない。それまでにさんざんあちこちに行って見聞を広め、外国旅行にはちょっと食傷気味だったからだ。

ピーター・ブヴァリー氏は典型的なイギリスの地方の大地主で、趣味もいかにもそれ風だった。つまり狐狩り、銃猟、釣り。キャラーガス会社の役員で、奥方を説得して出資させようとしたことがある。私は気をそそられたが、うまく行きっこないと言い張るブヴァリー夫人に倣って、投資を見合わせた。いやはや惜しいことをしたものだ!

ブヴァリー氏は手のかからない紳士で、屋敷の住人になられてからは、執事の私が従僕も兼任するようになった。従僕として定期的にお供した先は、ソールズベリー近郊にある兄上の居館ロングフォード城。これはクリヴデンをもっと大きくしたような屋敷で、オボレンスキー公爵のお供で何度も訪れていたため、私にとっても知らない場所ではない。わがホーム・ハウスのスタッフはみな優秀だった。イタリア人シェフのサルヴァティーニも腕がよく、仕入れ先の業者も、私がそれまで十三年間使ってきたところばかりで気心が知れている。庭は広く、ざっと七エーカーほど。ロンドン中心部にある屋敷の庭としては桁はずれな大きさだ。敷地内には庭師小屋まであり、七人の庭師が寝起きしていた。

さっきも言ったようにブヴァリー夫人は王室の方々と親しく、とりわけ国王ご夫妻とケント公ご夫妻とは懇意にされていた。どちらのご夫婦もお屋敷の常連客で、レディ・アスター主催の晩餐会と比べると、その場の雰囲気は当然ながらはるかにくつろいだものだった。招いた側と招かれた側はクリスチャンネームで呼びあい、使用人の王族方に対する態度も、もっとざっくばらんだった。

偶然のなりゆきで、ケント公とはかなり親しくさせていただいた。ブヴァリー夫人に仕えはじめてまもないある週末、殿下が従僕のジョン・ホールを連れずに屋敷に到着されたため、私が身のまわりのお世話を仰せつかったのだ。どうやら私は殿下のお眼鏡にかなったらしく、それからというもの、殿下は当家に滞在されるときは決まってご自分の従僕に休暇を与えるようになった。もちろんジョンがこれを歓迎しないはずはなく、その後、私がケント公のカントリー・ハウスであるコッピンズを訪れると、われわれは意気投合した。それだけに、一九四二年八月にケント公が操縦する飛行艇が墜落し、ジョンと殿下ご自身が命を落とした事故は、私にとって身内を失ったも同然の悲劇だった。私の手元には殿下からの贈り物が二つ、形見として残された。カフスボタンとネクタイピンのセット、そして七宝細工を施した銀のシガレットケース。どちらにも銘と殿下の紋章が刻まれている。

第二次世界大戦が始まると、われわれは疎開はせずにロンドンにとどまる道を選んだ。むろん王室の方々を見習ってのことだ。幸い庭に天然の防空壕があったため、その洞窟のような場所に家具を入れ、暖房と照明を設置した。酒の保管庫もあり、空襲時に逃げこむのにこれ以上適した場所はロンドンにもそうはなかっただろう。それも当然で、ときには国王ご夫妻がいっしょに壕に入られることもあったのだ。ともに空襲に耐えること以上に、使用人と王室の方々のあいだの距離を縮めてくれるものはないと思う。やがてホーム・ハウスに爆弾が落ち、よそに移らなくてはならなくなった。レディングにあるベッドフォード公爵所有の家具つきの屋敷でしばらく仮住まいをし、その後、ブヴァリー夫人がボルドック近くのジュリアンズという物件を購入。これは屋敷と呼ぶには無理のある農家で、時節柄、大いに役に立ってくれた。牛乳、バター、家禽、そして地所内で仕留めたさまざまな獲物で食糧不足を補えたからだ。

私はまたしても結婚が破綻するのを目の当たりにすることになった。こうも同じことが繰り返されると、ひょっとして自分が雇い主夫婦に凶運をもたらしているのではないかと思えてくる。そして今回もまた、私は奥方のもとにとどまった。あるときニューヨークで顔見知りの花屋が言ったとおり、「あなたがお仕えしている奥様方は、旦那様はしょっちゅう替えるけど、執事は絶対に替えないのね」というわけだ。

だが私はほどなくブヴァリー夫人のもとを去ることになった。一九四二年に裁定委員会に呼びだされ、戦時労働を命じられたのだ。ビズリーの実家近くに就職でき、私は警備員になった。いわば番犬の人間版だ。勤務時間のほとんどは、煙草を吸ったりお茶を飲んだりしているところを上の連中に見つからないよう気を配るのに費やした。いいところなどひとつもない仕事ぶりで、上司にこう言われたのも無理はない。「おまえさんは本職の警備員にはなれっこないな」

「でしょうね」私は答えた。「あなたが本職の執事になれっこないのと同じですよ」

戦争が終わって私が辞められるようになったときは、上司たちはさぞかしせいせいしたに違いない。すぐに家事使用人の仕事に戻る気はなかった。戦争のあいだに社会は大きく変わっている。フルタイムでお屋敷奉公をする前に、少しほかのこともしてみたい。そこに思いがけなくパートタイムの仕事が転がりこんできた。地元選出国会議員のサー・ロバート・と奥方のレディ・パーキンズが週末だけの執事を必要としており、私は金曜日から月曜日までルークウッズ館で働くことになったのだ。館のスタッフは必要最小限しかおらず、料理人とハウスメイド、それに私だけ。家庭的でなごやかな雰囲気の館だった。

私はいわば傍観者として、裕福な貴族階級の人々が終戦とともに本拠地に身を落ちつけ、昔の秩序を回復しようとする様子を眺めることになった。彼らは、もとどおりの暮らしは決して戻ってこないという現実を受けいれようとしなかった。なかにはそんな希望的観測が、リー氏のような逸材の努力によって現実になりかけた例もある。お屋敷奉公の話はいくつかあったが、私は一匹狼として生きる道を選び、週末だけの執事業に加えて、ときたまあちこちの屋敷で、経験や適性が足りない今風の使用人には任せられない大規模な宴会を取り仕切ることで満足していた。

そんな私も、やがてパーキンズ夫妻が別の地域への移転を決めると、ついに網にかかった。きっかけは、かつてのロナルド・トリー夫人にしてマーシャル・フィールド夫人であるナンシー・ランカスター夫人にパーティーの企画運営を頼まれ、オックスフォード近郊にあるヘイズリー・コートにおもむいたことだ。到着早々、金庫と酒蔵の鍵を渡そうとしない雑用係とささいな口論をし、こちらが勝ったものの、相手はその後、荷物をまとめて出ていってしまった。これで私はランカスター夫人に首根っこを押さえられた格好になった。雑用係が出ていったのはあくまであちらの勝手とはいえ、こうなった以上、屋敷にとどまらなくては義理が立たないと感じてしまったからだ。ランカスター夫人はレディ・アスターの姪に当たり、私はまたしてもアスター一族に仕える身になった。お二人は親戚同士なのに加えてたいそう仲がよく、レディ・アスターはしょっちゅうヘイズリー・コートに泊まりに来た。ただし――これも時代の変化を物語っているが――素人下宿屋の宿泊客として。

かくして私は、長年の知人であるレディ・アスターのお付きメイド、ミス・ロジーナ・ハリソンと旧交をあたためる機会に恵まれた。家事使用人として過ごした歳月のなかで、われわれは何度も顔を合わせている。ローズは階下の使用人の世界では大変な有名人で、とりわけ女主人に勝るとも劣らない毒舌の持ち主として知られていた。レディ・アスターと違うのは、ばりばりのヨークシャー訛りで、同業者の多くはローズを親しみをこめて〝ヨークシャーっ子《ヨーキー》〟と呼んでいた。古きよき時代を知る者同士とあって、われわれの友情はたちまち深まり、ローズは女性ならだれもがするように、それを利用して私に揺さぶりをかけてきた。

「奥様が執事をお探しで、あなたなら適任だってことで二人の意見が一致したの。きっとまた昔みたいになるわよ。うちには年季の入った熟練スタッフが揃ってるし、あなたもいいかげん田舎っぺは卒業しなきゃ。なんだか太ってだらしなくなってきてるじゃない」

なんともご挨拶だが、私もすでにローズのこういう言い方には慣れてきていた。ついでレディ・アスターも参戦した。ある晩、これから食事が始まるというとき、椅子を引いてランカスター夫人を着席させた私に向かって、こうおっしゃったのだ。「ねえディーン、それはあなたの仕事じゃないわ。あなたはわたしのものなんだから」

「いいえ、奥様」私は言った。「私はどなたのものでもありません。そして、もっかのところランカスターの奥様からお給料をいただいております」

「それはそうね。だけどその給料を払ってもらえるのは、わたしがお金を出してここに泊まりに来ているからよ」レディ・アスターは意地悪く切り返した。家計を支えているのは、宿泊費を払って滞在している自分だというわけだ。私は答えなかったが、相手は引きさがらなかった。「たしかあなたの実家は、ここからそう遠くないところにあったわね」

「はい、奥様」

「そして、お母様がそこで暮らしているのよね」

「はい、奥様」

「だったらポーヴァー（レディ・アスターのお抱え運転手）に伝えてちょうだい。明日の午前中にお母様に会いに行くからそのつもりでいるように、とね」

翌日、レディ・アスターはビズリーに向かい、八十をとうに越えたおふくろのために美しいウールのショールを買うと、さっそく攻略にかかった。

「実は息子さんにまたうちで働いていただきたいと思っていましてね。お母様からもぜひお口添えを」

おふくろは、息子はもう自分のことは自分で決められる年齢だと思うと答えた。

「ところが違うんですよ、お母様。わたしの経験では、自分のことを自分で決められるほど大人になる男なんていやしません。いくつになっても心は少年のままなんですから」

そしてレディ・アスターはさんざん私を誉めそやし、それもみな母親の育て方がよかったからだとおふくろを持ちあげたらしい。よほど壺を心得た攻め方をしたと見えて、二日後に実家を訪ねると、おふくろは口をきわめてレディ・アスターを褒めちぎり、ああいう方のところで働かないなんてどうかしていると言ってのけた。追い打ちをかけるようにリー氏が電話をよこし、昔のことを持ちだして私をよいしょする。それがとどめになって、わずか数週間後には、私はイートン・スクエア一〇〇番地のレディ・アスターのもとにいた。周囲の思惑で決まったこの転職を後悔したことはない。まるでふたたび故郷に戻り、二十五年分の歳月が巻き戻されたかのようだった。スタッフはみな伝統に忠実な人間ばかりだったからだ。ハウスキーパーのホーキンズ夫人、お付きメイドのロジーナ・ハリソン、信頼できる古顔の雑用係ウィリアム、運転手のポーヴァー、そしてシェフのオットー・ダンゲル。各部門の使用人もよく訓練されていて、実にすばらしいチームだった。

スタッフのだれとも面識がなく、のけ者になっても不思議がなかったオットーは、私がいっしょに働いたシェフのだれよりも感じがよく、料理の腕も最高の部類に入る。陽気さにあふれたオットーは料理することを楽しみ、彼が作る料理は私たちみんなの舌を満足させた。われわれ使用人もレディ・アスターも、アメリカの料理が好きだったからだ。戦争中にアメリカ軍の捕虜になったオットーは、すぐにその値打ちを見いだされ、とんとん拍子に昇格し、ついにはシェフとしてマーク・クラーク陸軍元帥のような五つ星の将軍たちに仕える身になった。一方で、料理上手がたたってなかなか自由の身になれず、本人が言うには、いちばん最後に解放された戦争捕虜のひとりだという。

レディ・アスターは持ち前の才気と活気はそのままに、いい感じに円熟していた。以前よりもわれわれに頼るようになった分、親しみも増し、気持ちよくお仕えできたし、私だけでなくだれもが真心をこめてお世話できたと心から信じている。お身内の方々もそれに気づいてわれわれを重んじ、信頼してくださったため、それからの五年間、私たちの奉仕は十分に報いられることになった。

私たちがいつも楽しみにしていた娯楽のひとつに、ローズいじりとしか呼びようのないものがある。ミス・ハリソンはすでに三十年近くレディ・アスターに仕えていたにもかかわらず、二人は相も変わらず、尻尾だけになるまで闘いつづけたというキルケニーの猫さながらに激しくやりあっていた。奥様にとって、あれはおそらく最高の娯楽だったのだろう。しじゅうさまざまな手を編みだしてローズの仕事を邪魔していたし、こんな言い合いも日常茶飯事だった。

「ローズ、ちょっと来てちょうだい」返事なし。「ローズ、おまえに言っているのよ。さっさと来なさい」

「そんな家じゅうみんなに聞こえるような大声を出さなくても、わたしにおっしゃってることはわかってます。だけど謝ってくださるまでは行きませんからね」

「だれが謝るものですか。わたしはおまえの雇い主で、お給料も払っているのよ」

「でも、わたしの持ち主じゃありません」とまあ、そんな具合の応酬が続く。

いつだったか奥様のドライヤーを寝室に持っていくようローズに頼まれたときのことだ。私は廊下でレディ・アスターに呼びとめられた。「それをどこへ持っていくの、ディーン?」奥様が言い、調子を合わせろというふうに目配せしてくる。

「ミス・ハリソンが……」

「おやおや、まるでミス・ハリソンがここの女主人みたいね。それはもとの場所に戻しておきなさい」

そこへローズが憤然と駆けつけてきて、思わず聞きほれてしまうほど派手な口喧嘩が始まる。強烈なヨークシャー訛りでまくしたてるローズと、しだいにアメリカの南部訛り丸出しになっていくレディ・アスター。たぶんミス・ハリソンも、その種の小競り合いが仕組まれたものではないかと疑ってはいただろうが、そうだと確信はできず、長年の習慣から奥様の読みどおりに反応してしまったのだろう。

レディ・アスターのアルコール嫌いは有名で、悪名をとどろかせていたとさえ言えるかもしれない。生涯通しての厳格な絶対禁酒主義だったが、ご存知なかったことがある。私がヘイズリー・コートに勤めていたとき、ランカスター夫人がアルコールは入っていないと偽って、奥様にデュボネを少し飲ませたことがあったのだ。レディ・アスターは目に見えて陽気になったから、多少は効き目があったのだろう。奥様には毎日午前十一時と午後四時に黒スグリ飲料のライビーナを飲む習慣があったので、ちょっと元気がないなと思うと、私はライビーナのグラスにほんの少しデュボネを加えるようになった。色が同じなので、見破られる心配はなかったのだ。

そんなわけで、歳月は静かに心地よく過ぎていった。われわれの頭上を陰らせ、なかなか去ろうとしなかったただひとつの暗雲は、ビリー様のプロヒューモ事件とのかかわりだった。この件についてはすでに多くが書かれ、語られている。私たちがもっぱら心を砕いたのは、その一件をレディ・アスターのお耳に入れずにおくことで、その努力が実を結んだことはローズが書いたとおりだ。あの当時、われわれ使用人はだれもが苦々しい思いを抱いていた。ビリー様に対してではない。裁判もなしに、伝聞証拠に基づいてひとりの紳士を罪人扱いした世間に対してだ。それとは対照的だったのが奥様の八十歳の誕生日で、こちらは幸せに満ちていた。家族と友人と使用人が一堂に会し、部族を挙げてよき日を祝ったのだ。

レディ・アスターが亡くなると、私はまたフリーの仕事に戻った。フルタイムのお屋敷奉公はもう二度としない決心だった。もはや贅沢な暮らしをする余裕のある家は数えるほどしかなく、きちんと訓練された使用人にもめったにお目にかかれない。それに、私ももう若くはない。そろそろ少しのんびりする資格があるはずだ。その年になってもまだ、〝もう二度と〟などと言うものではないという教訓を学んでいなかった自分が情けない。というのは、なんの前触れもなく、とうてい断る気になれない仕事の口が舞いこんだのだ。レディ・アスターの末のご子息ジェイキー様から電話があり、もっかお屋敷に滞在中の駐米イギリス大使ハーレフ卿が、執事が見つからずにお困りだという。ワシントンでの任期はあと六か月。そのあいだだけ執事を引き受けてもらえないか、とのことだった。考えるまでもない。私は二つ返事で引き受けた。承知した理由は、どれももっともなものだった。家事使用人としての人生のなかで、アメリカを第二の故郷と見なすようになっていたこと。アメリカもアメリカ人も大好きなこと。戦後は機会がなくて一度もアメリカを訪れておらず、こんな好機には二度と恵まれそうにないこと。そして最後に、私が身につけた技能を生かせる場所は、いまでは在米大使館くらいだということ。宴会は大々的な規模で行なわれ、予算（納税者の金）が不足することもないはずだ。それにたったの半年なら、たとえ期待はずれでもどうということはない。だが期待は裏切られなかった。私は仕事を楽しみ、旧交をあたため、新しい友人を作った。

やがて予定の半年間が過ぎ、帰国を心待ちにしていた私は、新任の大使サー・パトリック・ディーンの存在を考慮に入れていなかった。ハーレフ卿が仕事の引き継ぎを終えたあとも二週間は大使館にとどまる約束で、私はそのあいだにサー・パトリックの人となりを知った。それまでに拝顔の栄に浴した紳士たちのなかでも屈指の偉大な人物。そんな方に、このまま自分と家族のために働いてほしいと言われては、断れるものではない。サー・パトリックとレディ・ディーンに仕えるのは喜ばしい体験だった。お二人ともつねに感謝の心を忘れず、こちらを信頼し、力を貸してくださる。大使夫妻は私だけでなくほかのスタッフたちも魅了した。

リー氏のもとでの訓練は、ここでも役立った。とりわけよく覚えているのは、ケント公爵家のアレクサンドラ王女がアメリカを訪問されたときのことだ。ご訪米にともない、大使館で晩餐会を開くよう要請があった。王族方の訪米につきものの問題は、ご臨席の催しに招待されるべきだと思っている人間の数が半端でないことで、そのため立食式の夕食会かカクテルパーティーでお茶を濁すのが一般的だ。レディ・ディーンは、王女殿下はその種の催しにはうんざりされているはずだと考え、昔風の晩餐会を希望された。

「舞踏室に何人分の席を設けられるかしら?」と大使夫人。

「当て推量をしてみても始まりません」私は答えた。「実際に試してみませんと」

試しに食卓と椅子を並べてみた結果、百十人なら大丈夫だということになった。

「下男は何人必要かしら?」

「それはメニューによって違ってまいります」

「メニューによって?」レディ・ディーンは驚いたご様子だった。

「はい。簡単な料理でしたら各テーブルに給仕一名で足りますが、ソースや付け合わせをお出しする場合は、各テーブルに二名ずつ必要かと」

大使夫人がシェフと相談した結果、手のこんだ料理が出されることになった。つまり給仕役を二十二人揃えなくてはならない。さらに、それだけの規模の宴会では私は監督役で手いっぱいになると見て、ワインを注ぐ人間も四人雇った。リー氏をまねてどうにか短い予行演習をやってのけ、料理を出したり下げたりするタイミングについてはこちらを見て合図に従うよう言っておいた。ひとりだけあがってしまったのがいて、そっと連れだすはめになったのを除けば、すべてが順調に進んだ。翌日、奥様がお呼びだと言われて参上すると、そんなまねは逆立ちしてもできなかったレディ・アスターと違って、レ

「お飲物はいかがですか？」任官式の祝宴を取り仕切るチャールズ・ディーン、在米イギリス大使館で。

異国の空のもと“女王陛下のために”。1964年、在米イギリス大使館で。

ディ・ディーンは晩餐会が首尾よく運んだことを褒めてくださった。

「あれだけ大勢の給仕をよく思いどおりに動かせたわね」と大使夫人。

「それは奥様、クリヴデンのリー卿の異名をとるレディ・アスターの執事のもとでの修行の賜物でございます」

リー氏が面目を施すたびに、レディ・アスターは決まってそのおこぼれにありついた。おそらくそれも当然の権利だったのだろう。

ディーンというのは珍しい名字ではないが、私が同姓のサー・パトリック・ディーンの執事を務めたのは、珍しいことの部類に入るかもしれない。この状況はまた、とりわけ電話の応対の際に、ときとして気まずい場面を生じさせた。

労働党の副党首を務めたジョージ・ブラウン氏も、外相時代にこの状況に少々当惑している。

大使閣下とレディ・ディーンは、二人のご子息を連れて空港までジョージ・ブラウン外相を迎えに行っていた。ご一行が戻ってくると、私は玄関のドアを開けて言った。「ようこそ大使館へ」なんと言うか、少しばかり外相をくつろがせようとしたわけだ。労働党議員のなかには、執事をもったいぶった輩と見なしていて、私たちの前では居心地悪げになさるお方もいたからだ。するとサー・パトリックが大臣に私を紹介した。

「こちらはディーン、わが家の執事です」

どうやら私は取り越し苦労をしていたらしく、ブラウン氏はちっとも硬くなってなどいなかった。

「まいったね、またしてもディーンとは！　これで五人目だ。こうも聖堂参事会員《ディーン》だらけとは、ここはいったいどういう場所なんだ？　くそいまいましいバーチェスターの塔（『バーチェスターの塔』は大聖堂の町バーチェスターを舞台にしたアントニー・トロロープの小説）かね？」

もちろんだれもが笑い、私はその場でブラウン氏のファンになった。大臣はだれとでもうまくやれる方だったらしく、訪米は大成功だった。

サー・パトリックのもとにとどまることを承諾したとき、私はひとつだけ条件をつけていた。処女航海のクイーンエリザベス二世号でイギリスに戻れるよう、それまでにお暇をいただくことだ。現役時代を通してずっと、最高ランクの船や列車、飛行機、馬車、自動車で旅をしてきた。そろそろ最新かつ最高級の豪華客船で帰国するくらいの贅沢はしてもいいだろう。すべてがうまい具合に運んだ。サー・パトリックは私が大使館を去るひと足先に本国に召還され、私は無事に新任大使のジョン・フリーマン氏をお迎えし、友人たちに別れを告げると、ついにクイーンエリザベス二世号の甲板からアメリカに別れの手をふった。

引退を夢見ていたとしたら、その夢は叶えられなかった。応じきれないほどどっさり仕事の依頼があったのだ。どうやら昔の流儀を心得た執事はみな、引退するか、死ぬか、ひっそりと姿を消すかしてしまったらしい。とくに忙しいのが銃猟のシーズンだった。これだけは歳月が過ぎても変わらない。ライチョウ狩りは昔ながらの軍隊式の手順で行なわれ、その舞台である荒野も、もちろん以前のままのたたずまいを見せている。

そんなスコットランドの荒野の開放的な空気のなかで、私はようやくしみじみと自分の一生をふり返ってみた。野心も技能もない一介の田舎者が、あんなにも充実した興味深い人生を送れたこと。エドウィン・リーという偉大な人物との幸運な出会いが、生きるうえでの目的意識と方向性を与えてくれたこと。アスター一族の富のおかげであちこちに旅行でき、身につけた技能をこれ以上ないほど豪華な舞台で実践できたこと。イギリスとアメリカという二つの国をともにふるさとと呼ぶ特権に恵まれたこと。家事使用人として多くの人間に蔑みの目で見られている私を、王や王妃、王子といった方々が友人と見なしてくださったこと。ワシントンを訪れた高名なバレエダンサーにして振付師、サー・フレデリック・アシュトンに、「実はね、ミスター・ディーン、私はあなたが怖くてしかたなかったんですよ。実際、ハノーヴァー・ロッジの執事だったあなた以上に怖い人間は、ロンドンにはいなかったんじゃないかな」と言われたこと。そしてわが一生をふり返ったまさにその日、レディ・アスターの令嬢であるアンカスター伯爵夫人から、頼み方さえ間違えなければどんな仕事でも引き受けてしまう男という意味で、〝お人よしの執事〟というあだ名を授けられたこと。

いまだに引退できずにいるのは、どうやらこの髪のせいらしい。いつまでたっても真っ黒なので、本人以外はだれも寄る年波に気づいてくれないのだ。もう年だから無理だという私の抗議を、雇う側は〝年齢は気の持ちよう〟という常套句で切って捨てる。すでに老いを感じはじめていると反論すれば、〝きしむ門ほど長持ちする〟と返ってくる。もっとも、いまだに必要とされていることがうれしくなかったと言ったら嘘になるが。八十路が近づくと、私はしじゅう鏡を見るようになった。やがて、ついに求めていたものを発見した――はじめての白髪だ。しめた、と胸のなかでつぶやく。〝これで打ち止めだ。これからは、この老いぼれ馬はもう昔のようには走れないと言ってやれる〟

チャールズの回想についてひとこと

　わが友チャールズ・ディーンほど充実した、あるいは長い現役生活を送った者はまれでしょう。リー氏の場合と同じく、チャールズの話も昔から何度となく聞いてきたので、すべて事実だと保証できます。チャールズの最近の活躍ぶりを、わたしはずっと驚きとともに見守ってきました。この人はいったい、いつになったら晴れてのんびりするんだろう。自分自身が引退してから、いったい何度そう思ったことか。そんなチャールズも、いまはのんびりと暮らしています。住まいは故郷ビズリー村近くのこぢんまりした平屋建。もしもあなたがそこを訪れたら、出迎えた人物がいま読んだばかりの回想録に登場するチャールズ・ディーンと同一人物だとは、ちょっと信じられないでしょう。チャールズは本来の姿、つまり若いころの田舎者に戻っているからです。見事な庭と荒れた手を見れば、どれほど庭いじりに力を入れているかは一目瞭然。それでも人の面倒を見ることをやめたわけではなく、病気のお姉さんの世話をしています。長年のあいだに雇い主から高価な記念品をたくさんもらったのに、それらしきものは家にはほとんど見当たりません。〝お人よしの執事〟の名にたがわず、ほとんど友人にあげてしまったからです。チャールズがもっか、いちばん大事にしている宝物は、一匹の犬。あれほどやかましく、あれほど行儀の悪い犬には、ついぞお目にかかったことがありません！

若いころのチャールズの生き方には、ゴードン・グリメットのそれと共通するところがあります。どちらも遊び好きなお気楽者だったのが、リー氏の下で働いたのをきっかけに目的意識を持つようになった。とくに興味深かったのは、アリス・アスターのもとでのチャールズの生活ぶりです。レディ・アスターにお仕えしていたときのわたしの生活とは、まさに正反対。アリス・アスターとレディ・アスターは、社交界でも別々の陣営、もしくは派閥に属していました。これは社交界が女王派と皇太子派に分裂していたヴィクトリア朝後期の名残で、一方は政治に関心があってお堅く、もう一方は無軌道で遊び好き。もっともレディ・アスターは、若いころには旦那様の存在が、のちにはご自身の政治家としての立場と信仰が歯止めになっていなければ、もっと暴走していたかもしれません。アリス・アスターにはそんな歯止めはいっさいなく、思いのままに突っ走り、周囲の人間をかなり踏みつけにしました。愉快でにぎやかなことを好み、第一次世界大戦後はフラッパー仲間との交際に、のちにはバレエや演劇、芸術の世界に求めるものを見いだしたものの、得られたのは一時的な充足感だけ。チャールズに言わせると、アリス・アスターが最も幸せだったのはオボレンスキー公爵と暮らしていたときで、二人があれきりよりを戻さなかったのが残念だとのこと。わたしも同感です。

そんなわけで、レディ・アスターのもとを離れたチャールズを待っていたのは、元気がよくて遊び好きなオボレンスキー公爵夫妻のために、華麗なきらめきを、いわばクリスマスツリーを飾る金属片や豆電球を提供する日々でした。チャールズは超人的なスタミナの持ち主だったに違いありません。ロンドン滞在中、オボレンスキー夫妻は毎晩のように夜食つきのパーティーを開いていたからです。その種のパーティーでは、スタッフは晩餐の片づけも早々にビュッフェ形式の夜食の準備にとりかかり、冷製のサーモンやターキーやチキンやハムや牛タン、お菓子とチーズを用意し、十分な量のシャンパンを氷で冷やしておかなくてはなりません。午前二時前にベッドに入れる見込みはめったになく、朝は遅くとも七時には起きなくてはならない。チャールズはそんな生活をしていたのです。なぜわたしがハノーヴァー・ロッジの生活パターンを知っているかというと、妹のオリーヴがあそこの厨房メイドだったから。ただし、妹は六週間で暇をとりました。勤務時間のあまりの長さについていけなかったのです。チャールズにはそれに加えて、旅行の際にすさまじい量の荷物を管理する仕事もありました。並の人間にとっては悪夢以外の何物でもありません。チャールズはそれを涼しい顔でやってのけたのです。

旅行とアメリカとアメリカの人々が大好きなのはチャールズとわたしの共通点で、二人とも大型客船で海を渡るという豪勢な形でアメリカへの旅を楽しむことができました。

チャールズの物語の最も興味深い特徴は、雇い主がいかに使用人に依存しているかが見てとれる点かもしれません。その依存ぶりを指摘したのは、ひとりのアメリカ人商店主でした。アリス・アスターとフォン・ホフマンスタールの結婚が破局に向かっていたころの話です。「いらっしゃい、ディーンさん」その女性店主は言いました。「また来てくれてうれしいわ。お宅の奥様、また離婚するんですってね」

「そうなんですか?」チャールズは答えました。

「あら、知らなかったの?」

「イギリスの使用人は奥様、三猿のようなものなのです。悪いことは見ざる、聞かざる、言わざるでして」

「まあ、そうなの?」女性店主は言い、いたずらっぽくつけ加えました。「わたしの見たところ、あなた方イギリス人にはもうひとつ特徴があるわ。イギリスのご婦人は旦那様はしょっちゅう替えるけど、執事は絶対に替えないの」

5　ジョージ・ワシントン

ジョージ・ワシントンとのはじめての出会いを、わたしは一生忘れることはないでしょう。週末をよそで過ごしたレディ・アスターは、ご自分がディッチリーの近くにいることに気づいて、衝動的に姪のトリー夫人のお宅を訪ねることにしたのです。お屋敷に到着すると、奥様は勢いよく車をおりて玄関に駆け寄り、わたしは奥様の〝光り物〟――二人とも奥様の宝石類をそう呼んでいました――が入ったケースを手に、少し遅れてあとを追いました。見れば奥様は親指をぴたりと押しボタンにあてがい、じれったそうに呼び鈴を鳴らしつづけています。玄関を開けたのは新顔の下男で、どうやら通せんぼをしている模様。すると奥様はいきなり腕を突きだし、ラグビー選手のように片手でぐいと相手を押しのけると、「ナンシー、ナンシー」と叫びながら弾むような足どりでなかに入っていきました。

わたしがなかに入ろうとすると、怒りで顔を赤くした下男が言いました。「まったく、何様のつもりなんだ、あのおばさん」

「つもりは余計よ、お兄さん。あの方はレディ・アスターですよ」

相手は口のなかで、ここではちょっと繰り返すのがためらわれる言葉をつぶやくと、わたしの手からケースをとろうとしました。

「おっと、触らないでちょうだい」わたしは言いました。「このケースからは目も手も放さないことにしてるんだから」

その言葉に、相手はまたしてもたじろぎました。

「案内も結構よ。サーヴァンツ・ホールの場所は知ってるから」肩越しに言いおいてその場を離れようとしたとき、下男がつぶやくのが耳に入りました。

「主人が主人ならメイドもメイドだ！」

わたしたちはじきに仲よしになり、〝光り物〟は二人のあいだで冗談の種になりました。ジョージは毎回、わたしから宝石のケースを奪おうとするのです。成功したことは一度もありません。

ジョージはここでご紹介するほかの友人たちとはひと味違っています。ほかのみんながもともと素質に恵まれていたのに対して、ジョージの成功は苦心の末につかんだものでした。ひたすら努力を重ね、一段一段、梯子を上がっていったのです。幼くして負った障害のせいで自分に自信を持てずにいたジョージは、自信をつけるにはどうすればいいかと考え、ほどなく、いい仕事をすることが自信につながる道だと気づきました。そんなジョージの姿に接すれば、だれもが好意を持ち、尊敬せずにいられなかったでしょう。

努力と苦労の末に執事の座をつかんだ男、ジョージ・ワシントンをご紹介します。

ホールボーイの話

最初に断っておくと、ぼくの名前はジョージではない。親にもらった名前はエリック。ところが名字が名字だけに、当然のなりゆきとして周囲の人間にこう呼ばれるようになった。ホールボーイとして、はじめてお屋敷に住みこんだとき、執事にウェストコット出身だと話すと、こう返された。「ウェストコットか。ああ、聞いたことがある。たしかビスターとエールズベリーのあいだにある場所だ。あそこではもう宣教師を食うのはやめたのかい?」

たしかに時代から取り残された場所だった。いわゆる地図にも載らないちっぽけな村で、村人たちの生活も、近くにあるワズドンとウィンチンガムという二つの集落の住民たちの生活も、ジェイムズ・ド・ロスチャイルド夫妻が住む〝丘の上のお屋敷〟ことワズドン・マナーを中心にまわっていた。男たちの大部分と女たちの一部は、お屋敷とその周辺の農場で働いていたからだ。父もそのひとりで、農場と森で働いていたが、一九一五年にぼくが生まれたときは村を離れて軍務についていた。

二人の姉に続いてお屋敷奉公に出るはずだった母は、末っ子だったために、死んだ母親のかわりに父親の面倒を見る役目を任され、その後はぼくの世話をするのが仕事になった。

母にとって、ぼくはただの厄介者でしかなかった。生まれつき脚が曲がっていたからだ。カルテでは小児麻痺《まひ》となっているが、その方面に詳しい人間の話によると原因は逆子出産で、あと何年か遅く生まれてさえいれば足はなんともなくてすんだらしい。だが現実にはそうではなく、子供のころは入退院の繰り返しで、教育にもかなり影響があった。ほかの少年たちは、足に障害のあるぼくを嘲りの的にした。だからといって彼らがとくに残酷な子供だったわけじゃない。村の子供は田舎に生まれ、動物に囲まれて育つ。動物の世界では弱いものは劣ったものと見なされるから、当然のこととして、子供にも同じ尺度を当てはめただけなのだ。のちに例の執事が言ったとおり、村の子供たちは小さな野蛮人だったのかもしれない。

やがて彼らの仕打ちがお偉方の知るところとなり、ぼくはワズドン校に転校した。担任のハリス先生はボクシングとサッカーが得意で心やさしく、この恩師のおかげで、卒業したときには、ぼくは級友たちと同じくらいしっかり世間に立ち向かえるようになっていた。十四歳で就職することは最初から決まっていた。なにしろ父親の稼ぎが週三五シリングしかないのだ。そんなわけで、ぼくは一般的なパターンにのっとって、庭師見習いとしてロスチャイルド家で働きはじめた。

ワズドン・マナーの庭園は、世界一とは言わないまでも、国内屈指の名園だったと思う。あのすばらしさをうまく伝えるだけの表現力がないのが残念だ。夏になると、屋敷を囲むノブと呼ばれる庭園では、整形花壇でも非整形花壇でも花が咲き乱れる。リージェント公園の薔薇にも負けないくらい美しい薔薇と、季節を問わず色彩と果物でいっぱいの温室。〝楽園《パラダイス》〟と呼ばれる温室群では果物と野菜が栽培され、一年を通していつでも手に入るようになっていた。

とくにすばらしいのは〝頂上の温室群〟で、ここにはお屋敷から直接行けるようになっていた。短い通路を抜けると、そこはヤシと巨大なサボテンがどっさり植わったドームになっている。このドームは

バッキンガムシャーはウェストコットにあるジョージ・ワシントンの生家。

東西南北に位置する四つの温室に通じていて、それぞれ湿度も温度も違う温室では、それぞれの方位にふさわしい花が栽培されていた。歩きまわると、まるで世界旅行をしているように感じたものだ。のちに職場の同僚として出会ったときはクリヴデンの庭師頭だったフランク・コプカットは、かつて何年間かワズドンで働いた経験があった。はじめてアスター家の庭園を見たときは、かなり立派なものだったにもかかわらず、えらくちんけなところに来てしまったと思ったそうだ！

残念ながらぼくの努力は、ロスチャイルド家の庭園を美しく格調高いものにするにはほとんど役立たなかった。仕事の内容は、庭師の助手として薔薇の花壇で掃き掃除をし、雑草を抜き、片づけをすること。ときたま菜園でもお役目を果たした。何をしたかというと、お屋敷で使われる野菜の収穫だ。厨房から電話で注文を受け、果物や野菜を収穫して洗う。すると厩舎から、ロスチャイルド家の色である青と黄色に塗られた小さな荷馬車がやってくる。真鍮の馬具飾りはぴかぴかに磨かれ、馬も手入れが行き届き、御者は制服に身を包んで山高帽に花形記章をつけている。かくして、野菜はどこまでも王者にふさわしいやり方で厨房に運ばれるのだ。

ワズドンのもうひとつのご自慢は、屋敷を囲む私有地に生えている木の種類の多さだった。お屋敷が一八八〇年から一八八九年にかけて建てられたばかりの比較的新しいものだと知って、なぜここまで木が大きくなったのかと不思議に思っていると、祖父が種明かしをしてくれた。完全に育ちあがった木々が運ばれてきたことを覚えていたのだ。そのためにわざわざ作られた荷車を、二十二頭の馬が引いていたという。

庭仕事がぼくの天職ではないことには、ぼくも上司たちもじきに気づいた。立派な自転車にまたがってさっそうと私道をおりてくる屋内使用人に羨望のまなざしを向け、胸のなかで〝あっちのほうが向いてそうな気がするな〟とつぶやく日々。そして一九三〇年、そんな状況にいやおうなしに終止符が打たれた。国全体に広がった節約ブームの結果、富裕層も出費の切り詰めに励み、いなくても自分たちの生活にはなんの影響もなさそうな下っ端使用人をお払い箱にしたのだ。

母はぼくが馘になったことに動転した。下っ端とはいえロスチャイルド家の使用人になった以上、ずっとお屋敷で働けると思っていたのだろうし、週一二シリングのぼくの稼ぎは、当然ながら家計のやりくりに大いに役立っていたはずだ。私道をすいすいと走っていく自転車の残像が目にこびりついたまま、ぼくはお屋敷奉公の口を求めてせっせと新聞に目を通し、ついにリトル・ミセンデン・アビーでホールボーイを探しているという広告を見つけた。給料は週一〇シリング。

家族はいい顔をしなかった。召使いなんて最低の職業だと思っていたのだ。それでもみんな、贅沢は言っていられないというぼくの言い分を受けいれた。当時は就職難で、どんなつまらない仕事でも、ないよりはましだったのだ。そして実際、それはつまらない仕事だった。

屋敷の持ち主はロナルド夫妻。まずまずの資産家ながら、断じて上流階級の人間じゃない。ロナルド氏は第一次世界大戦中に財をなしたオーストラリア人の羊毛仲買人。奥方はイギリス中流階級の出身で、上流の人々の猿まねをしようと精いっぱい努力していた。住み込みの使用人は執事、料理人、厨房メイド、ハウスメイド頭、下級ハウスメイド、そしてぼく。ぼくはいわば下っ端の使い走りで、みんなに顎で使われていた。ひとつの仕事にとりかかったとたんに別の仕事を言いつけられる。シンデレラだってあそこまでひどい扱いは受けていなかったはずだ。ここでもらった〝ぐず坊《ウォツンー》〟というあだ名は、ぼくの職場での状態と気分を言い表わしている気がする。せめてもの慰めのひとつは、家まで自転車で行き来できる距離にあったため、ときどき家族の顔を見られたことだ。

もうひとつの慰めはドリス。下っ端のほうのハウスメイドで、ぼくと似たり寄ったりのみじめな日々を送っていた。父親が近くのレーシー・グリーンで〈ブラックホース〉というパブをやっていて、一、二時間ほど休みがとれると、いっしょに自転車でそこにお茶を飲みにいった。たぶんぼくたちのあいだには無邪気な好意が芽生えはじめていたのだと思う。だが二人の関係は、恋の花が開くのを待たずに断ち切られた。

この屋敷のハウスメイド頭は、当時のぼくから見ると行き遅れのおばさんだったが、たぶんせいぜい二十五歳くらいだったのだろう。その女が、どうやらぼくにおぼしめしがあったらしい。ただし当時のぼくは、そんなことには気づいていなかった。どうも変だなと思ったことはある。用事を言いつけるためにやたらと自分の寝室に呼びつけるし、いつ行っても着替え中のふりをして、ちゃんと服を着ていたためしがない。話をするとき、むやみと体を触ってくる気もしたが、ぼくはまったく気に留めず、あれっと思うことがあっても、母親めいた気持ちから出たことだろうと解釈していた。ところが先方は、ぼくがドリスと親しくなっていくのを見て、コケにされたように感じたらしい。

　ある朝、ぼくは寝坊をしてしまい、姿がないのに気づいたドリスが急いで起こしに来てくれたはいいが、部屋を出ようとしたところでハウスメイド頭と鉢合わせしてしまった。相手は火山のように爆発し、昨夜からいっしょだったのだろうとぼくたちをなじった。いくら説明しても無駄で、早い話がぼくはロナルド夫人に呼びつけられ、薄汚い姦通者呼ばわりされたあげく、すぐに荷物をまとめて出ていくよう命じられたのだ。

　家に戻って事情を説明するのは、愉快な仕事じゃなかった。いっそのこと本当にドリスと何かあったほうが、話は簡単だっただろう。洗いざらい懺悔してすっきりしたうえで、一から出直せただろうから。現実には、濡れ衣だという説明はいちおう受けいれられたものの、火のないところに煙は立たないと思ったのか、みんなの態度はどこか曖昧だった。家族に加えて年頃の娘を持つ村人たちも、ぼくの行動に目を光らせているように感じられ、一方で同性の友人たちは、ぼくを英雄視すべきか軽蔑すべきか態度を決めかねているようだった。

　そんな状況にきれいさっぱりおさらばしようと決心し、ロンドンはシーモア街五七番地のトウィードマウス卿夫妻が出していた、ホールボーイ兼下男の求人に応募の手紙を書くと、驚いたことに採用された。なぜ驚いたかというと、ロナルド家から推薦状をもらっていなかったからだ。面接のとき、執事のグレイ氏はぼくの品性にはほとんど関心を示さなかった。理由は働きはじめてじきにわかった。グレイ氏自身が完全に堕落しきっていて、ぼくが彼の破廉恥な行為に目をつぶるだけでなく、手を貸すことを期待していたのだ。

スタッフの人数は、ロンドンにあるその手の屋敷としては多いほうで、各部門に三人ずつ。定期的にパーティーが開かれ、グレイ氏は品行にはちょっと問題があったとはいえ仕事はそこそこできたので、彼の下で働くのはそれなりに勉強になった。

当時のぼくの物知らずぶりをわかってもらうために、恥さらしなエピソードをひとつ紹介しなくてはならない。グレイ氏と二人で昼食のテーブルを整えていたときのことだ。グレイ氏が言った。「ひとっ走り下へ行って、料理人に今日は魚料理があるかどうか訊いてこい」

料理人の答えは、「ないね。今日お出しするのはチーズオムレツだよ」というものだった。オムレツという料理があることを知らなかったぼくは、その言葉を自分なりに解釈してグレイ氏に伝えた。

「今日の料理はチーズ・オン・ザ・ミットだそうです」

「なんだ、そりゃ?」とグレイ氏。

「だから、豚の肩肉《ハンド》にチーズをのっけたやつだと思いますけど」と答えると、グレイ氏はからかわれたと思ったらしい。

「この生意気なちびめ。人をばかにすると承知しないぞ」言うなりビンタが飛んできて、ぼくは部屋の隅まで吹っ飛ばされた。

あの当時、仕事は痛い思いをして覚えるものだった。

痛い思いを覚悟しなくてはならなかったのは、仕事を覚えるときだけじゃない。屋敷には、いまのような洗練された盗難警報装置はいっさいなかった。家事労働もする生きた警報器を年二六ポンドで雇えるのだから、そんなものは必要ないと思われていたのだ。

ぼくがその警報器だった。自分の部屋はなく、寝る場所は食料品貯蔵室。昼間は戸棚に収納されているベッドは蝶番で壁にくっついていて、引きおろすと金庫の扉をふさぐ格好になる。つまり盗っ人が金庫に近づくにはまずぼくの喉をかき切る必要があり、あの世に送られる前に、ぼくも叫び声くらいあげられるだろうというわけだ。

実際、ぼくはたびたび眠れない夜を過ごしている。ただし泥棒のせいではない。原因は執事のグレイ氏の不愉快な習慣だった。

グレイ氏はメイフェア界隈を縄張りにする商売女の何人かと取り決めをしていて、客が少なかったり天気が悪かったりすると、軽い夜食かポートワイン一、二杯と引き換えにいい思いをさせてもらっていた。屋敷が寝静まってから、そんな女のひとりがドアをたたいたら、ぼくは女をなかに入れてやり、グレイ氏の部屋に上がっていって、それを知らせなくてはならない。ぼくにはそれはグレイ氏に女を取り持つのと同じことに思えた。グレイ氏のしていることがばれたら、まわりもそう考えるかもしれないし、ぼくもお咎めなしではすまないだろう。ロナルド家を馘になったいきさつを思えば、そんなことになればぼくは一種の色情狂と見なされかねず、お屋敷奉公の世界で生きる道は、まだ最初の一歩を踏みだしたかどうかの段階で閉ざされてしまうかもしれない。そんなわけで、ぼくは別の勤め先を探すことにした。

ぼくはついていた。それからじきに、ケンジントンにあるイルチェスター伯爵夫妻の居館、ホランド・ハウスの家令室〔この時点で屋敷を仕切っているのは執事だが、かつて家令がいたころの名残でこう呼ばれていると思われる〕づきボーイとして採用されたのだ。

その時点ではまったく知らなかったホランド・ハウスの歴史は、勤めているあいだに少しずつ教えられた。学んだことすべてを語ろうとしたら、それだけでページが尽きてしまう。ここでは、十九世紀初期に飛びぬけた才能を示した傑物は男も女もほぼ全員がこの館を訪れ、屋敷内を動きまわったり、いくつもある小道をそぞろ歩いたりしていること、ここで練られた策略や計画が、二マイル〔約三・二キロ〕ほど東にあるウェストミンスターの議会で、三百年にわたって実を結びつづけたことだけ、言っておくことにする。

面接を受けに行ったときのことは、いまでも鮮明に覚えている。アーチ型の入り口の端から端まである巨大な黒と金の門に近づいていくと、自分がひどく小さくなったように感じた。門をくぐって門番小屋の横手のドアをノックすると、花形記章をつけたシルクハットをかぶり、お仕着せの燕尾服の下に腰を絞ったチョッキを着た男がドアを開けた。用向きを尋ね、地図を見せながら屋敷への道を教えてくれる。のちに四分の三マイル〔約一・二キロ〕ほどだとわかった屋敷までの距離が、その日は四倍くらいの長さに感じられた。

妙だと思ったのは、使用人は勝手口を使うのが普通なのに、正面玄関に行くよう言われたことだ。門番によると、ぼくのように面接を受けに来た人間が何人か、勝手口を探して何日間もさまよいつづけるはめになったため、初回の訪問に限って特例を認めることにしたという。その玄関がまたすごい。とにかくでかいのだ。昔は四頭立ての馬車を乗りいれて大階段の下に横づけにできたとかで、あまりの巨大さに、ドアを開けた執事のペティット氏が小人に見えたほどだ──身長六フィート三インチ〔約一九〇センチ〕、体重二三ストーン〔一五〇キロ弱〕の巨漢だったにもかかわらず。

ここでまた用件を告げ、ペティット氏に連れられて彼の事務室へ。面接では意地の悪い質問をされることもなく、ぼくは採用された。給料は年二六ポンドで、働きぶりに問題がなければ丸一年が過ぎるたびに昇給する。さらに、真面目に働けばちゃんと面倒は見るという約束つき。これは空きがあれば昇格させるという意味だ。だが、それで全部ではない。毎年、新しいスーツが三着支給されるという。ずっと着たきり雀でやってきた人間には、これはひと財産に思えた。そしてペティット氏は約束した以上のことをしてくれた。最初の二着はチャコールグレー（つまり仕事用）だったが、ぼくがちゃんと服の手入れをするよう躾けられていて、二着ともまだ十分に着られる状態なのを知ると、三着目は形も色も自由に選ばせてくれたのだ。

ホランド・ハウスで過ごした三年半をふり返ると、なんだか無性にもの悲しい、どこか現実離れした空気が屋敷を包んでいたことがわかる。ぼくたちは過去の遺物につっかえ棒をし、すでに失われたものがまだそこにあると——あるいは、いまはなくても、昔ながらのやり方を維持しようとする努力が十分なら、そのうちに戻ってくるかもしれないと——思いこもうとしていた。本当のところ、屋敷は第五代イルチェスター伯爵の未亡人メアリーただひとりのために運営されていた。先代伯爵夫人は大変なご老体のうえに半病人で、ぼくがスタッフに加わる何年も前に未亡人になっていた。一日のかなりの時間を寝室で過ごしており、そこに食事を運んでいって看護婦かお付きメイドに渡すのは、ぼくの仕事だった。息子の第六代イルチェスター伯爵は、直系卑属として先代から相続したホランド・ハウスで過ごすことはめったになく、ロンドンの社交シーズンを除けば、ときたま短期間滞在するだけ。メルベリーとアボッツベリーにカントリー・ハウスを持っていて、そちらで過ごすほうが好きだったのだ。

したがって、使用人を置いているのは主として体裁を整えるためだった。ぼくたちの役目は、伝統ある相続財産を維持するために最大限の努力がなされていると、目に見える形で示すことだったのだ。そして使用人は大勢いた。執事のペティット氏の下に第一下男と雑用係とぼく。ハウスキーパーの下にメイド四人と食料品貯蔵室づきメイド。料理人の下に厨房メイドと洗い場メイドが二人ずつ。運転手のイースト氏。庭師頭のリントル氏の下に庭師八人。お付きメイドと昼勤・夜勤の看護婦たち。そんなにいて暇を持て余さなかったのかって？

ぼく個人は、あのときほど懸命に働いたことはない気がする。個人宅での家事労働に関する知識は、ほとんどあそこで学んだのではないだろうか。家令室づきボーイとしてのぼくの役目は、家令室を整え、執事の身のまわりの世話をすること。五時半に起きてマグカップに入れたお茶と、お湯を詰めた缶を用意し、六時にペティット氏を起こす。簞笥から服を出して並べ、靴を磨く。それがすむと、今度は暖炉に火を入れる作業がある。いまにして思えば、この作業の分担はちょっと変だった。食料品貯蔵室と朝食室をぼくが、ペティット氏の寝室とハウスキーパーの居間を食料品貯蔵室づきメイドが、家令室を下級ハウスメイドが担当していたのだ。朝食室には暖炉が二つあり、ぐるりに鋼の縁がついていた。これは細かく編んだ鎖で裏打ちした革の磨き布で磨かなくてはならない。まるで甲冑をまとった騎士の従者になった気分で、どんより曇った日や霧の深い日は、手がちぎれそうなほど磨いてもちっとも光ってくれない鋼と格闘しながら、従者たちもこういう苦労をしたんだろうなと思ったものだ。よく晴れた日には、磨いた鋼はまるで鏡のようにぴかぴか光り、骨を折った甲斐はあったと感じさせてくれた。

伯爵夫人は基本的には寝室で朝食をとった。その朝食を用意する手順がとても面白い。まずハウスキーパーからテーブルクロスとナプキンを受けとると、それを盆にのせて配膳室に行き、盆に銀器をセットする。それから食料品貯蔵室に行ってロールパンとトーストとクロワッサンをとり、最後に厨房に行って卵やベーコンその他、お求めの料理をのせるのだ。

不運だったのは、雑用係が長年勤めてきた少なくとも七十歳にはなる爺さんで、あたりをぶらつく以外は何もできなかったことだ。おかげで普通なら雑用係がするはずの力仕事が、全部こちらにまわってきた。なかでも大変だったのは、たぶん石炭運びだろう。一部の寝室も含めて、ほとんどの部屋が暖房に石炭を使っていたため、重さが五六ポンド〔約二五・四キロ〕ほどになる亜鉛メッキのバケツを二つ持って、最上階まで上がらなくてはならない。当時のぼくはまだ背が低く、バケツの底がほとんど床につきそうだった。石炭入りのバケツは肩の関節がはずれそうなほど重く、いまのぼくが猿のように長い腕をしているのはそのせいではないかと思っている。

やっていて気が滅入ったもうひとつの仕事は、地下の端から端まで伸びる長い廊下の床を磨くことだ。裏口から始めて執事の事務室まで、全長一〇〇ヤード〔約九〇メートル〕。途中に短い階段がいくつかあり、ここはとりわけ念入りに掃除しないとまずい。目につきやすい場所で、ほんの少しでも埃を見つければ、ペティット氏は呼び鈴を鳴らしてぼくを呼びつけ、とっちめること確実だったからだ。ペティット氏は油断のならない古狸だった。玄関近くにある事務室から配膳室に向かう足音がぼくたちに聞こえることを知っていて、ときどき靴を脱いで歩いてくるのだ。ぼくたちが何かよからぬことをしているのを予想して、というより、たぶん期待して。これについては、ぼくはしばらくのあいだペティット氏の裏をかくのに成功した。事務室の外に置かれた敷物の下に、ぐらついているタイルが一枚があった。そこに針金を渡して配膳室の呼び鈴につなぎ、ペティット氏が部屋を出たらすぐにわかるようにしたのだ。この細工がばれた日のことを思いだすと、いまでもぶたれた尻の痛さがよみがえってくる。

いまでは十一時の軽食《イレヴンジズ》といえばお茶かコーヒーのことだが、お屋敷奉公の世界では違った。あのころは午前の休憩には男にも女にもビールが出され、出されない場合はビール代が支払われた。ホランド・ハウスでは、エールを樽から出して運ぶのはぼくの仕事だった。毎日、ジョッキを酒蔵に持っていってエールを注ぎ、ひとつはペティット氏と下男と庭師頭と運転手のために家令室に運ぶ。ついでハウスキーパーの居間と厨房とハウスメイドの居間にひとつずつ配り、食料品貯蔵室にも小さいのを運ぶ。ジョッキの大きさはさまざまだった。底が広くて注ぎ口が小さい銅の水差しで、その形と素材のせいでビールがぬるくなりにくい。ホランド・ハウスのジョッキは小さいので一クオート〔約一・一三リットル〕、大きいので一ガロン半〔約六・八リットル〕入り。いちばん大きいのは執事とそのお仲間用だった。彼らはあまり飲まないので半分以上残ることも多く、残った分は流しに空けなくてはならない。酒蔵にはいつもエールの樽が八つあり、そのうち四つには呑み口がつけられ、残り四つは予備だった。ビールの保存状態はすこぶるつきによく、雑用係がこの仕事だけは完璧にやってのけていた。朝から晩までヨーヨーのようにひっきりなしに酒蔵におりていっては、保存状態を確認するために味見をしていたのだ――ぼくの見たところ、本人の体調を犠牲にして。

ホランド・ハウスではすでに廃止されていたしきたりのひとつに、サーヴァンツ・ホールでの軍事教練まがいの食事がある。上級使用人の食事には、最初から最後まで家令室が使われ、ぼくはそこで給仕を務めた。ペティット氏の厳しい監視のもとで、給仕の技術――身のこなし、正しい立ち位置、スプーンさばき、ソースの運び方と供し方など、優秀な給仕になるために必要な一〇一の知識を学んだのだ。骨つき肉は最初はペティット氏が切り分けていたが、その後、ぼくがやり方を覚えたがっているのを知ると、ぼくを隣に立たせて手順を教えてくれ、やがてはぼくがサイドボードに向かってひとりでナイフを使うのを見守るようになった。いまのぼくは、肉を切り分ける技術に関してはどんな相手の挑戦でも受ける自信がある。ただし〈シンプソンズ・イン・ザ・ストランド〉の魔術師たちは別だ。あの偉大なイギリス伝統料理店では、いまだに古きよき時代の格調高い雰囲気とサービスが保たれている。

このお役目の困った点は、おかげで最初のうちしばらく、干乾《ひぼ》しになりかけていたことだ。ぼくが家令室にいるあいだも、ほかの使用人はサーヴァンツ・ホールで食事をしているわけで、ぼくが食べに行くころにはもうほとんど何も残っていない。生き延びるために食料品貯蔵室からパンをくすね、便所にこもって食べたものだ。ある日、家令室からヨーク産の見事なハムを下げていたら、よだれが出てきた。誘惑に負けて二枚切りとり、外の流しにかぶせてある木の蓋の下に隠しているところを、部屋から出てきたペティット氏に見られてしまった。「こら、いったいなんのまねだ！」と雷を落とされたときは、お粥のお代わりをはねつけられたオリヴァー・トゥイストの気持ちがわかったが、ペティット氏は教区吏員のバンブル氏より慈悲深かった。ぼくの言い分を聞いてくれ、実態を調べてみると言ってから、どんな事情があっても盗みは許されないと叱ったのだ。それで問題は解決した。その後は、ぼくの食べる分はきちんと取り分け、冷めないようにオーブンに入れておいてくれるようになったからだ。ときには給仕を終えた時点で、ペティット氏に肉を一、二枚切って食事の足しにするよう言ってもらえることもあり、そんな形で、ぼくはどちらの部屋でもおいしい思いをできるようになった。

ほかのどれよりも楽しかった仕事を通して、ぼくは伯爵夫人と間近に接するようになった。天気がよければ午後は毎日、車椅子を押して敷地内を散歩させる。ホランド・ハウスの庭園は、伯爵夫人のご自慢の種だった。若いころ自分で設計したものだからだ。なかでもお気に入りは中国庭園で、ここには豪華な花を咲かせるユッカが植わっていた。ユッカは七年に一度しか花をつけないが、幸いこの庭の木は、毎年少なくとも一本は花を咲かせるように計算されていた。伯爵夫人は鳥好きでもあったので、ぼくは時間さえあれば散歩の前に必ず庭に出て、鳥がちゃんと姿を見せるように餌を置いておいた。伯爵夫人がいちばん贔屓にしていたのは一羽の年をとった雄のキジで、こいつにはいやというほど餌をやったから、あれほどたらふく食べている鳥は国内のどこを探してもいなかったはずだ。

散歩のとき、伯爵夫人はしきりに思い出話をした。夫である先代伯爵がどんなにホランド・ハウスを愛し、この屋敷や田舎にある二つの屋敷、メルベリーとアボッツベリーのどこにどんなふうに手を加えたか。メルベリーの鹿園と美しい木々、アボッツベリーの白鳥飼育場と亜熱帯庭園について。はじめて主催したパーティーがホランド・ハウスでの仮面舞踏会で、この試みはヴィクトリア朝のお堅い社交界を驚かせたものの、のちには大いに評判を呼んだこと。伯爵夫人の描写力はすばらしく、屋敷や敷地内の様子がありありと目に浮かんできた。ちょっと奇妙だったのは、ぼくの故郷での暮らしぶりは一度も尋ねようとしなかったことだ。まるで昔のこと以外は聞きたくないかのように。

伯爵夫人はロンドン動物学協会の会員で、リージェント公園内の動物園は毎週日曜日は会員限定になっていたため、ぼくは伯爵夫人の車椅子を押して公園内を歩きまわった。これはとても勉強になった。いつも飼育主任がひとり付き添ってくれ、たくさんの動物とその習性について学べたからだ。動物園に行くときは、食料品貯蔵室の果物や、古くなったケーキや菓子パンを袋に詰めて持っていく。古くなった！　ぼくにとっては、どれも生唾もののご馳走だった。ひとつか二つくすねるのを見たとしても、記憶力がいいとされる象たちは、さらりと水に流してくれたと思いたい。

自分が食べ物に関してひどい扱いを受けていると思っていたぼくは、ほどなくある経験をして、そんな考えを改めさせられることになった。ホランド・ハウスで働きはじめてじきに、ぼくは食料品貯蔵室づきメイドのメイジー・ウィザーズと仲よくなった。ウェールズ出身の小柄な娘で、すばらしい赤毛と、その髪に似つかわしいおきゃんな態度の持ち主だ。都合さえつけば二人でロンドン見物に出かけた。とくに好きだったのが、バスでキュー王立植物園に行き、都会のにおいをきれいさっぱり払い落とすこと。めちゃくちゃに走りまわってから並んで芝生に寝転がり、神様が作ったかぐわしい空気を吸いこむ。その後、あちこちにあって当時は食事もサービスもとても上等だったジョー・ライアンズの店〈ライアンズ・コーナーハウス〉でフィッシュ・アンド・チップスを食べ、食後は映画を見るか、ぼくに臨時収入があったときはウェストエンドの劇場に行く。

ホールボーイのぼくには役得があった。それはワインの空き瓶とコルク栓で、お屋敷に訪問客か若いイルチェスター卿が滞在しているあいだは毎日、食堂から下げられてくる。どちらも中古品として売れ、業者がちょくちょく訪ねてきて、空き瓶を一ダースにつき二ペンスか三ペンスで買いとっていった。コルク栓はそれよりずっといい金になる。お屋敷で出されるワインはどれもヴィンテージ物で、コルクには醸造年と産地の焼き印が入っていた。特別出来のいい年のシャンパン、クラレット〔ボルドー産の高級赤ワイン〕、ポートワインのコルクは最高でなんと五シリング、出来のいい年のものは一シリング六ペンスから二シリングで引きとってもらえる。コルク栓はよからぬ連中に転売されて偽造ラベルを貼った安酒の瓶に栓をするのに使われるほか、高級なホテルやレストランの給仕の手に渡ることもあった。ワイン係の給仕は、ホスト役の客に見えるように、抜いたコルクをテーブルの脇に置くことになっている。その結果、ほろ酔い加減の客は、安物のワインを飲んでヴィンテージワインの代金を支払うはめになるわけだ。空き瓶とコルクを売った金は使わずにとっておいたので、一週間の休暇をうちでいっしょに過ごさないかとメイジーに誘われたとき、うんと答えたうえに、かなりの額の軍資金を持っていくことができた。

メイジーの故郷はウェールズの小さな炭鉱町、ブリンマーだった。パディントンから列車でニューポートまで行き、迎えに来ていたメイジーの父親といっしょにウェールズの谷間を上がり、炭鉱町として知られるエブヴェールを抜けてブリンマーへ。メイジーには弟妹が六人と成人した姉さんが二人いて、家族みんなで炭鉱夫用の小さなコテージで暮らしていた。コテージをひと目見て感じたのは、その質素さと清潔さだ。金曜日の夕食はトースト、翌土曜日の朝食はマーガリンを塗ったパンで、昼食はフライドポテトひと皿だけ。午後になって二人でくず石捨て場の近くを散歩していると、メイジーに訊かれた。「おなか空いてる？」

「空いてるなんてもんじゃないよ」ぼくは答えた。するとメイジーは、父親が炭鉱夫の職業病である珪肺症にかかって解雇され、いまは労災見舞金で暮らしているのだと説明してくれた。

「だけど、うちだけじゃなくて、どこの家もたいていそうよ」メイジーが続ける。「このあたりでは何年も前から、仕事はあったりなかったりだから」そうか、それでわかった。ぼくは思った。どうりで近所で見かけた男女の顔にあきらめの表情が浮かんでいたはずだ。

「心配しなくていい」ぼくは言った。「軍資金はたっぷりある。二人でみんなにご馳走しよう。日曜日の昼ごはん用に骨つき肉を買うんだ」もちろん、ここでは昼食は正餐《ディナー》と呼ばれている。ぼくたちは町の肉屋に行って、子羊の脚が欲しいと言った。

肉屋は信じられないという顔をしてぼくを見た。「子羊の脚は置いてないよ。それどころか、子羊の脚を最後に見たのがいつだったかも忘れちまったくらいだ」そして急いでつけ加えた。「だけど月曜日でよけりゃ用意するよ」

ぼくはそうしてくれるよう頼み、「いますぐ売ってもらえるものはなんですか？」と尋ねた。

「牛の首肉だけだ。どれくらい入り用だね？　四分の一ポンド〔一ポンドは約四五〇グラム〕くらいかい？」

二ポンド欲しいと告げると、肉屋は卒倒しかけた。肉屋のそんな反応も、メイジーの母親が見せた反応と比べればなんでもない。二人で台所に入っていき、目の前のテーブルに肉を置くと、お母さんは無言で肉を見つめたまま椅子に腰をおろし、はらはらと涙をこぼした。

「さっき注文した子羊の脚を見たら、お母さんはどうするかな?」ぼくはあとでメイジーに尋ねた。

お母さんの反応は前と同じで、お父さんは食卓に骨つき肉がのっているのを見ると、ひざまずいて祈りを捧げ、ぼくたち二人とほかの家族もそれに倣った。それ以来、ぼくは腹が減ったの食事の量が少ないのと不平を言ったことは一度もない。

ひとつの家庭に失われていた喜びと生気をもたらすことで、メイジーとぼくはすばらしい一週間を過ごし、ロンドンに戻ってからも定期的に小包で食料品を送るようになった。こうなるともう、厨房でせっせと食べ物を漁るのもちっとも恥ずかしくない。ごっそり上前をはねるようになった分、動物園の鳥や獣の口に入るケーキや菓子パンの量が減っても、人助けのためだと思えばやましさは感じなかった。

仕事には満足していたし、年に一度の昇給の結果、スーツ三着と四〇ポンドの年給をもらえるようになったものの、働きはじめて三年半が過ぎてもホランド・ハウスでの未来は見えてこなかった。下男がよそに移る気配はまったくなく、ぼくは伯爵夫人が死んだらどうなるのかと思わずにいられなかった。どう考えても、イルチェスター卿にはホランド・ハウスで暮らす気はなさそうだったからだ。そこで、よそで下男の口を探そうと決め、力添えしてもらえるかもしれないと期待して、ペティット氏にその決心を打ち明けた。返ってきたのは、お決まりの激励の言葉だった。「おまえが下男に? やめとけ。逆立ちしたってなれやせんよ」そこで、ぼくは職業紹介所に行った。

今回使ったのは、〈ハンツ・レジーナ〉という偉そうな名前の紹介所だった。女王《レジーナ》の一語を入れたのは、王室のご用を務めているという印象を与えるためだろう。だが、新しい勤め先であるラウンズ・スクエア一四番地のサー・コリン・キャンベル夫妻の屋敷でぼくが受けた扱いは、そんな結構なものとはほど遠かった。

ここにはホールボーイ兼下男として採用された。ペティット氏に言われたとおり、ぼくはまだ一人前とは見なされていなかったのだ。苦労するはめになったのは、雇い主ご夫婦のせいでも親切でおだやかな執事のブルッカー氏のせいでもなく、ハウスキーパーのせいだった。この屋敷では仕事の分担がはっきりしておらず、ひとつの作業にとりかかったと思うと、すぐにまた呼びつけられて別の作業をやらされる。そんな調子では、どんな仕事だろうと満足にできるはずがない。

それでもひとつだけ、以前からの念願を叶えることができた。ついにお仕着せを着る身分になったのだ。この仕事のいいところは、それだけだった。すっかり得意になって手紙で母に知らせると、母は息子の快挙に舞いあがってしまったらしい。わざわざぼくの晴れ姿を見に来ることにしたのだ。ある日、午前の雑用を片づけていると、執事がおりてきて言った。「きみ、ご婦人が面会に来ているよ。玄関から訪ねてきたので裏口にまわるよう言っておいた」

勝手口を開けると母さんが立っていて、ぼくを見るなりはっと息をのんだ。無理もない。そのときぼくが着ていたのは古い作業服。顔は石炭の煤だらけで、汚い帽子をかぶり、みすぼらしい労務者にしか見えない。そして母さんは、小公子フォントルロイ卿のような息子の姿を思い描いていたのだ。お仕着せのことで気を悪くした人間はもうひとりいる。悲惨な数か月のあとで、意を決してお暇をいただきたいと申しでると、サー・コリンズはすぐさま、ぼくのお仕着せを作らせるには給料一年分と同額の費用がかかったと指摘した。

勤め先を変えることにしたのは正解だった。ある立派な貴婦人に仕えるスタッフの一員として、サスーン一族という名門とつながりができたからだ。レディ・エドワード・サスーンは未亡人で、年齢は七十二歳くらい。孫娘が四人いて、そのうち三人はまだ結婚していなかったから、ベルグレイヴ・スクエア一七番地の屋敷はしじゅう人でにぎわっていた。ユダヤ系の人々と接したのはそれがはじめてで、とてもいい印象を受けた。とくに印象的だったのが、一族の絆の強さだ。パーク・レーンにある屋敷の美しさとそこで開くパーティーのすばらしさで知られるサー・フィリップと、数々の名馬の持ち主であるサー・ヴィクター・サスーンは、しょっちゅう訪ねてきていた。身内だけの昼食会も定期的に開かれ、多いときで二十二人が出席している。

スタッフも粒揃いだった。執事のオースティン氏、ぼくを入れて二人の下男、運転手、雑用係、シェフ、厨房メイド二人、そしてお付きメイド。お屋敷の切り盛りの仕方は洗練されていて、雰囲気は文化的。料理もワインもとびきり上等だった。銀器のセットはデザインの違うものが三つあり、それぞれキングズ・シルバー、キングズ・ギルト、ラットテイル・キングズ。磁器のセットも見事なもので、こちらは全部で四十人分。食器の数にすると何百個にもなる。事情にうとい人は、磁器を洗うのは洗い場メイドか厨房メイドで、食器が割れるのは日常茶飯事だと思っているらしいが、実際には、磁器が厨房に持ちこまれることは一度もない。磁器のセットはハウスキーパーの領分にして自慢の種で、食料品貯蔵室づきメイドかハウスメイドが、注意深い監督のもとで洗っていた。何かが割れたりすると、まるでお屋敷内で死人が出たような雰囲気になったものだ。

この屋敷では、ぼくもついに一人前と認められ、正規の下男になっていた。そして経験したのが、最初で最後の御者台当番《ボックス・ワーク》だ。馬と馬車が移動の足だったころの名残でそう呼ばれているだけで、実際にすわったのは御者ではなく運転手の隣だった。お仕着せをきっちり着こみ、その上に冬なら大きな軍人風のコート、夏ならアルパカの軽いコートを着る。運転手と同じひさしがついた帽子をかぶり、手には白手袋。帽子はいつも横っちょに傾けてかぶるようにした。そのほうがクールに見えると思ったからだ。レディ・サスーンの意見は違った。いつもロールスロイスの運転席と後部座席を仕切るガラスの板をこつこつたたいて、ひとこと。「ジョージ、帽子を直しなさい。曲がっていますよ」

レディ・サスーンは大の芸術好きで、お芝居やコンサートやオペラに頻繁に通っていた。出し物の最後の部分だけは、ぼくも毎回、観賞させてもらっていた。目がよく見えないレディ・サスーンが会場側と話をつけ、ぼくが座席まで迎えに行って車まで付き添えるよう、入場を許可してもらっていたからだ。コヴェントガーデンでは、ボックス席の外に立ったまま、最後の場面を丸ごと聴いたことも少なくない。なかでもよく覚えているのは、グレース・ムーアが演じた『ラ・ボエーム』の死の場面だ。帰宅してレディ・サスーンを部屋までお連れすると、そこにはサンドイッチとコーヒーが用意されている。レディ・サスーンが腹ごしらえの必要を感じることはほとんどなかったが、「これは下げてちょうだい」と言って盆を手つかずのまま厨房に戻させるかわりに、「これは適当に処分してちょうだい」と言ってくれた。食べたければ食べていいということだ。そして、ぼくはいつも食べる気満々だった。

これまたレディ・サスーンのもとではじめて経験したことに、レディ・マルコム主催の使用人の舞踏会がある。毎年アルバート・ホールで開かれるこの舞踏会は、いわば二段構えのチャリティーだった。雇い主たちにチケットを売った収益は慈善事業に寄付され、その後、チケットをもらった時点で、ぼくたちも慈善の対象になる。あれはいつ行っても華やかな催しだった。年に一度の仮装舞踏会。チケットには入場料のほかに何杯かの飲み物代も含まれ、ぼくたちは有名なバンドの演奏に合わせて踊り、古い友達と旧交をあたためため、新しい友達をたくさん作った。何人ものメイドにいっしょに行こうと誘われたが、ぼくはいつも断っていた。会場には女の子がわんさといる。連れにべったりへばりつかれたあげく、ぼくがほかの子と踊っているからといって、ふくれっ面で壁の花を決めこまれてはたまらない。こういう場では気が大きくなりがちなうえ、ダンスが終わるまでずっと、近くにあるハイドパークで過ごすこともできたため、一夜の火遊びを楽しんだあげく、数か月後に雇い主の気前のよさを恨むはめになるメイドも少なくなかった。

レディ・サスーンはベルグレイヴ・スクエア一七番地のほかに、ボーンマスの崖の上にキーソープという感じのいい屋敷を持っていて、ここに行くのは使用人にとっていい気分転換だった。休暇と言いたいところだが、そうは言えない。数は少ないものの、いつもだれかしら滞在客がいて、身のまわりのお世話をしなくてはならなかったのに加え、定期的に昼食会や晩餐会が開かれたため、仕事が増えることはあっても減ることはなかったからだ。ここでお世話した紳士客のひとりから、チップとしてクラウン銀貨〔昔の五シリング銀貨〕を何枚かもらったことがある。もらった銀貨はしばらくとっておいて、同僚に見せびらかしていた。残念ながら、得意になっていられたのはリー氏に出会うまでだった。ぼくの銀貨を見ると、リー氏はソブリン金貨と半ソブリン金貨をひとつかみ出してみせたのだ。

レディ・サスーンのもとには二年間いた。そんなにいい職場だったのに、よそに移りたがるなど不思議に思えるかもしれない。だがそれなりの年齢になり、ある程度の経験も積んだいま、ぼくは将来のことを考えはじめていた。いい職場でいい仕事をすることに満足感を覚え、家事使用人として働くことによって何を得たかに気づいて、これを一生の仕事にしようと決めたのだ。お屋敷奉公につきものの規律にはもう慣れている。だったら、ほかのどんな道を選ぶより、この世界で生きるほうがはるかに利点が多い。そう判断してのことだ。

家事使用人として上をめざすためには、いろいろな経験を積んでおきたかった。この先何年間かは、ぼくは執事の下で働くことになるだろうし、執事は経験の幅が広い人間を雇いたがる。だから、どうせ六年間働くのなら、ずっと同じ屋敷にいるより三つの屋敷を渡り歩いたほうがいい。

よそで下男をしていた友達が、たまたまはじめて執事として採用されたばかりで、定員一名の下男の仕事をだれか気心の知れた信頼できる人間に任せたがっていた。そこで、ぼくは銀行家のレオ・ダーランガー氏の屋敷に移った。半年間かそこら手伝ってくれればいいという話だったから、そのあいだにゆっくり時間をかけて、自分の人生設計に合った次の職場を探せばいい。

アッパー・グロヴナー街四四番地の屋敷は、大きさでは負けるもののレディ・サスーンのお屋敷を思わせる格式と美しさを備えており、ご主人のレオ氏もレディ・サスーンのようにやさしく思いやりある態度で使用人に接してくれたため、ここでの数か月は満ち足りた平穏なものだった。ただし、ぼくはここでひとつだけ失敗をしでかし、使用人の悪夢とも言うべきその事件から、ひとつの教訓を学んでいる。

それは働きはじめて五週間ほどしたころで、まだ仕事は手探り状態だった。レオ氏はヴェネチア製の枝つき燭台を二つ持っていて、ぼくは見るからに立派で高そうなその燭台を、注意深く、びくびくしながら扱っていた。ある日、手入れをしようと燭台を配膳室に運んでいったときのことだ。配膳室に着き、きつく胸に押し当てていた二つの燭台を置こうとしたとき、枝の一本がチョッキにひっかかった。枝は折れ、床に落ちて三つに割れた。ぼくはありとあらゆる苦悩にさいなまれながらご主人の帰宅を待った。報告に行ったときは、激しい不安がありありと表情に出ていたに違いない。レオ氏は顔を上げるなり言った。「おいおい、ジョージ、いったいどうしたんだ？」何があったかを知ると、レオ氏はむしろほっとしたようだった。「ここのように美しく高価な品が日用品として使われている家では、破損事故は避けられない。それはこちらも承知しているよ。さもないと、高価な品はみな金庫にしまいこまれて、日の目を見ることも人々の目を楽しませることもなくなってしまうからね。どれ、どんな具合か見せてごらん」

こわれた燭台を見せると、レオ氏は言った。「これなら大したことはない。ヴェネチアに修理に出せば、きみを含めてだれひとり、割れたことに気づかない状態になって戻ってくるだろう」

ご婦人方の怒りを買うのを覚悟で言わせてもらうと、その種の事態に対しては、たいていの場合、女性よりも男性のほうが寛大だった。この一件から学んだ教訓は、ものを扱うときは慎重になりすぎてはいけないということだ。無茶でない程度に度胸よく扱うほうがいい。それにしても不思議なのは、ある程度長く勤めていると、奉公先の屋敷で扱う品々をほとんど自分の持ち物のように見なすようになることだ。〝ぼくの〟銀器、〝ぼくの〟食卓、〝ぼくの〟枝つき燭台などと言うようになり、何かがなくなったりこわれたりすると、本当の持ち主に負けないくらい痛手を受けるのだ。

レオ氏のもとで約束の半年間を過ごしたあと、ぼくはまた一歩、出世の階段を上がる手段として打ってつけに思える仕事の口を見つけた。アッパー・ブルック街五〇番地のレディ・ハルトンの第一下男になったのだ。

レディ・ハルトンは、新聞社社長サー・エドワード・ハルトンの未亡人で、亡くなったご主人はロンドンの夕刊紙『イヴニング・スタンダード』や、一時は国内一の売上を誇った週刊誌『ピクチャー・ポスト』などの発行人だった〔実際には、後者は息子エドワードが一九三八年に創刊〕。ロンドンの屋敷には使用人が大勢いて、執事、下男、雑用係、ハウスキーパー、ハウスメイド二人、料理人の下に厨房スタッフ二人、お付きメイド、そして運転手二人。お抱え運転手が二人もいるのはいくらなんでも贅沢すぎる気がしたが、二人ともレディ・ハルトンの用事でいつも忙しくしていたし、ときどきご子息エドワード氏の運転手も務めていた。エドワード氏は同居こそしていなかったが、しじゅう屋敷に出入りしていたのだ。

執事はキットカットという嘘のような名前の持ち主だった。ロンドンにはそういう名前のクラブがひとつあったとはいえ、そんな名字にお目にかかったのは、あとにも先にもこのときだけだ。そして、ぼくが二人分近い仕事をこなすはめになったのは、この執事のせいだった。

キットカットは執事病にかかっていた。昼間もほとんどずっとほろ酔い加減で、晩餐の給仕を終えると毎晩のようにへべれけになる。よそで暮らしている奥さんがいて、週に一、二度、会いに行っていた。そこで何があったかは神のみぞ知る。翌日は、いつも完全に正体を失っていたからだ。レディ・ハルトンはキットカットが酒に溺れていることを知りながら、誠にする気にはなれずにいたらしい。たぶん、ある種の仲間意識のせいだろう。ご本人もかなりの酒豪だったからだ。飲むのはシャンパンで、昼も夜もずっとちびちびやっていたわりに、酔ったところは一度も見たことがない。愛用のシャンパングラスは一ダースがひと組になった特製のやつで、ボトル半分のシャンパンが入ってしまう。そんなものはそれまで見たことがなかったし、その後も見ていない。

レディ・ハルトンのもとで、ぼくはワインのいい点と悪い点を学んだ。奥様は定期的にお客をもてなし、必ず三種類のワインを出す。そのワインの選定と味見を、ぼくも手伝わされたのだ。酒蔵の在庫はそれほど多くなかったが（基本的に、飲んだ分だけ補充していたからだ）、レディ・ハルトンはワインに詳しく、ぼくにも知識の一部を伝授してくれた。思うに、以前はキットカット氏がこの役目を仰せつかっていたに違いない。そう考えれば、あのていたらくにも、レディ・ハルトンがそれをあっさり大目に見ていることにも納得がいく。

このころには、華々しく名をあげたというにはほど遠いながら、ぼくもメイフェア界隈では重宝な下男兼給仕としてそれなりに名前を知られはじめ、ときどき大規模なパーティーの手伝いを頼まれるようになっていた。そんなときは外出許可をとって夜の仕事を休まなくてはならず、キットカットがしじゅう酔いつぶれていては、これはそう簡単ではない。それでもどうにか算段して、都合をつけていた。友達のレズリー・ライトがグロヴナー・スクエア七番地のレディ・キューナードの執事をしていて、ここの奥方はロンドンの社交シーズン中はずっとティンカー・ベルのようにめまぐるしく飛びまわる。あっちにもこっちにも顔を出し、ひっきりなしにパーティーを開くので、ぼくはできるだけ手伝いに行っていた。ここで任されたのはワインの管理で、おかげでぼくはワインに関する知識をさらに増やせたうえに、客に姿を見られずにすんだ。人前に出なくていいというのは重要なポイントだった。雇い主は、自分の使用人がよその家で働くのを喜ばないからだ。ぼくはよその屋敷ではなるべく皿運びを担当し、雇い主の領域と使用人の領域を分ける緑色のラシャの仕切りの奥にいて、皿やグラスや銀器を受けとったり渡したりしていた。仕切りの反対側で何が起きているかをちゃんと心得ていて、必要に応じてすばやく食器を回収したり届けたりできる人間には、優秀な給仕二人分の値打ちがあったのだ。

レディ・ハルトンはオウムを飼っていた。ぼくが勤めはじめた時点では奥方の私室で飼われていたオウムは、その後、オウムが撒き散らす病気のことが世間で騒がれると、サーヴァンツ・ホールに追放された。使用人は病気になっても構わないらしい。取り替えが効くからだ。とはいえ、このオウムは愉快なやつだった。おしゃべりが上手で、覚えも早い。サーヴァンツ・ホールの半地下の窓に止まって歩道を見あげ、ご婦人のきれいな脚が視界に入ると、大きく口笛を吹く。ときどき地元の商売女が窓の前を行ったり来たりしていたのは、オウムの口笛を聞いて通行人がふりむくのを期待してのことだろう。ぼくはオウムに悪い言葉をいくつか教え、ある日、こいつにキットカット氏をからかわせてやろうと思いついた。ところが何度「行っちまえ、この赤ら顔の悪党め」と繰り返しても、相手はうんともすんとも言ってくれない。ぼくは二、三日で、これはだめだと匙を投げた。しばらくして、レディ・ハルトンがなんの気まぐれか、お客を厨房に案内してきた。サーヴァンツ・ホールに入ってくるなり、「あら、ポリーだわ。こんにちは、ポリー。ご機嫌いかが?」と声をかける。

とたんにオウムは叫んだ。「行っちまえ、この赤ら顔の悪党め!」

あっぱれにもレディ・ハルトンはまつげ一本動かさず、その一件についてはその後もなんのお咎めもなかった。

レディ・ハルトンのもとでの日々は楽しかった。生活は快適で、食事も上等、キットカット氏ともなんとかやっていけそうに感じていた。レディ・ハルトンがバーデン・バーデンに湯治に行こうと決めなければ、ずっとあの屋敷にとどまって、なんの変化もない日々を送っていたかもしれない。

レディ・ハルトンが出発したとたんに、キットカットは本性をむきだしにした。ぼくを呼びつけ、「奥様からお指図があった。おまえにはきっかり一か月後に辞めてもらう」と言ったのだ。レディ・ハルトンなら、ぼくをお払い箱にしたければ自分で言うはずだ。そこですぐに手紙を書くと、折り返し返事が来て、キットカットの言ったことは無視するように、その件には帰国してから始末をつけるから、とのことだった。

それを伝えると、キットカットは飲んだくれて怒り狂った。その荒れようがあまりにひどく、奥様が戻ってくるまでここにいたら一発食らわせずにはすみそうになかったので、その前におさらばすることにした。

またもや〈ハンツ〉に足を運び、ロンドンには飽きたのでどこか田舎で働きたいと告げる。こう言えば向こうが喜ぶことはわかっていた。だれもが華やかな都会暮らしを希望するせいで、田舎の求人には人が集まりにくくなっていたからだ。窓口の女性は、まるで宝物が埋まっている場所を教えようとするかのように、秘密めかして身を乗りだした。「コリンズさんという方が、第一下男の面接をしています。勤め先はオックスフォードシャーのディッチリー・パークで、雇い主はトリー様ご夫妻。これはだんぜんお勧めです」

「わかりました。面接を受けてみます」ぼくは答えた。だんぜんお勧めだという言葉に嘘はなく、これは立派なお屋敷でのとてもいい勤め口で、ぼくはここに五年間とどまった。ぼくのアスター家とのかかわりは、このときから始まっている。トリー夫人はレディ・アスターの姪だったからだ。そしてぼくは、家事使用人としての残りの生涯すべてをアスター一族のもとで過ごすことになる。

ディッチリー・パークとそこでの暮らしや雰囲気について語るのはいいが、どこから始めるべきか迷うところだ。まず最初に、ここで過ごした一九三五年から一九四〇年にかけての五年間は、生涯でいちばん幸せな時期だったと言っておこう。それはいくつもの条件が重なった結果だった。スタッフは経験豊富で、よく訓練されていた。執事のコリンズ氏、従僕、下男二人（ぼくともうひとり。二人とも第一下男で、地位の上下はなし）、配膳室係、雑用係、そしてホールボーイ。

念のために説明しておくと、配膳室係を雇うのは下男の負担を軽くするためだった。配膳室係は銀器と磁器の手入れを担当し、執事とハウスキーパーの両方から指示を受ける。配膳室の外ではほとんど見かけなかったが、屋敷ではしじゅうパーティーが開かれていたため、なくてはならない存在だった。

あとはハウスキーパーの下にハウスメイド頭とメイドが五人。シェフの下に厨房メイド二人と洗い場係。お付きメイド。馬丁頭のジャック・ボーナムの下に馬丁が四人とお抱え運転手二人、それと荷物運搬車担当の運転手。庭師頭のウィリアムズ氏の下に庭師が五、六人。ロンドンのクイーンアンズ・ゲート二八番地にも小さな屋敷があって、そこにもハウスキーパーが住みこんでいた。

さっきも言ったようにスタッフはよく訓練されていて、和気あいあいと働いていた。それはひとつには、執事がよかったからだ。家事使用人がよく使う言い方をすれば、コリンズ氏は梯子の途中からこの世界に入ってきた人だった。近衛騎兵隊のジェンキンソン大尉の従卒だったのが、大尉の退役後も身のまわりの世話を続け、ついにはお屋敷奉公の世界で頂点に登りつめたのだ。頭が切れ、いい意味で軍隊式の規律を重んじ、必要なら上着を脱いでみずから手を貸すこともいとわない。ハウスキーパーのヘイズ夫人も、立派に自分の役目を果たしていた。すばらしい女性で、とても陽気でありながら、いい母親がみなそうであるように、悪いところはきちんと注意する。ころころとよく笑い、それでいて悪ふざけが度を越せば、がつんと雷を落とす。

とはいえ、屋敷にさわやかな空気を吹きこんでいたのは、かつてはアメリカの百貨店チェーン社長マーシャル・フィールド氏の妻だった奥方、ナンシー・トリー夫人だ。だれもがこの奥方を崇拝していた。ひょっとしたら女より男のほうが余計に。狐狩りが始まる前、シルクハットをかぶってベールを垂らし、青い上着とロングスカートに身を包んで馬に横乗りしたトリー夫人のぱりっとした姿を、ぼくは墓のなかまで持っていくだろう。そしてその後、当時と変わらない姿のトリー夫人が目の前に現われれば、自分は天国に来たのだと悟るだろう。だがトリー夫人の美しさはうわべだけのものじゃなかった。いっしょにいてとても楽しいし、すばらしく趣味がよく、以前は本職の室内装飾家だった。その腕前のほどは、お屋敷を見ればわかる。これしかないという組み合わせの品々が、ここしかないという場所に置かれているのだ。年代と配色に関するセンスは完璧で、庭園にも奥様の個性が表われていた。

トリー夫人が室内装飾の腕をふるったのは、ご自身と友人たちの領域だけじゃない。はじめてディッチリーにやってきて寝室に案内されたとき、一時的に客用寝室をあてがわれたに違いないと思ったことを覚えている。床に敷きつめられたウィルトン絨毯。寝心地のいいベッドと、どれも同じインド更紗で統一された裾布、上掛け、カーテン。収納箱は骨董もので、作りつけの衣装だんすと洗面台もある。そしてもちろん、セントラルヒーティング。これはその当時、使用人の部屋には間違ってもあるはずのない贅沢品だった。

奥様の指図の仕方はとても感じがよく、ぼくたちはみんな、何を頼まれてもいやとは言えなかった。いつも「いまちょっといいかしら」とか「悪いけどお願いできるかしら」などと前置きするのを忘れない。呼び鈴を鳴らすこともめったになく、電話をするか、自分から探しに来る。実際、あれは命令というより頼み事という感じだった。それでいて頭の回転は速い。ぼくたちはよく、奥様は脳みそを二つお持ちだから、ローラースケートを履かないとついていけないと言っていたものだ。もてなし上手なホステスとしても評判だったことは、出席者の顔ぶれを見ればわかる。

ぼくは雇い主のための推薦状など書いたことはないが、いま自分が語ったことをふり返ると、もうこれ以上はないというほどべた褒めの推薦状になっているのがわかる。でも、どれもみな嘘偽りのない本心だ。

ロナルド・トリー氏はぼくにはトリー夫人の理想的な伴侶に思えたが、残念ながらお二人の結婚は、やがて離婚で幕を閉じることになる。もっとも、それはぼくがお二人のもとを離れてからのことだ。トリー氏は下院議員で、政治家としての義務を真剣に受けとめていた。何度も政治パーティーを開き、国内でもトップレベルの政界関係者が出席した。わずかばかりの余暇は狐狩りや銃猟をして過ごす。以前ノーサンプトンシャーのケルマーシュに住んでいたころは、あの有名な狐狩りクラブ、パイチリー・ハントの長を務めていたトリー氏も、議員として忙しい日々を送っていたあの当時は、ときどきヘイスロップ・ハントの一員として狩りに参加するのがせいぜいだった。屋敷には狩猟馬が十四頭のほかに、脚を高く上げて歩くように訓練された馬が二頭いて、こちらはトリー夫人が御す軽四輪馬車《フェートン》を引くのが役目だった。ぼくが狩猟服一式の手入れ方法のいろはを学んだのは、このお屋敷でのことだ。

“下男の役得”。ディッチリー・パークでお友達の肩を抱くジョージ・ワシントン。

最初の〝お客〟はトリー家の土地管理人であるローチ氏で、狩りの衣装は黒い上着とホイップコード〔綾織りの丈夫な綿〕の乗馬ズボン。気苦労が始まったのは、それより格上の赤い上着を扱うようになってからだ。狐狩り用の赤い上着はちょっとの手違いでだいなしになりかねず、しかも紳士用衣類のなかでもとびきり高価な部類に入る。それをだいなしにするような使用人は、不評を買ってもしかたがない。雨が降っていたり地面がぬかるんでいたりすると、上着の背中に泥はねが上がる。泥汚れを落とすと、たぶん使われている染料のせいだと思うが、赤い生地が黒ずんでしまう。そこで軟水のなかで汚れた部分をこすって泥を完全に落としたら、馬具屋で売っている復元剤という赤い液体を使ってもとの色に戻さなくてはならない。そう言うと簡単そうだが、持ち主が身につけるまで絶対に濡らさないようにしないと、泥はね部分がまた黒ずんでしまう。朝起きたら赤いはずの上着が黒のまだら模様になっていやしないかと気になって、いったい何度、眠れない夜を過ごしただろう。ときには夜中に起きだして、足音を忍ばせて様子を見に行ったこともある。

上着の汚れがひどい場合は、ハンガーにかけて左右のポケットに大きめの石をひとつずつ入れ、天水桶に二分ほど沈めたあとで桶の上に吊るし、馬の手入れに使う大きな硬いブラシで汚れを落とす。水に沈めてはブラシをかけるという作業を何度か繰り返すと、汚れが完全に落ち、上着から流れ落ちる水が濁らなくなる。そこでポケットの石を出して外に吊るし、十分に水気が切れてから乾燥室に移して、まだしずくが垂れている上着をゆっくりと乾燥させる。この段階では、まめに様子を見に行かなくてはならない。少しでもしわが寄ってしまうと、二度ととれないからだ。もちろんこの上着を翌日すぐに着ることはできないが、本格的に狩りに参加する紳士は、衣装を二組持ってきていた。白い乗馬ズボンはリーヴァー・ブラザーズ社のフレーク石鹸〈ラックス〉で洗う。セーム革の部分（尻皮）はボール状に丸めた布でたたくようにして汚れを落とすか、色が白なら黄色い粉をまぶしてから小さな棒でたたき、余分な粉を落としておく。そうしないとブーツに粉が落ちるからだ。

ブーツは何世紀も前から兵隊たちがやってきたように、唾と靴墨で手入れした。まず靴墨を塗ってざっと磨いたら、今度は指を一本だけ布でくるみ、靴墨に唾を混ぜたものを円を描くようにしてすりこんで、全体にまんべんなく艶が出るまで磨きあげる。その後、鹿の前脚の脛骨で全体をこすったあと、仕上げにもう一度布で磨く。とくにブーツが新品の場合、これは時間を食う作業だったが、ここで紹介したほかの作業と同じく、朝、自分が担当した紳士が、これまた念入りに手入れされた馬にまたがって、申し分なく立派な姿をしているのを見たときは、大いに満足感を味わえる作業でもあった。人ははかなやつだとぼくを笑い、そんな気持ちは理解できないと思うだろう。だが当時のぼくたちは、どんなにつまらなく思える作業でも立派にやりとげれば喜びを感じたし、そういう努力はちゃんと評価してもらえたのだ。

トリー夫妻のもとで働きはじめて三年後に、従僕に昇格した。ぼくにとっては待望の抜擢だった。いつのころからか旅行熱にとりつかれ、とくにアメリカにはぜひ行きたいと思っていたからだ。だが、その夢は叶えられなかった。一九三八年にはすでに戦雲が垂れこめていて、トリー氏は議員としての務めを果たすためにイギリスにとどまらなくてはならなかったのだ。だから旅行のお供をするといっても、もっぱらロンドンの屋敷とブレッチリーのあいだを往復するだけだった。

従僕になると旦那様と顔を合わせる機会が増え、ぼくは自分の見たものが気に入った。旦那様との関係は、親しいなかにも一定の距離を保ったものだった。ぼくが思うに、使用人のなかには自分がただの従僕ではなく、雇い主の心の奥底まで知りつくした相談相手兼助言者だったふりをしたがる者がいるようだ。ぼくはそんな主従関係を経験したことも、経験したいと思ったこともない。個人的なかかわりを持ちすぎないほうが、いい仕事ができると信じているからだ。もちろんトリー氏とトリー夫人両方の私生活について知ったこともいくつかあるが、そのせいでお二人に対する態度を変えたことはない。完璧な人間なんてどこにもいないことは、自分の生き方を顧みるだけでわかる。英雄も従僕の目にはただの人という言葉があって、それはたしかにそのとおりだが、ずっと英雄に仕えつづけていたら退屈でやりきれないに違いない。主人と使用人のあいだには理解と信頼があればいいのだし、分別のある人間ならそれ以上は求めないはずだ。

第二次世界大戦はさまざまな変化をもたらした。すぐに表われた変化もあれば、じわじわと忍び寄ってきた変化もある。ぼくは足が不自由なので兵役は免除されていたし、ほかの屋内スタッフも最初の二、三年は動員されなかった。工場に働きに行ったメイドたちの穴埋めとして、通いの掃除婦が来るようになった。屋敷のひと棟が接収されて保育園になったが、その後一年ほどでよそに移った。一九四〇年の十一月にはトップレベルでひとつの決断がなされ、それはぼくたち全員の生活に影響を与えることになる。

のちに明らかになった事実は、以下のとおりだ。ウィンストン・チャーチル首相が週末を過ごす館で指令本部でもあったチェッカーズの上空を、ドイツの偵察機が何機も飛んでいた。すでに近くに爆弾がいくつか落ちており、いずれ館が激しい空爆にさらされる恐れがあると推測された。ただし空爆の可能性があるのは、満月で視界が利くときだけと考えられる。そこで首相の助言者たちは、その時期だけ住居をよそに移すのが賢明だと提案し、ロンドンからあまり離れすぎていないディッチリーが適当だろうということになった。

予告はほとんどなかった。伝令が屋敷を訪れてトリー夫人に手紙を渡したのは、たしか火曜日だったと思う。奥様にとっても寝耳に水だったらしく、屋敷内はとたんにてんやわんやの騒ぎになった。使用人が呼び集められ、秘密厳守を――ぼくの記憶では、誓いを破れば命がないという脅しつきで――誓わされたうえで詳しいことを聞かされた。御大がやってくるのは金曜日。それまでにチャーチル夫妻だけでなく、首相づきのスタッフと週末に招かれる可能性のあるすべての客人も受けいれられるよう、準備万端整えておかなくてはならない。またオックスフォードシャーとバッキンガムシャーの軽歩兵隊から派遣された分遣隊が警護に当たるものの、兵士たちには警護対象者の正体は知らせないことになっていた。のちに知ったところによると、兵士たちは窓に目張りをしたバスに乗せられ、田舎をぐるぐる走りまわったあげくにディッチリーに連れてこられたため、自分たちがどこにいるのかまったく見当がつかなかったらしい。

屋敷に作業員が押し寄せてきた。電話が何台も設置され、厨房は狂乱状態になり、それ以外のスタッフは金曜日には精根つきはててへたりこんでいた。それでもお茶の時間にチャーチル氏が到着すれば、がくがくする膝を伸ばして立ちあがるしかない。どこかに秘めた力が眠っていたらしく、首相が立ち去るまでは、みんなどうにか気を張った状態を保っていられた。

ときには二週間に一度、ときには月に一度の首相の滞在は、いつしか日常の一部になった。ぼくが身のまわりのお世話を担当したことも少なくない。チャーチル氏はたいていいつも奥方を、ときには令嬢メアリーを連れて午後五時くらいに到着し、ご一家やすでに到着していた滞在客と談笑しながらお茶かウイスキーを一杯飲む。それから寝室に行って服を脱ぎ、裾がくるぶしまである長い寝間着に着替えてひと眠りする。晩餐前の着替えを手伝いに行くのは夜の八時。チャーチル氏は食べるものにやかましいほうではなかった。それどころか、あれで何か食べる暇があるんだろうかと思ったことさえある。食事のあいだ、ずっとしゃべっていることも珍しくなかったからだ。そして当然ながら、首相は一座の中心だった。とりわけ悪い知らせがあると、もともと当時はあまりいい知らせはなかったとはいえ、首相の気分も沈みがちになり、ときには愛想よくするのも忘れてじっと前方を見据えていたりする。食事の席で飲むのは基本的にシャンパンで、食後はブランデーかウイスキー。お気に入りはウイスキーだった。屋敷には首相愛用の葉巻のにおいが漂っていたが、首相は吸うものというよりむしろ一種のシンボルとして葉巻を使っていた気がする。火を点けないままだったり、お印程度にふかしただけで脇に置いたりすることが少なくなかったからだ。

晩餐後に男性陣がご婦人方と合流すると、一同は図書室に集まって深夜まで話しつづける。ご婦人方はひとり、またひとりと姿を消していき、午前一時か二時くらいには御大も部屋に引きあげる。

屋敷にはロンドン警視庁の犯罪捜査部の人間も何人かいて、あちらはただ任務を果たしていただけなのだろうが、ぼくにはさしでがましい連中に見えた。ある朝、チャーチル氏の寝室に朝食を運んでいて、親分格のトンプソンという男ともめたことがある。首相は朝早くにたっぷりした朝食をとるのが好きだった。ベーコンエッグやウズラの冷製など腹にたまるものだ。部屋に入ろうとすると、トンプソンが近づいてきて、皿にかぶせてあった銀の蓋をとった。ぼくはむっとした。ぼくがだれかはちゃんと知っているはずだからだ。「まったく、ばかじゃないのか。爆弾を隠してるとでも思ったのかよ？」大袈裟なささやき声で言ってやると、相手はお巡り特有のひどく感じの悪い、〝いまにぶちこんでやるから覚えてろ〟と言わんばかりの目でじろりとぼくをにらんでから部屋に通した。声は抑えていたつもりだったのに、チャーチル氏はベッドのなかで身を起こし、にんまりと笑っていた。ぼくの言葉が聞こえていたらしい。首相は片目をつぶってみせ、声をひそめてささやいた。「私が言ってやりたかったくらいだ」

伝説だか噂だかによると、チャーチル首相はひっきりなしに酒を飲んでいたことになっている。ぼくが見るかぎり、そんなことはなかった。ウイスキーは好きだったが、多くの人の想像と違って、片時もグラスを手放さなかったわけではない。大酒を食らう連中は、自分の飲んだくれぶりを正当化するために、首相も飲んべえだったと信じたがるのだ。勉強ができなかった連中が、首相もハロー校では落ちこぼれだったと言いたがるのと同じように。

かなり仕事がきつくなるにもかかわらず、スタッフ一同は首相が来るのを楽しみにしていた。映画狂のチャーチル氏の滞在中は、屋敷内で映画が上映されたからだ。大きな玄関ホールに映写機が二台据えつけられ、毎週土曜日の夜、ときには日曜日にも上映会がある。ぼくが『風とともに去りぬ』を四時間ぶっとおしで見たのも、首相のお相伴でのことだった。

屋敷には軍や内閣のお偉方が訪ねてきた。うれしかったのは、そんなとびきりの重要人物たちも、だれよりも重要な人物との面会を待ってぶらぶらしていると、どこにでもいる普通の人間と同じように見えたことだ。毎回決まって泊まりに来た常連はブレンダン・ブラッケン、アントニー・イーデン、ダフ・クーパー、オリヴァー・リトルトンなどで、のちにはルーズヴェルト大統領のロンドン駐在特別代理アヴレル・ハリマンもそこに加わった。アメリカ人ではもうひとり、ハリー・ホプキンズもよく顔を出した。聞くところによると、アメリカで武器貸与法が成立し、イギリスが事実上ただで軍需品を手に入れられるようになったのは、このホプキンズ氏のおかげらしい。

当時、ポーランド亡命政府の首相だったシコルスキ将軍も、ディッチリーを訪れたことがある。将軍

第二次世界大戦中、チャーチルの田舎の指令部になったディッチリー・パーク。何度目かの訪問を終え、ブレンダン・ブラッケンとロザミア卿が見守るなか、ディッチリー・パークをあとにする首相。ジョージ・ワシントンの姿も見える。

とチャーチル氏は意気投合したらしく、ポーランド首相に敬意を表して護衛部隊の兵士たちを整列させようという話になった。担当の将校を呼びにやったものの姿が見当たらず（気の毒な男だ！）、チャーチル氏は屋敷から飛びだすと宿舎に乗りこみ、みずから兵士たちを呼びだした。これは犯罪捜査部の面々には大打撃で、連中はじだんだ踏んで怒り狂った。護衛隊に警護対象の正体を知られないよう、ありとあらゆる予防措置をとってきたのに、当のご本尊がのこのこと出ていって姿をさらしてしまったのだから。なんでも新兵のひとりは、首相を見るなり卒倒したそうだ。前の夜に酒を飲んでいたため、急性アル中による幻覚症状が出たと思ったらしい。

いくら犯罪捜査部の連中がのさばっていても、ぼくも含めた何人かの使用人は、その気になれば、将来の出来事についてなにかしらの情報は得られたと思う。ぼく自身は、余計なことを知らなければうっかり口をすべらせる危険も小さいと考えて、なるべく何も聞かないようにしていた。さっきも言ったとおり、ぼくたちは一生秘密を守ると誓ったのだし、最近になってトリー氏がことのしだいを本に書かなければ、いまもこんな話はしていない。あの本が出てからというもの、友達と話をすると必ずその件が話題になり、決まって「どんな人だった？」と訊かれる。それに対するぼくの答えは、いつも同じだ。いまも、これからも。

「いかにもウィンストン・チャーチルって感じだったよ」

これまで、ぼくの社交生活にはほとんど触れてこなかった。もちろんまったく女っ気のない生活をしてきたわけじゃない。だが仕事が仕事だけに、生涯の伴侶を持つという考えは、たとえ頭に浮かんでも、さっさと払いのけるしかなかった。結婚と下男や従僕の仕事を両立させることはできないからだ。ただ、そろそろ執事として採用されてもおかしくない時期が近づいてきていることはわかっていた。執事になれば妻も持てるし、勤め先がカントリー・ハウスなら領内のコテージで暮らすことができる。自分から面倒を起こす気はなくても、いつか好きな相手ができたら結婚を前提にしたつきあいができると思えるのは気分がよかった。

ある女性を見てたちまち心を奪われたのは、開戦の一年ほど前のこと。ひと目惚れというのとは違うし、そこまでロマンチックな話じゃない。それでも、ひと目見て、おやと思い、気がついたらその女性のことで頭がいっぱいになっていたのは事実だ。少し前にトリー夫人が新しいお付きメイドの求人広告を出していて、応募者が訪ねてきたのでドアを開けたところ、それがなんとフリーダ・ランプトンだったのだ。フリーダは、彼女が以前トリー夫人の妹のレジー・ウィン夫人に仕えていたころに出会い、〝気になって〟いた相手だった。フリーダは採用され、ぼくたちは前よりもよく知りあうようになった。〝親しくなる〟ではなく〝知りあう〟という言葉を使ったのは、勇気を出して気持ちを伝えられるようになるまでにかなり時間がかかったからだ。ぼくはあれこれと気を使い、ちょっとした形で好意を示そうとした。やがて旦那様の従僕として、フリーダと対等の地位になってからは、肩の力を抜き、時間が友情を育てていくのに任せられるようになった。フリーダはぼくより六歳年上で、それでぼくの気持ちが冷めることはなかったものの、その年齢差は二人の仲をへだてるちょっとした障壁になってしまっていたようだ。

結婚したい相手はフリーダしかいない。そう気づいた日のことは、いまでも覚えている。フリーダは奥様のお供でアメリカに行くことになっていて、ぼくはうまく立ちまわって彼女と荷物をヴィクトリア駅まで送り届ける役目を手に入れた。フリーダをサウサンプトン行きの列車に乗せたとき、〝告白するならいまだぞ〟と思ったのに実行する勇気がなく、出ていく列車を見送りながら自分の間抜けさ加減を呪った。そしてディッチリーに戻るとすぐにフリーダに手紙を書いた。といっても自分の気持ちを言葉にすることはできず、気持ちのいい旅をして無事に到着したことを願っている、暇があったらそちらの様子を知らせてくれるとうれしい、と書いただけだ。

フリーダがとっておいてくれたその手紙を、ぼくはいまでも持っている。すべての郵便物に目を光らせつづけたぼくの忍耐は、ついに報われた。フリーダの手紙もぼくの手紙同様、どこか堅苦しいものだった。フリーダがアメリカから戻ってかなりしてから、ようやく結婚を申しこんだ。「だめよ」フリーダは言った。「そんなことをしたら年下の坊やをたぶらかしたと言われるに決まってるもの」ぼくが何を言っても、フリーダの気は変わらなかった。

「じゃあ、望みはぜんぜんないってこと？」

「五年後にもう一度申しこんでくれたら、そのときはイエスと答えるわ」

ぼくはその日付をメモしておいた。きっかり五年後、すでにディッチリーを辞めていたぼくは、もとの勤め先に電話してフリーダに尋ねた。「今日はなんの日かわかる?」

「ええ、木曜日よ」と返ってきた。

そこでぼくは説明した。「五年前の今日、ぼくはきみに結婚を申しこんだ。そのときき み は、五年たってもぼくの気持ちが変わっていなくて、もう一度結婚を申しこめば、イエスと答えると言った。これがその申し込みだよ。約束を守ってくれるかい?」

返ってきたのは、ずっと待ち望んでいた言葉だった。もちろんフリーダとは、しじゅうではないにしても、たまには会っていたが、例の約束のことは一度も口にしなかったのだ。電話で話してからじきに、フリーダはディッチリーを辞めてオックスフォードのぼくのところに来た。ぼくたちはいまもいっしょに暮らしている。そして、これは話の体裁を整えるためではなく、あくまでも本心から言うのだが、少なくともぼくにとっては、フリーダとの結婚は正真正銘、いままでにしたなかでいちばんいいことだった。

さっき、その五年のあいだにディッチリーを辞めたと言った。原因は戦争だ。どういうものか、休暇で戻ってきた使用人が軍服姿でトリー夫妻に挨拶に来るのを見ているうちに、自分は戦争にほとんど協力していないという気がしてきたのだ。いまならそうは思わないが、当時は戦争に貢献していることをもっと肌で感じられる仕事がしたかった。そこで一九四二年にオックスフォードの軍需工場の求人に応募し、採用された。この工場では、ありとあらゆる種類の弾薬を作っていた。ぼくはこの転職をお屋敷奉公から足を洗う手段と見なしていた。工場労働者として出世すれば、お屋敷奉公の世界には永遠におさらばできる。まだ心のどこかで、召使いなどするのは男の沽券にかかわると思っていたのだ。それに住み込みの使用人でなくなれば、フリーダにも結婚を申しこみやすくなる。転職した動機は決して間違っていなかった。いまでもそう思っている。計算違いだったのは、その先のなりゆきだ。

最初の訓練期間は文句なしの好成績で終え、現場に出てからの仕事の出来栄えも上々だった。苦労したのは、ほかの工員たちとの人間関係だ。みんないいやつだが、ぼくとは共通点がほとんどない。たぶんぼくは無意識のうちに、洗練された世界の生き方に染まってしまっていたのだろう。それまでずっと上等なものに囲まれ、その値打ちがわかる人たちと暮らしてきたのに、新しい同僚たちの生活にはそんなものが入りこむ余地はない。工場労働者として出世しようと思えば、その第一歩は職工長になることだ。いい職工長になるには部下の工員たちを完全に理解し、彼らと一体化する必要があるが、ぼくにはそんなことはできっこない。もちろん、すぐにそうと気づいたわけではない。何か月、何年かかかって少しずつわかってきたことだ。わくわくどきどきの結婚生活に気をとられてしばらく忘れていたそんな思いは、やがてひときわ強いものになって戻ってきた。家計の足しにするために、週末に古巣のディッチリーでパーティーの手伝いをするようになったからだ。

戦争が終わって世の中がそれなりに落ちついてくると、週末限定の使用人としてお呼びがかかる回数が増えてきた。毎週のように通っていたのは、オックスフォードシャーのブレッチントン・パーク。ウォルドーフ・アスター卿夫妻のご子息で跡とりであるウィリアム・アスター氏のお住まいだ。サセックスのミッドハーストにある、カウドリー卿のお住まいであるカウドリー・パークにも招かれている。のちにエリザベス王女と結婚し、その数年後には女王の夫君になられた若き海軍将校マウントバッテン大尉に会ったのは、ポロ競技場としても有名なこのお屋敷でのことだ。

第三代アスター子爵オノラブル・ウィリアム・アスターの田舎の居館ブレッチントン・パーク。

こうして昔の生活を垣間見たことで、現状への不満がいっそう強まったにもかかわらず、いまでもちょくちょく顔を出す頑固なところが災いして、ぼくは負けを認めようとしなかった。最終的にかたくなな態度を変えたのは、三つの要因が重なった結果だった。まず労働組合。戦争中は熟練工に格づけされていたぼくは、除隊になった工員たちが戻ってくると半熟練工に格下げになり、おまけに自分より格上とされる連中に仕事を教えなくてはならなかった。次は大家。フラットをもっと高く貸せることに気づいた大家は、ぼくたちが引っ越すことを期待して、あの手この手でぼくたちの日々をみじめなものにしてくれた。そして最後が、まるで無言の祈りに対する答えのように舞いこんだ一通の手紙。ウィリアム・アスター氏のロンドンの屋敷で執事を務めるコラー氏が、ブレッチントン・パークの執事兼従僕を引き受けてくれないかと言ってきたのだ。

すぐに手紙を書いて引き受けると伝え、ブレッチントン・パークで働きはじめたのが一九五〇年十月二十六日。数は少ないながらも優秀なスタッフに恵まれ、領内にフラットも与えられて、幸せな二年間を過ごした。のちに第四代子爵になるウィリアム・アスター坊やは、この時期に誕生している。

一九五二年にウォルドーフ・アスター卿が亡くなられ、わがビリー様――そのころには親しみをこめて、旦那様をそう呼ぶようになっていた――が爵位と財産を相続した。その結果、ぼくの立場はちょっとばかり難しいものになった。ビリー様が相続した財産には、〝クリヴデンのリー卿〟ことリー氏も含まれていたからだ。もちろんリー氏とはすでに何度か顔を合わせたことがあり、すごい人だと尊敬していた。結局、口約束めいたものができて、リー氏とぼくは指揮権を分かちあうことになった。実はリー氏は引退を望んでいたのだが、すでにお屋敷の名物と化した感のある名執事が辞めれば、クリヴデンの壁はたちどころにくずれ落ちて一族の絆も失われるのではないかと恐れたアスター一族に説得されて、引退を思いとどまったのだ。

リー氏とはいまはとても親しくさせてもらっていて、彼が惜しまれながらついに引退してから、いろいろと昔話をしている。だから、あの当時の二人の関係はとかくぎくしゃくしがちだったと言っても、きっと許してくれるだろう。それはある程度までは、古いものと新しいものの対立だったが、すべてにおいて対立していたわけではなく、リー氏からは学ぶことがたくさんあった。とはいえ、船長が二人いてはどんな船もうまく行かないのは当然で、ぼくたちはときどき衝突した。それでもお屋敷の切り盛りに支障が出なかったのは、あれこれ意見の違いはあっても、二人ともビリー様を大切に思っていたからだ。ビリー様のために働くのも、昔からの伝統にのっとって働くのも楽しかった。またクリヴデンに移ったことで、ぼくは天下無敵のがみがみ婆さんであるレディ・アスターと、そのお付きメイド兼相棒で、いまや知名度でも毒舌ぶりでも女主人に引けをとらないロジーナ・ハリソンとしじゅう顔を合わせるようになった。相棒とつけ加えたのは、この主従の関係が、世間一般のお付きメイドと女主人の関係とはかけ離れていたからだ。実際、ローズの強烈なヨークシャー訛りがなければ、どっちが主人でどっちがメイドかわからないことさえあった。

この時期に親しくなった業界の有名人はほかにもいる。たとえば、よくクリヴデンに晩餐会の手伝いに来てくれたゴードン・グリメット。当時はレディ・アスターの執事だったチャールズ・ディーン。もとは先代子爵ウォルドーフ卿の従僕で、そのころは非常勤の資格でデイヴィッド・サーバー氏のお宅に住みこんでいたアーサー・ブッシェル。

ある晩餐会の席で、ぼくがこれまでに出会ったどんな下男もまねできないほど派手な騒動を起こしかけたのは、このアーサーだった。そのときアーサーは、野菜を給仕してまわっていた。途中でご婦人のひとりが野菜を見て尋ねた。「それはなんという豆?」

「屁こき豆《ファーティング・ビーンズ》でございます、奥様」アーサーは平然と言ってのけた。

「んまあ」とご婦人。「どこで採れる豆?」

「下のほう《ダウン・アンダー》でございます」〔ダウン・アンダーには地球の反対側の意味もある〕

「んまあ、それを少しいただくわ」

そしてご婦人は、食卓の反対側にすわっているご亭主に大声で呼びかけた。「ハリー、あなた、これはぜひ食べなきゃだめよ。オーストラリア産のファーティング・ビーンズですって」そしてフォークで豆をひと粒、持ちあげてみせる。

給仕と下男は、ぼくも含めて全員があわてて給仕室に逃げこみ、腹を抱えてうずくまった。ただひとり持ち場を守ったリー氏によると、食卓は不気味な静けさに包まれ、人々は呆然と気の毒なご婦人を見つめたという。やがてだれかがなんの脈絡もなく気の抜けた冗談を口にすると、まるでそれがシーズン最高のジョークだったかのように、食卓は笑いの渦に包まれた。相手がもっと若い使用人なら、リー氏はたぶんその場で馘にしていただろう。だが犯人はアーサーだったため、小言を食らっただけですんだ。「私が何を言おうと無駄なことだ」リー氏はあとで言ったものだ。「アーサーはアーサーだからな。機会があれば、明日にでも同じことをするだろうよ」

子爵になられたビリー様のもとで十五年間を過ごし、三人の奥方に仕えた。同じアスター一族でもクリヴデンのアスター家の場合、執事は屋敷につくらしい。もっと年が上の同業者と違って、ぼくは家事使用人の質が落ちたことにショックは受けなかったし、そんな状況の変化を受けいれただけでなく、予想さえしていた。外の世界にほかの仕事がいくらでもあるのに、厳しい規律と長時間労働を受けいれる男や女がいると考えるほうが無理なのだ。リー氏とぼくはまずまずのチームを抱えていたが、すべてを任せてでんと構えていられたわけではない。使用人の大群を指揮するのに慣れていたリー氏ほどの大物が、だれもやろうとしない半端仕事をそのままにしておけず、袖をまくって片づけるはめになるのは、見ていて気の毒だった。雇い主の側も変わった。以前より物分かりがよく寛大で、親しみやすく気さくになったのだ。変化は滞在客の態度にも見られ、訓練された使用人に接した経験が少なく、自信なげにふるまう客人が多くなった。

一九六二年にリー氏がついに引退し、ぼくが完全に指揮権を握った。さっきも言ったように家事使用人の質は落ちていたが、ぼくはまだ何年も続くはずのクリヴデンでの幸せな日々を楽しみにしていた。しかし、その願いは叶えられなかった。

その翌年、いわゆるプロヒューモ事件が、下ネタ好きなイギリス大衆の知るところとなり、プロヒューモ氏をクリスティーン・キーラーに引きあわせたビリー様は、たったそれだけのことでぽん引きの烙印を押されてしまったのだ。ビリー様が世襲貴族だったこと、そしてひょっとすると、スキャンダルの舞台となったクリヴデンが〝クリヴデン・セット〟の記憶をよみがえらせたこともいけなかったのだろう。センセーショナルな一枚刷り新聞『ウィーク』は、クリヴデンに集まった右翼政治家たち、いわゆるクリヴデン・セットがヒトラーに対する宥和政策を推進したと書きたて、ほかの新聞もこぞってその話題をとりあげた。

ビリー様はなんの証拠もないまま大衆に裁かれ、有罪を宣告された。世のため人のために尽くしてきたこと、個人的にも資金面でもたくさんの事業を支援してきたことは忘れ去られた。ビリー様は打ちひしがれて体調をくずし、それからはずっと心も体も病人のままだった。事件の中心人物のひとりだったスティーヴン・ウォードの自殺も痛手になって、ビリー様は一九六六年三月に亡くなられた。

この一件はぼくの健康にも悪影響を及ぼした。スキャンダルの最盛期には新聞記者に質問攻めにされ、おまけにたいていの相手が、記事をとるためにぼくを買収しようとしたからだ。ある記者は札束がぎっしり詰まったスーツケースを開けてみせ、内幕を洗いざらい話し彼が書く記事はすべて事実だと認める書類にサインすれば、金はぼくのものだと言った。ぼくは大人になってからはじめて人を殴った。

事件発覚後の三年間はただもう悲しいばかりで、できることなら思いだしたくない。ビリー様が亡くなられた次の年は、むなしい一年間だった。クリヴデンはナショナル・トラストに遺贈され、家具と屋敷内の品々は競売にかけられたのだ。管理人役を務めたぼくにとっては、たまらなくみじめな仕事だった。ぼくや何人もの前任者がいっしょに暮らし、長年のあいだに愛着を持つようになった品々が、ただの〝ロット〟として扱われ、番号をつけられる。競売の初日には、またもや報道関係者が押し寄せてき

“傷心の執事”。クリヴデンの家財道具が競売にかけられるのを見守るジョージ・ワシントン。

た。前回と違うのは、記者のひとりが正しい記事を書いたことだ。題して〝傷心の執事〟。いまやぼくは分かれ道に立っていた。今度はどちらに行こう？　三人目のレディ・アスターが家政がらみの問題を処理するのは当然ながら手伝ったが、この先もぼくが必要とされているわけでないことはわかっていた。多くの人は、ぼくがパブの親父になると思っていただろう。よくそんなことを言っていたからだ。だが考えた末に、それはやめることにした。

いくつかの屋敷から執事として採用したいと言われていた。そのどれかを受けることも考えたが、すでにアスター家という部族の一員になったように感じていたぼくには、その前にまず相談すべき相手がいた。新子爵ウィリアム様だ。新子爵はまだイートン校に在学中で、卒業を間近に控えていた。そこで舎監のガードナー先生に電話をかけ、個人的な問題について話しあうために若い子爵閣下をお茶に連れだす許可を求めた。この要望は認められ、ぼくは単刀直入に尋ねた。「私がお仕えすることをお望みですか？」と。

子爵は間髪入れずに「ああ」と答えた。

ぼくはウォンテッジのジンジ・マナーに移り、新子爵と、当時はオノラブル・ベアリング夫人になっていた子爵の母上のお世話をするようになった。やがてウィリアム様が名実ともにジンジ・マナーの主人になっても、ぼくは執事として屋敷にとどまった。といっても、あまり威厳のある執事ではない。いまのぼくは、ありとあらゆる仕事を自分でやらなくてはならないからだ。でも、それでも構わない。ぼくはいまでも部族の一員なのだから。

ジョージの回想についてひとこと

本来なら中期の使用人と呼ぶべきジョージは、ホランド・ハウスでもっと古い時代の使用人にふさわしい経験をしたために、そちらに仲間入りしています。それはある意味では、死を思わせる気味の悪い仕事でした。働くことそれ自体を目的とした、穴を掘ってはまた埋めるような、めざすべきゴールのない仕事。そんなふうに古い世界にしがみつくのは、当時だけでなく、たぶんいまもイギリス社会の典型的な特徴でしょう。そして、それは上流社会に限ったことでもありません。そんなにいても半数は手持ち無沙汰になるのを知りながら、これこれの仕事にはこれだけの人数が必要だと言い張る労働組合だって、似たようなことをしています。似ているといっても、もちろんまったく同じわけではありません。無駄な人員を配置するのにかかる費用を負担するのは、労働組合自身ではなく、気の毒な雇用者側なのですから。

チャーチル首相の一件は、この本の執筆にとりかかったころにはじめて聞きました。そのときは、思わず自分の耳を疑いました。というのは、のちにランカスター夫人になられたトリー夫人は昔からレディ・アスターと仲がよく、奥様が亡くなられるまでずっと親しくされていたからです。チャーチル氏のディッチリー滞在を当時から、あるいは事後にでも、奥様がご存じだったとすれば、なんとも信じがたいことながら、レディ・アスターは秘密を守れる方だったことになります。ジョージのトリー夫人に対する英雄崇拝に近い態度は、わたしの経験から言ってもうなずけるものですが、女である分、わたしならもう少し点が辛くなっていたかもしれません。トリー夫人は多くの点でレディ・アスターを若くしたような方ながら、奥様ほど気まぐれでもわがままでもなく、いい仕事をした使用人はきちんとねぎらうことを忘れませんでした。その反面、気骨や頭の回転の速さ、辛辣さでは奥様に及ばなかったことも事実です。

家事使用人はあくまでも我慢してお屋敷奉公を続けているだけだと信じている人々は、ジョージが戦時中にお屋敷奉公の世界から足を洗おうとしたことを自分たちの正しさを示す証拠と見なすでしょう。けれどもジョージの例は、証拠として適切とはいえません。当時は男と呼ぶにふさわしい男はみな、愛国心とファシズム憎しの思いに駆りたてられ、ヒトラー打倒のために最大限に努力しているところを見せようとしました。それに加えて、体が不自由なことに根深い恨みを抱いていたジョージは、そのハンデを克服できることを自分自身と世界に示してみせずにいられなかったのだと思います。その試みは何年間かはそれなりに成功したものの、もろもろの状況と労働組合の規則に邪魔されて、完全な成功を手にすることはできませんでした。

ウォルドーフ卿のご逝去にともなってジョージがクリヴデンに移ってから、わたしは彼をよく知るようになりました。レディ・アスターもわたしも、もはやクリヴデンの住人ではなくなったものの、しじゅう泊まりに行っていたからです。ジョージとリー氏があれほど長いあいだ指揮権を分かちあえたのは、双方の努力の賜物です。楽な仕事ではなかったことは承知していますが、二人の手法や技能を比較するのは、わたしにとって興味深いことでした。

技能といえば、ジョージお得意のある芸当が思いだされます。小道具として登場するのは、燕尾服の尾の部分の内側についている二つのポケット。そこにワインを二、三本忍ばせたジョージが、足が悪いにもかかわらず何をしているかに気づかれずに歩きまわり、求めに応じて手品師よろしくワインをとりだす姿を、何度見たことでしょう。もっとすごいのは、食卓用のクリーム入れをお仕着せの上着のポケットに入れ、クリームを一滴もこぼさずに持ち歩けたことです。

訓練された使用人がますます希少な存在になり、〝どんなやつでもいないよりまし〟が当たり前になると、ジョージはいらだちを見せるようになりました。本人はその種の変化をリー氏よりはすんなり受けいれられたと言っていますが、本当にそうだったかは疑問です。〝父さん〟が感じていたのは怒りというより悲しみであり、ある種のあきらめでした。それに対して、努力に努力を重ね、血のにじむような苦労の末にいまの地位をつかんだジョージは、怠惰と見なしたものすべてに激しく反発したのです。その一方で、ジョージは学ぶ意欲のある者には並々ならぬ忍耐強さを示しました。あるとき下男として採用された若いイタリア人は、イギリスの流儀には不慣れながら、とても仕事熱心でした。ジョージはこの若者をみっちり仕込み、自分にもひけをとらないくらい優秀な使用人に育てました。若者が辞めてから三年ほどして、新しいレストランの店開きの招待状が舞いこみました。ほどなくまた別のレストランの店開きの招待状が届き、しばらくすると、今度は新しく開業するホテルのオープニングに招待されたのです。問題のイタリア人はそのたびに、自分が成功したのはジョージのおかげだと述べています。

クリヴデンが分割されて売りに出されたあと、ジョージはご家族に大いに忠義を尽くしました。年若いビリー新子爵とともにジンジ・マナーに移った時点で、運命の輪はぐるりと一回転してもとの位置に戻りました。ほかには通いの掃除婦が数人いるだけとあって、いまのジョージはまるで駆け出し時代に戻ったかのように、ホールボーイと雑用係と下男と執事とシェフの五役をひとりでこなしているのです。

6　ピーター・ホワイトリー

さて、この本に登場してくれる最後の友人をご紹介しましょう。ピーター・ホワイトリーは疑問の余地なく、ほかの使用人仲間やわたしが〝今風の連中〟と呼ぶ一派に属しています。この言葉には見くだした響きがあり、実際そういう意味で使うこともありますが、この場合はさにあらず。

はじめてピーターに会ったのは、彼がマイケル・アスター氏のご住居ブルーアン・アビーで働きはじめてまだ日が浅いころでした。正直なところ、そのときはとりたてて目に留まったわけではありません。けれどものちにクリヴデンに滞在したとき、リー氏が最近雇いいれた優秀な若い下男の話をするのを聞いて、わたしはがぜん耳をそばだてました。そのころの〝父さん〟がそんな言葉を口にすることは、ないに等しかったからです。ヨークシャー人特有の用心深さから、わたしは直接本人に話しかける前に、まずサーヴァンツ・ホールでのピーターの様子を観察しました。社交的な性格らしく、いくぶんにぎやかすぎるきらいもありますが、わたしはじきにピーターの話と物まねに笑いこけていました。

その後、二人で話す機会があり、ピーターは自分の野心と将来への希望について語り、わたしの経験談に耳を傾けました。「遠回しな言い方をしてもなんにもなりません、ミス・ハリソン」ピーターは言いました。「エレガンスの時代は終わったんです。ないものねだりはやめないと。必要なだけの経験を積んだら、あとはなるべくいろんなことをやってみようと思って。家事使用人が掃いて捨てるほどいる時代じゃないんだし、勤め先の屋敷が気に入らなかったり退屈だったりしたら、さっさとよそに移りますよ」そしてピーターはそれを実行しました。わたしに話してくれたのは、家事使用人としての人生の一部だけ。はしょった勤め先がいくつもあります。

ピーターとは、ときどきリー氏のお宅でも顔を合わせました。二人のつきあいはずっと続いていて、イーストボーンの近くに行くことがあると、ピーターは必ず彼の言う〝師匠〟のところに顔を出すからです。

最後にもうひとつ。いったん引退したわたしが、ウィシー様（レディ・アンカスター）のお手伝いをするために現役に復帰してグリムソープ城に住みこんでいたとき、ピーターは人生最後の野心について教えてくれました。なんと自伝を書きたいというのです。というわけで、ピーターの人生の一部を紹介するこの文章が、いずれ世に出るはずの、よりよい回想録の露払いになることを願っています。

雑用係の話

ぼくが生まれたのは一九三〇年八月十七日、マーガレット王女と同じ日だ。だからなんだと言われても困るけど、おかげで一〇六六年〔ノルマンディー公ウィリアムがイングランドを征服した年〕以外にも、この年号だけは覚えている。おぎゃあと言ったコテージの所在地は、レスターシャーのサイストン村。

そのころはレスターの町で事務員をしていた父さんは、若いときはずっとお屋敷奉公をしていた。近所にあったいくつものカントリー・ハウスのひとつで下男をしたあと、ロンドンに出てレディ・プレイフェアの馬車係の下男に。当時は有名人だったこの奥方は、ものすごく背が高く、最高にもてなし上手な社会の柱石で、大きな帽子に目がなかった。父さんによると、ドライブのときに馬車の後ろに立ってお供をしても、ほぼ完全に姿が隠れてしまうので意味がなかったという。下男仲間の心ない言葉を借りれば、ばっちり見えるのはケツだけ、だったわけだ。

レスターシャーでお屋敷奉公をしていて父さんと出会った母さんは、上京して客間メイドとしてレディ・プレイフェアに仕え、ときには料理人の仕事もこなした。奥方は雇い主としてはやかましい人だったらしい。屋敷内を歩きまわって置物なんかを持ちあげ、その下がちゃんと掃除されているかどうか確かめたりするタイプだ。おまけに旅行に行くとき何を持っていくか決められなかったから、お付きメイドはたまったものじゃなかったに違いない。母さんのところにも旅先からしょっちゅう手紙が届いて、これこれが必要だとわかったから送れと言ってくる。ところが手紙の字が医者の処方箋なみに読みにくく、たいてい返事も出さずに放置していたそうだ。

第一次世界大戦中に父さんが入隊すると、母さんはサイストンに戻り、それからはずっとそこで暮らしている。結婚してずいぶんしてから、ぼくを授かった。母さんに言わせると、ぼくはエプロンをつけて生まれてきた子だそうだ。なぜかというと、小さいときから掃除やベッドメイク、洗い物など、家事が大好きだったから。村の小学校に通い、卒業後は地元の公立中学校へ。勉強はあまりできない反面、学芸会の類いではいつも本領を発揮した。六年間ピアノを習い、そこそこ弾けるようになるのは早かったわりに、それ以上は上達せずじまい。得意な曲はヘンデルのラルゴで、学校での音楽会のために出演者の名簿を作ると、先生は最後に決まってこう言った。「そのあとはピーターにヘンデルのラルゴを弾いてもらいましょう」いわゆる便利な補欠要員だったわけだ。

ぼくはドラマ大好き少年だった。劇場か映画館にいるときがいちばんご機嫌で、卒業するずっと前から、役者になろうと決めていた。演技を学んだことはなく、そんな金もない。そこで十五歳になるとレスター王立劇場の楽屋口周辺をうろうろし、ついに目的への第一歩として、臨時雇いの裏方になるのに成功した。ところがこの仕事は臨時もいいところで、働いたのはたったの二週間。『サニーブルック農場のレベッカ』の公演期間が終わると同時に、お払い箱になった。

そうなると、とにかく金を稼がなきゃならない。そこで鼻孔に染みついたドーランのにおいが消えるのも待たず、乳母車工場の倉庫で助手として働きはじめた。ひたすら乳母車を抱えて狭い階段をおり、トラックに積みこむ日々。あまりやる気をそそる仕事じゃないけど、せいぜい楽しく働くことにして、冗談を言ったり大袈裟にふるまったりして同僚たちを面白がらせ、現場主任には渋い顔をされた。ぼくの座興はそれなりに印象的だったらしく、ある日、包装部門で働いている女の子がやってきて言った。

「ねえ、お芝居の経験ある？」

「ちょっとなら」ぼくは用心深く答えた。「なんで？」

「実はクリスマスにパントマイムで『シンデレラ』を演るんだけど、醜いお姉さんの片方が病気になっちゃって」

「ちょっと待てよ、失礼なやつだな」ぼくはさえぎった。

「あーら、当然でしょ。まさかシンデレラ役だと思ってたわけ？」相手は間髪入れずに切り返した。「だけど真面目な話」と続ける。「いい役なのよ。間違いなく楽しめると思う。今夜いっしょに来て、演出家に会ってみる気はない？」

ぼくは演出家に会いに行って代役の話を引き受け、自分で言うのもなんだが、舞台ではかなり大受けした。こんなに受けるなら、とひねりだした女装芝居も好評で、ぼくはいわばご当地版のダニー・ラ・ルー〔有名な女装タレント〕として、レスター周辺にある村の公会堂ではちょっとした有名人になった。ところがアマチュアの世界でも、妬みそねみには事欠かない。そこでぼくは引退を決意し、正真正銘の最終公演を決行して、永遠に舞台に別れを告げた。

そのあいだに、ぼくは仕事を変えていた。新しい職場は段ボール箱工場。転職を決断させたのは、乳母車工場の長い階段だった。ある日、派手に階段を転げ落ちるのを防ごうとして、かれこれ何十回目かに指の付け根の関節を痛めたとき、「もうたくさんだ。どこかリフトのあるところに行く」と宣言したのだ。ところがそんな理由で職場を変えたことを、ぼくはまもなく後悔することになる。ある午後、工場で停電が起き、ぼくを乗せたリフトが、二つの階のあいだで宙吊りに。ほてりと寒気が交互に襲ってくる。

「出してくれえ」ぼくはわめいた。だれかが手動でリフトをおろそうとしたものの、途中でギアが動かなくなった。本格的に冷や汗が吹きだしてきて、いよいよ閉所恐怖症へ一直線だ。おまけに箱を作る作業をしているはずの女たちが群がってきて、口々になんの役にも立たない下品な提案をしてくれる。動物園にいるいろんな動物と比較されて、まさに踏んだり蹴ったり。こうしてふり返るとちょっと笑える光景だが、おかげでリフトの類いには一生乗れそうにない。

ここの女工員たちには本当に泣かされた。うるわしき性が聞いて呆れる。彼女たちのおかげで、段ボール箱を運ぶ作業は乳母車運びよりも危険に満ちていた。乳母車は背中にしょって運べるから、前も見えるし、まわりの人間が何をしているかもわかる。それに引き換え、段ボール箱は腕の上に積みあげら

女装芸で観客を沸かせたご当地版ダニー・ラ・ルーことピーター・ホワイトリー

れ、顔を隠してしまうこともしょっちゅうだ。おかげで工場内を歩いていくぼくの体は、女どもの格好の標的になった。つねるなんてエロじじいのすることだと思っていたのに、連中は聖域なしで全身いたるところをつねりまくり、こっちは痣をどっさりこさえて帰宅するはめになる。この調子ではこれを一生の仕事にするのはとうてい無理だというわけで、この職場にも早々に見切りをつけた。たとえやる気があっても、体のほうがついていかない。

試しにお屋敷奉公をしてみようと決めたのは、このときだ。きつい《ラフな》仕事をするほうが、手荒い《ラフな》扱いを受けるよりはまだしもだ。そこで一張羅でめかしこみ、一日休暇をとって上京した。あわよくば下積みを少し省略して最初から下男の口にありつこうという魂胆で、せいぜいそれっぽく見せようとしたわけだ。訪ねたのは事前に手紙を出しておいた職業紹介所で、所在地はメイフェアのサウス・オードリー街、経営者はサンディマン夫人。受付の女の子に下男の求人について尋ねていると、サンディマン夫人が入ってきた。見た目の印象はぱっとしない。もじゃもじゃの髪を赤く染めた、若作りの中年女だ。サンディマン夫人はぼくを上から下までじろじろ見た。

「いったいなんの用なの、この子?」受付の子に尋ねる。

ぼくは頭に血がのぼるのを感じた。

「下男の口を探しているそうです」女の子が言うと、サンディマン夫人はくすくす笑いはじめた。

「この子の格好ったら、まるで十八世紀から抜けだしてきたみたいじゃない」もう限界だ。ぼくは爆発した。

「マダム、ぼくは十八世紀から抜けだしてきたわけじゃありません。ヘンナで染めたあなたの髪が、根元は赤くないのと同じようにね。さよなら」言うなり乱暴にドアをたたきつける。ガラスがびりびりとふるえ、割れるんじゃないかと思った。やれやれ。胸のなかでつぶやく。これでもうお屋敷奉公の世界には入れそうにないな、ピーター。

ところがサンディマン夫人は思ったより度量の広い女性だったらしい。一週間ほどしてこの紹介所から手紙が届き、コリアット夫妻が雑用係を探しているがどうかと言ってきた。勤務先はウィルトシャーのマームズベリーの近くにある屋敷で、給料は週七ポンド。希望の職種じゃないけれど最初のとっかかりにはなるので受けることにした。

コリアット夫人の年齢は、ぼくが働きはじめた時点で三十歳から三十五歳くらい。サーヴァンツ・ホールで聞いた話によると、前の結婚ではレディ・カーゾンで、〝ケドルストン・ホールで有名なあの一族〟の一員だったという。カーゾン卿はレーサーで、のちにハウ伯爵になったから、いまではそっちの称号で覚えている人のほうが多いはずだ。コリアット夫人の父親のサー・アーチボルド・ワイゴールは、私道のはずれにある門番小屋に住んでいた。トテナム・コート通りの家具店〈メープルズ〉の経営者で、以前の住まいはアスコット近郊にある広大なカントリー・ハウス、エングルミア。コリアット夫人が使用人に少しばかり横柄な態度をとると、ぼくたちはこんなふうに言ったものだ。

「今朝はどう見てもトテナム・コート通りの向こう側に行っちゃっている感じだね」

一部の使用人の縁故関係は、主人一家に負けないくらい立派なものだった。執事のレジナルド・クレメント氏は以前ベルグレイヴ・スクエアでケント公爵家のマリーナ妃の下男を務めていたし、乳母のヴァレリー・スミスはコッピンズで、マリーナ妃が産んだアレクサンドラ王女と幼い王子たちを育てている。この二人のほかに客間メイドと厨房メイド、それにお付きメイドのミス・ドノヴァンがいた。ミス・ドノヴァンはいつもスリッパを履いていて、あだ名は〝スリッパ〟。通いの掃除婦が何人かいて、ぼくの担当は力仕事と靴の手入れ、石炭や薪運び、通路の床磨き、汚れのひどい食器を洗うこと、その他なんでも。

そして、もちろん料理人もいた。というより、料理人たちが。とにかく次から次に新しい料理人が採用され、ぼくが働いていた四年間だけでも五十人かそこらが厨房に入ってきては出ていっているはずだ。そう、料理人は間違いなくコリアット夫人の泣きどころだった。ほかのスタッフとはうまくいっていたし、料理人ともうまくやろうと涙ぐましい努力をしていたにもかかわらず。ありとあらゆるタイプの料理人がやってきた。スコットランド人、アイルランド人、ドイツ人、フランス人。のっぽ、ちび、でぶ、痩せ。彼女たちのほぼ全員が共通に抱えていた悩みは、脚が悪いこと。自分の用事でぼくを走りまわらせるときに持ちだす理由は、決まって〝脚が痛くてね〟だった。あるスコットランド女は、まるでヴィクトリア女王みたいな裾の長い黒いドレス姿でやってきた。顔合わせのためにおりてきたコリアット夫人は、料理人のちょっと手前で立ちすくんだ。

「何をごらんになってるかは存じてますよ、奥様。でも、この格好をするしかないんです。ヒトラーの贈り物のせいでね」そして下着すれすれのところまでスカートをたくしあげると、脚の一部が左右とも爆弾で吹き飛ばされているのが見えた。「二百針縫ったんです」料理人が得意げに続ける。

〝よっぽど腕のいいお針子だったんだね、そのお医者さん〟ちょっと胸がむかつくのを感じてその場を離れながら、ぼくは思った。

別の料理人は、木箱を小わきに抱えて厨房入りした。箱をテーブルのそばに置き、その上に立つ。それでよかったのだ。踏み台なしではテーブルの上を見られなかっただろうから！　七つのトランクとともに到着した料理人もいる。トランクはどれも猛烈に重かった。なぜ知っているかというと、ぼくがトランクを彼女の部屋に運びあげなくてはならなかったからだ。この料理人の第一印象は、きらめく瞳の陽気なおばさん。陽気なのも当然で、じきにわかったところによると、このおばさん、昼食前にジンを一本空けてしまう剛の者。トランクの中身は、前の勤め先から失敬してきた戦利品だった。しかもこの在庫、それほど長持ちしなかったらしい。ほどなくコリアット夫人が食料品屋の請求書に不審を抱いて問いあわせたところ、三か月の航海期間でも船の乗組員全員をずっとご機嫌にさせておくのに十分な量の、ジンの代金を支払っていたことが判明したのだ。

そうかと思えば自前の包丁一式を持ってやってきて、何が気に障ったのか、クリスマス当日にそのうち一本をお付きメイドの〝スリッパ〟にお見舞いしようとした料理人もいる。どうにか部屋に閉じこめたものの、料理人はクリスマスプレゼントから始まって、動かせるものすべてを窓から放り投げ、口汚いののしり文句を吐き散らす。呼ばれてやってきたご一家の主治医は、さっきまでクリスマスを楽しんでいたのが一目瞭然だった。ところが治療すべき患者を見るなりお祭り気分は吹き飛んで、注射しようと骨を折ったあげくに噛みつかれ、やむなく救急車と救急隊員三人の出動を要請するはめに。公休日に職場に呼びだされた人間を絵に描いたような顔で到着した救急隊員たちが、やっとのことで料理人に拘束服を着せて病院へ運んでいくのに成功し、ぼくは一行を見送りながら〝アイ・ウィッシュ・ユー・ア・メリークリスマス〟と歌いだして執事に尻を蹴りあげられた。

食器を割ることに病的なほど情熱を燃やす料理人もいた。皿が床に落ちて割れると、満面の笑みで顔が輝く。そして「入ってくるのは表から」と言いながら破片を拾い、「出ていくのは裏から」と言って裏口の外に放り投げると、ふたたび食器の割れる音が響き、ぼくは小さな破片を拾うのに悪戦苦闘することになる。けれども悪いことは長く続けすぎるとばれるのが世の習いで、割れた食器を投げたとたんに執事が裏口から入ってきて、目の上に破片が命中。またしても医者が針仕事をし、またひとり料理人が荷物をまとめることになった。

気の毒なコリアット夫人は、よくよく運に見放されていたに違いない。なにしろ次の料理人がやってきたとき、乳母が厨房にいあわせたのだ。

「こんにちは」と乳母。「わたしはミス・スミス。このお宅の乳母ですよ」

「へえ」料理人は答えた。「そうですか。だったらなんでここにいるんです？　ここはわたしの縄張りですよ。あんたの居場所はそこの仕切りの向こう側。それを忘れずにいてくれれば、お互いうまくやっていけると思いますけどね」

そのひとことがきっかけで派手な言い合いが始まり、じきにコリアット夫人も参戦した。奥様が料理人の肩を持っていると感じたミス・スミスは、短いながらも選び抜かれた言葉で雇い主をなじった。

「そういう口のきき方は許しませんよ」とコリアット夫人。

「わたしは王女様にもこういう口のきき方をしてきたんです。王女様は耳を貸してくださいましたし、奥様にもそうしていただきます」というのが乳母の返事だった。

料理人を失うのと乳母を失うのとでは、問題の重みがまったく違う。このときの料理人は、お茶の一杯もいれず、荷物もほどかないまま出ていった。もちろん外国人も含めた臨時雇いの料理人も大勢やってきて、これはスタッフにとってはいいことだった。変わり映えのしない食事とは無縁な日々を送れたからだ。

この屋敷の名前を出すかどうか、ずいぶん迷った。その名前のせいでずいぶん恥ずかしい思いをしたからだ。屋敷の名はずばり〝トワットリー・ホール〟〔トワットは女性陰部の卑語。〝あそこ〟〕。住所を訊かれてその名を口にするはめになったときの居心地の悪さは半端じゃない。からかうのもたいがいにしろとばかりに憎々しげな目を向けてくる者がいるかと思えば、こんなのはどうだと別の名前を提案する者もいて、さらには無礼千万にも「ぴったりじゃないか。好きそうな顔してるもんな」とかそんな意味のことを言うやつまでいる。いまでも思いだすと髪の付け根まで赤くならずにいられない。

お屋敷でのおもな娯楽は狐狩りだった。ご一家は四人のお子様方も含めて全員が乗馬をしたため、馬やポニーを何頭も飼っていて、女の馬丁たちが面倒を見ていた。狐狩りがあると、ぼくは大忙しになる。狩猟服一式にブラシをかけたり汚れを落としたり。ありがたかったのは、旦那様の赤い狩猟服を手入れするのは従僕の役目だったこと。パーティーに招かれるのはほとんどが馬好きな人々で、見た感じもどこか馬っぽく、いななくように話し、いななくように笑う。ぼくは少しばかり彼らの物まねをして、同僚たちを楽しませた。

勤めはじめて三年が過ぎたころ、ぼくは軽い誇大妄想にとりつかれた。きっかけは一九五三年のエリザベス女王の戴冠式後まもなく、バッキンガム宮殿で子供部屋づき下男を募集しているという広告を目にしたことだ。鏡に映った自分をちらりと見やって、〝おまえにぴったりの仕事じゃないか、ピーター〟とつぶやけば、お仕着せ姿の下男たちがすいすいと動きまわっていた『シンデレラ』の舞踏会のシーンが脳裏によみがえる。芽生えたばかりの野心を打ち明けられた執事のクレメント氏は、笑いもせずに応募の手紙を書くのを手伝ってくれた。

数日後に宮殿から返事が届き、面接を受けに来いと言ってきた。スウィンドンからの往復乗車券が同封されている。今回はいくぶん控えめに装った。めかしこみすぎて、いまは亡き摂政皇太子〔のちのジョージ四世。一八一一年から二〇年に父ジョージ三世の摂政を務めた。放蕩と浪費で知られる〕に仕えるつもりか、などと思われちゃたまらない！　パディントン駅にはお抱え運転手が迎えに来ていて、ぼくは宮殿の裏口で下男に引き渡された。下男はチャックがちゃんと閉まっているかどうか確かめるかのように、上から下までじろじろ見てからぼくを事務所に案内し、首席下男と次席下男に引きあわせた。ここでまた二人にじろじろ見られ、いくつか質問をされてから、王室家政事務官がいる階に連れていかれ、執事のエインズリー氏の面接を受ける。そのころには、この調子で指揮系統をさかのぼっていけば、来週の火曜日あたりには女王陛下に会っているんじゃないかという気がしてきていた。面接が終わると昼食をとるよう言われ、さっきとは別の下男に案内されてサーヴァンツ・ホールらしきところへ。そこにあったのは、友人から聞いた撤退作戦中のダンケルクの海岸――〝とにかくすごいんだ、あの騒音、あの雑踏！〟――を思わせる光景だった。案内役の下男にそう言ってみた。

「食事は交替制で、これはまだ第一陣だよ」という答えが返ってきた。

昼食は最低だった。熱いグレーヴィーとポテトを添えた冷肉と、ジャンケット〔牛乳を酸で固めた甘いデザート〕を添えたすっぱいルバーブ。その日はコーヒーもリキュールも出なかったので、ぼくは自分の歯が自分の歯ではないように感じたままミルバンク少佐（そういう名前だったと思う）のとこ

雑用係時代のピーター・ホワイトリー。ウィルトシャーはマームズベリーのトワットリー・ホール で。

ろに連れていかれ、二組の祖父母の代までさかのぼって家族について質問された。

〝きっと密猟で食らいこんだ大伯父のチャーリーのことも知りたがるぞ〟ぼくは思った。

それでもミルバンク少佐は最終的には、ぼくが代々続く未婚の父の末裔ではなさそうだと納得したらしい。ぼくは王室家政事務官のプランケット卿のところに連れていかれ、子供部屋づき下男がすべき仕事について手短に説明を受けたあと、その三倍の時間をかけて、すべきでないことについて長々と説明されてから、ようやく解放された。

部屋を出ると、すぐ目の前に下男のチョッキの腹があった。こんな背の高い男は見たことがない。ぼくだって決してちびじゃないのに、この身長差。天井をふりあおぐと、これから医者のところに連れていくと言われた。ちょっと頭がくらくらしてるけど、別に気分は悪くない。そう言おうとしたとき、相手は「健康診断だ」とつけ加えた。ぼくを車のところまで案内して先に乗せ、体を二つ折りにしてどうにか隣に乗りこむ。

医者は十五分ほどかけてぼくの男らしい体を調べると、服を着て出ていくよう告げた。待合室でさっきの巨人《アトラス》を探したが、どこにも姿がない。受付係に訊いてみると、今日のところはもうぼくには用がないので帰ったのではないかという返事。そこで、ぼくは自力でパディントン駅まで戻った。

屋敷に戻る道中、ぼくはこんな泥沼に進んで足を踏みいれた自分のばかさかげんを呪い、パントマイムで見たものなんてもう二度と信じるものかと心に誓った。

執事のクレメント氏に宮殿でのいきさつを話し、困ったことになったと訴えると、「いやだったら断ればいいじゃないか」と言われた。

「そうですね。大逆罪でロンドン塔送りになってもよければね」ぼくは答えた。

それは取り越し苦労だった。数日後に手紙が届き、女王陛下はぼくの奉仕を求めないと知らせてきたのだ。そうなると、がぜん腹が立ってきた。「まったく何様だと思ってるんだ、頭にティアラをのっけてるからって偉そうに。だいたい自分では面接ひとつしてないのに、ぼくがどんな人間かわかるわけないじゃないか」

そろそろ一段上に行きたいと思いながらも、この一件が響いて、ふたたび求人に応募する勇気はなかなか湧いてこなかった。それでもさらに何人かの料理人が来ては去るのを目にしてから、ついにオノラブル・マイケル・アスターの下男の職に応募して、採用された。ここで生まれたアスター家との結びつきは、家事使用人としてのぼくの人生を通して続くことになる。これが縁で、のちに一族のほかの方々に仕えることになっただけではない。ぼくはリー氏の影響と導きを受ける身になり、チャールズ・ディーン、ジョージ・ワシントン、ロジーナ・ハリソン、ビル・シルヴァーなど、アスター一族に仕えるほかの使用人たちとも親しくなった。リー氏やほかのみんなとは、いまだに連絡をとりあっている。またアスター家の方々も、その後ぼくが勤めたいくつもの屋敷を滞在客として訪れ、顔を合わせればいつも気さくに声をかけてくださった。

マイケル・アスター氏はアスター子爵夫人ナンシーの三男で、お住まいはオックスフォード近郊チャーチルのブルーアン・アビー。この屋敷はその名のとおり廃墟と化した修道院《アビー》を修復したものながら、いまでは美しさと快適さを兼ね備えた住居になっている。ぼくが働きはじめた時点ではまだ改修作業が続いていたため、ご一家は近くのコテージで暮らしていて、執事のシルヴァー氏はことあるごとに、コテージとのあいだを行ったり来たりして履きつぶした何足もの靴代を請求すると息巻いていた。

スタッフはいい人材が揃っていた。執事とぼく、雑用係、ハウスキーパーのミス・タムズとハウスメイド、フランス人シェフのモーリスとその下で働くロン。ほかにお付きメイドと乳母のミス・コイルがいて、運転手も二人いた。これだけの人数を揃えているのは一九五四年としてはなかなかのもので、ぼくが週に八ポンドもらっていたことを思えば、出費もかなりかさんだはずだ。使用人同士の人間関係がとびきりうまくいっていたのは幸いで、なにしろ半径数マイル〔一マイルは約一・六キロ〕以内には人家がひとつもない。マイケル様は学者肌で芸術好き。奥様はとても感じがよく、家事や男女二人ずつの四人のお子様のことでいつも忙しくしていた。もっとも、これもアスター一族につきものの生涯添いとげることのない縁組のひとつで、アスター夫人はのちにウィットニーのレディ・ウォードになっている。奥様はご自身も資産家だった。お父上が〈デュワーズ・ウイスキー〉のデュワー一族だったのだ。

お子様方は屋敷に活気を与えていた――ときとして使用人にとっては迷惑なほどに。玄関ホールでスケートのまねをしたり上階を走りまわったりすると、ミス・タムズは腹を立て、遠慮なく叱りつける。お子様方は、いかにも上流階級の子供らしい愉快で愛嬌のあるやり方で仕返しをした。「タムズのつづりは？」ひとりが尋ねる。「B・I・T・C・H」残りの者が高らかに唱えると、だれもが自分たちの子供らしいウィットに気をよくして、あたり一帯に聞こえるような大声できゃっきゃと笑う〔ビッチは牝犬転じて意地悪女〕。

念のために言っておくと、これはミス・タムズの自業自得だった。ちょっと変わっていたからだ。二階の踊り場に裸婦の絵がかかっていた。ミス・タムズはこのご婦人をコーラ・コルビーと名づけ（理由はわからずじまいだった）、そばを通るたびに話しかける。「おはよう、コーラ。今朝はお互い、気候に合った服装をしているようね」とか「いつでもお風呂に入れる状態ね、ダーリン」といった具合に。ときには敵意を見せることもあった。「なんて不潔なあばずれなの、コーラ。いますぐ何か着てらっしゃい」とか、場合によってはもっとどぎつい言葉も使って、ちょっとした憎まれ口をたたくのだ。ミス・タムズはご一家があまりに頻繁にお客を招待しすぎるとも文句を言っていて、これはときとしてもっともな苦情だった。あるとき、週末にマーガレット王女のご一行をお迎えする予定になっているのに、当日の昼食どきになってもまだ滞在客が帰ろうとせず、王女様が使うはずの部屋を占領していたことがある。「やんごとない方々の車が表の私道を近づいてくるのと入れ違いに、ほかのお客人たちの乗った車が裏手から出ていって、王女様のベッドは下々の者たちの体温でまだほかほかしているという具合よ」

謙遜して黙っていたが、ぼくはここ数年間で新たな技術を身につけていた。アコーディオンの演奏だ。このころにはかなりうまく弾けるようになっていて、暗い階下に明るさを添えるために、ご要望に応えてしょっちゅう腕前を披露していた。ミス・タムズは『アイヴ・ガット・ア・ラヴリー・バンチ・オヴ・ココナッツ』がお気に入りで、あらんかぎりの声で熱唱する。ご一家はこの曲が好きではなく、ときたまシルヴァー氏を通してそう伝えてきたものの、たいていの場合は黙って弾かせておいてくれた。

厨房でシェフの助手をしていたロンも、ちょっと変わっていた。晩餐を出しおえると、自転車で屋敷の周囲に広がる田園地帯を一目散に走り抜けていく。戻ってきた気配を耳にしたことはほとんどない。ぼくたちは、ロンが土地の娘たちにフランス語を教えているのだろうと思っていた。一度オックスフォードのパブで、二人の生徒といっしょのロンに会ったことがある。「やあ、ピーター」ロンはバーの向こうから叫んだ。「このお嬢さんたちにあんたのアコーディオンの話をしてたんだ。こっちに来てお得意の『なつかしき愛の歌』を弾いてあげてくれよ」

レディ・アスターと尊敬措く能わざるロジーナ・ハリソンにはじめて会ったのも、ブルーアン・アビー時代のことだ。これはちょっとした衝撃だった。すでに何組かの女主人とお付きメイドに会っていたけれど、こうも強烈かつ対照的な個性を持つペアにはお目にかかったことがない。階上でのレディ・アスターそのままに、ローズは無意識のうちにサーヴァンツ・ホールの中心になっていた。最初はいい印象を受けなかったが、ローズが屋敷を去るころには感じ方が変わっていた。〝この人はきっと知れば知るほど味がわかってくるぞ〟と。早い時期にくだしたこの判断が正しかったことは、時間が証明している。レディ・アスターにはどうしてもなじめず、なじもうと努力するのをあきらめた。ぼくのまったく知らない種類の人物だったからだ。ブルーアン時代、レディ・アスターと接触するのはもっぱら電話を通してだった。「もしもし、レディ・アスターです。〝あれ〟の母親よ」

母親といえば、アスター夫人の母上も強烈な個性の持ち主だった。二人の母親の違いは、レディ・アスターとミス・ハリソンがすでに三十年近くいっしょにいたのに対して、デュワー夫人はお付きメイドを三十分と抱えておけなかったこと。ひっきりなしにメイドを変えていて、ぼくは同じメイドに二度会ったことがない。その後何年もして、ぼくがフィッツウィリアムご夫妻に仕えていたときにミルトン・ホールを訪れたデュワー夫人は、辞めるまでの予告期間を消化中のお付きメイドを連れていた。「ドレスのファスナーをおろすために朝の四時まで寝ないで待ってると思ったら大間違いよ」というぶっきらぼうな言葉が、そうなるまでの事情を雄弁に物語っている。

ブルーアン・アビーでの生活は十分に快適だったものの、ぼくには向いていなかった。ああも人里離れていると、生き埋めにされた気分になってくる。それを打ち明け、辞めるしかなさそうだと告げたときのシルヴァー氏の反応は、どこまでも物分かりのいいもので、それはアスター夫人も同じだった。どうやらぼくの仕事ぶりは満足のいくものだったらしい。一族の外に出したくないので、いまと同じような資格でクリヴデンのウィリアム・アスター卿に仕える気はないかと打診された。悪くない考えだ。ぼくはリー氏の面接を受け、スタッフの一員として受けいれられた。

この職場で、ぼくは一生ものの自信と技能を身につけることになる。リー氏はお屋敷奉公の世界では知らぬ者のない伝説的な存在だった。まばゆいばかりの名声に、最初は近づきがたく感じたほどだ。貫録もたっぷりで、ウィリアム卿ではなくリー氏が屋敷の主人のようだった。けれども、そんないかめしさの奥に親切心と辛抱強さがひそんでいることに気づくのに時間はかからなかった。ぼくが屋敷に到着したその瞬間から、リー氏はぼくに仕事を教えはじめたのだ。それも、みずから手本を見せるという方法で。その昔、家令室づきボーイがしていたようにリー氏の身のまわりの世話をしなくてはならなかったのは、ある意味で幸運だった。それによって二人のあいだの距離が縮まり、リー氏がぼくに知識と経験を伝授する機会も増えたからだ。もうひとりの執事としてリー氏と指揮権を分かちあい、子爵の従僕も兼ねていたジョージ・ワシントンも、リー氏とやり方は違ったけれど、とてもよくしてくれた。副執事のファウラー氏は、リー氏よりさらに年長の七十三歳。ぼくの名前がピーターだと知ると、ファウラー氏は言った。「ほう、ここには十二使徒が全員揃っとるよ。それも五人ずつ。それしきの人数では、この時期にはとうてい足りんがね。来週は六月四日〔ジョージ三世の誕生日を祝うイートン校の記念祭〕で、イートン校の生徒が半分がた、押し寄せてくる。それが終わってひと息つくかつかないかのうちに、今度はアスコット・ウィークだ。いまのうちにせいぜいのんびりしとくんだな。その先三週間は便所に行く暇もない忙しさになる」

ファウラーはぼくが知っているなかでは最高の銀器磨きの名人だった。旧式なやり方ながら、仕上がりも古きよき時代にふさわしい見事なもの。そしてファウラーは、当時はエロじじいと見なされた種類の人間でもあった。週に一度、朝早くから青いスーツでめかしこみ、自分が磨いた銀器に負けず劣らず磨きあげられた姿で、いそいそとロンドン行きの列車に乗りこむ。ロンドンに着くと、ウィンドミル劇場に直行して年齢もタイプも似たような男たちの行列に加わり、当時はストリップショーとして通用していた出し物を観る。いまのそれと比べたら上品と言っていいくらいの内容だし、業界屈指のコメディアンのなかにはここで修行を積んだ者もいるけれど、ファウラーやその同類たちがここに通った目的は、笑うことじゃない。舞台の飾りとして配置された、肌もあらわなモデルたちを食いいるように見つめることだ。もっとも、この週に一度の性の饗宴はファウラーにはまったく害にならなかったらしく、翌日はいつもどおりせっせと銀器を磨いていた。

六月四日とアスコット・ウィークは、ファウラーが言ったとおりだった。四日の昼食会に来たのが五十人、テラスで出したお茶となると、いったい何杯だったのか神のみぞ知る。おまけに晩餐にも客の大群が押し寄せてきたのだ。そしてアスコット・ウィーク。ぼくはこの期間を朦朧としたまま過ごした。集まってきた客人の数は半端でなく、来た人間の名前をあげるより、来なかった人間の名前をあげるほうが早いくらい。とくに記憶に残っているのは俳優のダグラス・フェアバンクス夫妻、それにアリ・ハーン王子とキム・ノヴァクのカップル。かつては役者志望だったからこれは当然として、別の理由で覚えているのがレディ・ラムトンだ。この奥方、到着した瞬間から呼び鈴を鳴らしっぱなしで、ぼくたちは頭に来るし、お付きメイドは気も狂わんばかり。あの気の毒な娘も、よくもまあ耐えられたものだと思う。なにしろ食卓についたとたんに呼びつけられるのだ。ぼくの知るかぎり、このメイドが完食できた料理はひと皿もない。

クリヴデンでのアスコット・ウィークは貴重な経験だったとはいえ、一度ですんでくれて助かった。ミス・ハリソンは自分がその昔どんなにへとへとになったかを話してくれたが、そのときも指摘したとおり、当時はレディ・アスターが酒を目の敵にしていたし、極端な夜更かしもしなかった。ぼくのときにはシャンパンが惜しみなくふるまわれ、夜食パーティーとどんちゃん騒ぎが明け方まで続いたうえ、すべての仕事を昔より少ない人数でこなさなくてはならなかったのだ。

それ以外にもうひとつ、わくわくするうえに使用人の仕事を増やしてくれるイベントがあった。ぼくが働きはじめてじきに、奥様が女の赤ちゃんを産んだのだ（アスコット・ウィークと重ならないよう、出産時期を何週間か早めたに違いない）。クリヴデンはまるで産院のようになり、アイルランドから母乳係の乳母が空輸された。母乳係の乳母を見たのは、あとにも先にもそのときだけだ。そんな仕事はとっくの昔になくなったと思っていた。乳母の名前はオゴーマン夫人。いかにもそれらしい服装をしていた。黒のロングドレスに看護婦の帽子、背中にはベール。いつも陽気で、夜になって一、二杯ひっかけたあとはとくにそう。だから赤ん坊が飲んだ母乳には、ウイスキーがたっぷり含まれていたはずだ。

ぼくは昔から赤ん坊が苦手だった。間違ってもベビーベッドの上にかがみこんで赤ん坊の顎の下をくすぐったり、ごろごろと喉を鳴らしてみせたりする人間じゃない。赤ん坊を前にすると、口がきけなくなってしまうのだ。だから授乳後まもないエミリー（というのが赤ん坊の名前だった）嬢ちゃんを抱いて廊下を歩いてきたオゴーマン夫人が、ぼくに赤ん坊を見せようとして足を止めたときも、あまりいい気はしなかった。

「このおじちゃんに会うのはこれがはじめてだったねえ、いい子ちゃん。ほうら、よろしくってご挨拶しようねえ」乳母は強烈なアイルランド訛りで言った。

ぼくは声もなく赤ん坊を見つめた。すると相手はにっこりし、ぼくは元気づいた。「この子、ぼくを見て笑ってるよ」

「おやまあ、それは大変」とオゴーマン夫人。「げっぷが出るんだよ。おいで、いい子ちゃん」そして立ち去ろうとしたが、ときすでに遅く、気の毒な赤ん坊は胃袋の中味を派手に服の上にぶちまけてしまった。

〝お芝居だけじゃなくて批評もするんだね〟かの有名な格言を思いだして、ぼくは思った。

クリヴデンにいたのは九か月ほど。どっさり勉強させてもらったと実感し、学んだことを別の屋敷で実践してみたくなったのだ。

応募したのはハリソン大佐ご夫妻宅のただひとりの下男の口で――このころには住み込みの使用人は間引かれて数が減っていた――上司は厳格な執事のショー氏。料理人兼ハウスキーパーのキー夫人（その名にふさわしく鍵《キー》の束を腰からぶらさげていて、動くたびにじゃらじゃら音がした）はものすごい年寄りで、足を前に出すのもままならないありさま。ハウスメイドはキー夫人よりさらに高齢ながら、足さばきはまだしも軽かった。とはいえ、ほかに若い掃除婦が通いで来ていたのは幸いだった。奥方にはお付きメイドがいて、これまた仕事ぶりにぴったりのクリスマスという名の持ち主。毎年来るのが待たれているクリスマスにふさわしく、いつも〝すぐまいります〟と言っていたからだ。運転手のホイーラーも古顔の使用人で、それは古びて緑色になった制服を見れば一目瞭然。ハリソン夫人はよく「ホイーラーは絶対にうちを辞めたりしないわ。そうよね、ホイーラー？」と言っていたものだ。

万が一ホイーラーが辞めることになったら、鑿《のみ》を使って制服のなかから本体を彫りださなくてはならなかっただろう。

屋敷はハートフォードシャーのヒッチン近郊、キングズ・ウォールデンベリーにあった。古いながらも設備は整っていて、ほとんどの寝室が化粧室と浴室つき。ついでに名前もついていて、古風な呼び鈴盤に部屋の名がずらりと記されていた。〈真珠の間〉、〈ダイヤモンドの間〉、〈アメジストの間〉、〈ルビーの間〉、〈サファイアの間〉で、どの部屋もそれぞれの宝石の色で内装されている。ぼくたちはよく、滞在客を部屋の名前で呼んでいた。〝あのいまいましいサファイアがまたじゃんじゃん鳴らしてるよ〟とか〝真珠が朝飯を持ってこいだとさ〟という具合に。

執事がやかまし屋だったとはいえ、ハリソン夫妻は気持ちよくお仕えできるご夫婦だった。問題は娘が八人もいたことだ。どの令嬢もそれなりに感じがいいのだが、週末になると、それぞれが旦那や彼氏を連れて屋敷に押しかけてくる。いやはや、その騒々しいこと。あの夏を思いだすと、「だれかテニスしない?」というけたたましい叫びが耳のなかで鳴り響く。あのひと夏のあとでは、まっとうなキュウリのサンドイッチは、二度とぼくと目を合わせようとしないだろう。

八人の令嬢の製造責任者とおぼしきハリソン大佐は、物静かな紳士だった。ひとりくらいそういう人がいないと、それこそ大変なことになっていただろう。大佐はきっと息子が欲しかったに違いない。編み物の名人で、最大の娯楽は海軍用のセーターや靴下を編むこと。編み棒にはいつも何かしら青いものがかかっていた。「やあ、水兵さん」大佐のそばを通るたびに、ぼくは胸のなかでつぶやいたものだ。

ハリソン家ではそこそこ楽しく暮らしていたものの、仕事のやり方がそれまで慣れていたのと違っていたため、執事に辞めることにしたと告げた。執事はへそを曲げ、ぼくが屋敷を去るまでの一か月間、ずっと仏頂面をしていた。使用人が暇をとろうとすると、雇った側がそれを離婚の申し出のように受けとって、最後の数週間を、離婚が正式に決まるまでの期間もこうに違いないと思わせる、苦行のひとときにしてしまうのはなぜだろう?

そこから伝わってくるのは、〝もうわたしを愛していないのね、そうでしょう、ダーリン?〟という気持ちだ。それに対するぼくの答えは、雇い主がだれだろうと変わらない。〝ああ、そうとも。最初から愛しちゃいなかったよ〟

一九五五年の次なる奉公先は、ハンプシャーのストックブリッジ近郊にあるボッシントン・ハウス。職種は下男で、雇い主は航空機メーカー〈フェアリー社〉のサー・リチャードとレディ・フェアリーのご夫婦だった。ここでの日々は楽しく、それでいて一抹の悲しみが混ざりこんでいる。サー・リチャードは心臓が悪く、しじゅう寝こんでいたからだ。ただし旦那様は病気に屈しようとはしなかった。何度発作を起こしても、いつもじきに起きだして川におりていき、マスや鮭を釣ってうっぷんを晴らす。熱心な釣り師で腕もよく、フェアリー家では自家製のスモークサーモンまで作っていた。

レディ・フェアリーはサー・リチャードの三人目の奥方で、旦那様とお子様方、使用人のだれに対しても、やさしく気配りに満ちていた。サー・リチャードのご長男は戦争で両脚を失っている。両脚を失いながらも第二次世界大戦で活躍したパイロットのダグラス・バーダーとは大の親友で、かの英雄同様、脚がないという事実を雄々しく受けいれていた。とても活動的で、出勤途中にヘリコプターを操縦して朝食を食べに来ることも多く、この人が来ると、いつもその場が明るくなった。それ以来、〝わたしの脚〟についてこぼす料理人がいると、ぼくは黙ってはいなかった。「どんな脚でもあるだけで運がいいと思わなきゃ」と言ってから、リチャード様の例を持ちだすのだ。

ハリスという名の夫婦者が、執事とお付きメイドをしていた。二人とも感じがよく、立派なお屋敷で長年経験を積んだ古強者。料理人は地元の村の出身ながら腕前は上々で、掃除全般は通いの掃除婦がやっていた。滞在客のほとんどは航空機業界の人々で、戦時中にパイロットだった人や軍事技術者だった人も少なくない。気持ちよくお世話できる人ばかりで、チップもはずんでくれた。

華やかな前衛ファッションに身を包むモッズ族もちょくちょく目にしている。ぼくが奉公していた時期にサー・リチャードの令嬢ジェーンが社交界にデビューしたため、社交シーズン中は同じくデビューしたての令嬢たちとお供の青年たちが屋敷に集まってきたからだ。サー・リチャードは令嬢のために盛大なダンスパーティーを開いた。シャンパン、バンド、大テント、色とりどりの豆電球、真夜中の水浴び、ドレス、宝石、ティアラ、何もかも全部揃ってる。ありがたいことに料理と飲み物の手配は外部の仕出し屋任せだったとはいえ、ぼくたちも暇だったわけじゃない。ダンスの前には晩餐会があるし、パーティーの残骸を片づけるのを手伝う仕事もある。ダイヤモンドをどっさりつけた女の子たちが、酔ってスカートをたくしあげ、朝の五時に階段にすわりこんでベーコンエッグを食べている光景は、一風変わっていて面白く、それでいて見ているとひがんだ気分になってくる。

寝そべっているカップルのあいだを縫い、色恋なんて間接的に経験するものじゃないなと思いながら、よろめく脚でベッドをめざす。自室のドアを開け、明かりをつけると、なんとぼくのベッドの上では、直接的な愛の行為がいままさに進行中じゃないか！　ひと組のカップルが熱戦を交えていて、二人ともぼくの登場など気にするふうもない。恥知らずな小娘が枕の上で頭を動かし、こんな状況でなければ無邪気で通りそうな目を向けてきた。

「あら」小娘がしれっとしてつぶやく。「じゃあ、パーティーはもう終わったの？」

「ああ終わったとも、少なくともきみたち二人にとってはね」ぼくは高飛車に言ってのけた。「さあ、とっとと出てってくれ。でないと執事を呼ぶよ」

翌日サーヴァンツ・ホールでこの話を披露したところ、実際に二人を前にしていたとき以上に面白く感じられ、これは〝下男が見たもの〟として、ぼくの持ちネタのひとつになった。

クリスマスが終わるとすぐ、ぼくたちはバミューダで休暇を過ごすために屋敷を離れた。サー・リチャードは現地に家を借りていて、執事夫婦は屋敷を離れたがらなかったため、ぼくがお供して家の切り盛りをすることになったのだ。旦那様の健康状態が悪化していたので、お付きメイドのかわりに看護婦が同行する。船旅と島での暮らしのおかげで、旦那様はめきめきと元気になった。ところがすべてが順風満帆に思えたある日、夕食後に看護婦の部屋で悲鳴があがった。島の人間に襲われ、金品を奪われたのだ。サー・リチャードが居間から飛びだすと、賊が玄関から逃げていくところだった。よせばいいのに追いかけたばかりに、旦那様は庭でばったり倒れてその後はほとんどずっと寝たきりに。休暇は予定どおりに続けられ、ニューヨーク訪問で締めくくられたものの、旦那様は担架でクイーンエリザベス号に運びこまれ、帰国の旅は期待していたような愉快なものにはならなかった。サー・リチャードは二度と健康を回復しないまま、それから半年ほどで亡くなっている。

ローズのほかの友人たちの話には、昔ながらの流儀で運営されているお屋敷が登場する。ぼく自身がいちばんそれに近い経験をしたのは、その次の職場でのことだろう。下男として採用された先はルートン・フー。サー・ハロルドとレディ・ジア・ワーナーのお住まいだ。

ルートン・フーは堂々たる大邸宅だった。外見はいかめしいが現代的。一八四三年に火事で焼け、その後再建されている。肝心なのは屋敷の中身で、絵画、タペストリー、中世の象牙製品、ルネサンスの宝飾品、ファベルジェの小物、イギリスの磁器など、世界有数の見事なコレクションが揃っていた。幸いぼくはコレクションの手入れも管理もせずにすんだ。屋敷の本館は一般に公開されていて、コレク

ルートン・フー、1950年4月。Photo/ Hulton Archive/ Getty Images

ションはどれも美術館の展示品だったからだ。ご一家が使っているのは翼館のひとつで、それだけでも十二分に広いこの居住区にも、貴重な品々がかなりたくさん置かれていた。

サー・ハロルドは三代目の准男爵で、一九四八年に兄上から称号を継いでいる。有名なラドローの磁器コレクションは、結婚前はアリス・S・マンキュヴィッチで、のちに再婚してレディ・ラドローになった母上を通して相続したもの。掃除機メーカー〈エレクトロラックス〉とエリクソン電話会社の会長だけあって、金はうなるほど持っていた。

奥方のレディ・ジアはロシアのミハイル大公の娘で、いまは亡きロシア皇帝の親戚に当たる。屋敷内の宝物の多くは、この奥方が祖先から受け継いだものだった。令嬢が二人いて、ただひとりのご子息は第二次世界大戦中に戦死。ご一家のおもな関心事は、お屋敷内のコレクションを別にすれば、銃猟と乗馬と競走馬の繁殖で、ジョージ五世の指示でアスコット競馬場に銅像が建てられたブラウンジャック、牝馬三冠を達成後に若くして引退したメルドは、ともに名馬として国際的にも知られている。

ワーナー家はぼくから見るとずいぶん大勢のスタッフを抱えていた。執事兼従僕、副執事、下男、雑用係、ハウスキーパーとハウスメイド二人、シェフと厨房要員三人、お付きメイド。そして毎朝大挙して屋敷に押し寄せてくる通いの掃除婦たち。その多くはもちろん美術館の従業員だ。ぼくがスタッフの一員になったあとしばらくして執事が他界し、副執事がその後釜にすわり、ぼくは副執事に昇格した。

仕事は楽しくスタッフ同士もうまくいっていたものの、ちょっとした難点が二つあった。ひとつは、美術館を訪れた客が、美しい展示品を見るのに飽きると屋敷の外に出て、あたりをうろつきまわることだ。ぼくたちは半地下で働いていたから、彼らは当館所蔵のお宝であるぼくたちの仕事ぶりを眺めて楽しむことになる。おまけに連中は、個人的な感想を口にすることもはばからない。ちょっとやそっとで傷つくような繊細な花とはほど遠いこのぼくも、ある日ふと顔を上げ、学童の一団がこちらに向かって舌を突きだしているのを見たときは、さすがにぎょっとした。頭に来てファックサインを作り、短いながらも選りすぐった言葉で怒鳴りつけてやると、相手は窓からピーナッツを投げこんでくる。まったく生意気ながきどもだ！　ようやく悪がきどもが消えてくれたと思ったら、数分後にやってきた執事にさんざん油を絞られた。引率の教師から苦情が来て、ぼくが子供たちに悪い言葉を教えたというのだ！

もうひとつの難点はレディ・ジアの習慣で、これには我慢できなかった。食事のときにメモ帳と鉛筆をそばに置いておき、何か手違いや失敗があると、いちいちメモをとるのだ。しくじった人間は、だれだろうとただではすまない。こんなことをされたら、どんな完璧な使用人だってへまをしかねない。鉛筆を構えた奥方の姿が妨げになって、仕事に集中できないからだ。これには最後まで慣れることができなかった。でもまあ、完璧な雇い主なんてどこにもいないし、それはたぶん使用人も同じだろう。

家事使用人としての人生ではじめて、ぼくはお仕着せを着ることになった。それを知ったときは有頂天になった。お仕着せはかつて憧れた演劇界の一部だ。ドーランのにおいがふたたび鼻孔を満たすのを感じながら、採寸のためにメイフェアはコンディット街にある仕立て屋に向かう。聞くところによると、昔の仕立て屋は使用人をそれは丁重に扱ったらしい。新入りの下男もゆくゆくは執事になり、お得意様になってくれる可能性があるからだ。この仕立て屋は違った。ぼくが滅びゆくモヒカン族の数少ない生き残りのひとりだと気づいていたに違いない。電光石火の早業で巻き尺を巻きつけ、体を二つ折りにさせて股下の寸法をとったきり、上体を起こしていいのひとこともない。あげくに、うちのお仕着せがドーチェスター・ホテルのポーターの制服に似ていると言われたのにはがっかりだった。どんなお仕着せかというと、緑の燕尾服、金のパイピングを施した緑のズボン、そして金と黒の縞のチョッキ。これに糊の利いた白いシャツ、白い蝶ネクタイ、黒い靴を合わせる。超特急の採寸のせいかどうか、いざ着てみると、これがまるで拘束服を着ているような窮屈さ。ぼくは夏が待ち遠しくなってきた。夏になれば、もっと薄手の上着を着ることを許される。こちらは淡いクリーム色の麻で、襟と袖口に緑と金のパイピングが施されていた。

パーティーは定期的に開かれ、招かれるのは基本的には競馬関係者ながら、冬には遊猟会も催された。ワーナー夫妻は王族方にたいそう受けがよく、女王陛下とフィリップ殿下はぼくが勤めていたあいだに三度、滞在されている。どれも結婚記念日前後の週末のご訪問だった。それ以外の王族方もお見えになっていて、実のところ、ロイヤルファミリーのなかでここに勤めていたときにお会いできなかったのは、エリザベス皇太后ただひとり。外国の王族方のご訪問もあり、スウェーデンのグスタフ国王とルイーズ王妃、ユーゴスラヴィアのパヴレ王子ご夫妻、ロシアのクセニア大公妃など、ありとあらゆる王族方が滞在されている。

女王陛下のご訪問のたびに、屋敷は上を下への大騒ぎになった。〝きわめて非公式な〟ご訪問であの騒ぎなのだから、公式訪問だったらいったいどんな大仕事をさせられたやら。

準備は何週間も前から始まった。私道が修繕され、庭は飾りたてられ、いたるところで塗装工が化粧直しに励み、厨房スタッフはいつも以上にぴりぴりし、レディ・ジアのメモ帳は書き込みで埋めつくされる。不思議なのは、女王陛下の到着とともに、屋敷内の雰囲気が本当に肩肘張らないものになることだ。まるで陛下の息吹が屋敷に吹きこまれたとたんに、だれもがくつろいだ気分になったかのように。陛下はだれに対しても気さくで、偉ぶったところはみじんもなかった。いまでも覚えているのは、ちょうどその週末にスタッフの妻が出産を予定していたときのことだ。女王陛下が関心を寄せられたことで、だれもがこの出産を心待ちにし、赤ん坊が無事に生まれると、陛下はまるで自分のことのような喜びを示された。

ぼくが勤めはじめてから最初のご訪問の際に起きたある出来事も、もしもご存じだったら、陛下はぼくに劣らず面白がったに違いない。その午後は霧が深く、ご到着が遅れていた。陛下の車が見えてきたらすぐに王旗を掲げられるよう、私道の先に物見が出されていた。使用人はすでに全員、持ち場についている。ついに旗が掲げられ、ぼくは期待で胸を高鳴らせた。そして数秒後、霧のなかから現われたのは――なんとルートンのクリーニング屋のヴァンだったのだ！

晩餐時の給仕の仕方はほとんど普段と同じで、唯一の違いは、女王陛下とフィリップ殿下への給仕がダブルで行なわれたこと。どういうことかと言うと、ほかの人々には給仕がテーブルをまわって順に料理を配っていくのに対して、女王ご夫妻には給仕が二人つき、肉と野菜をお二人にほぼ同時にお出しするのだ。料理は簡素なもので、お二人とも最初に出されるメロンがことのほかお好きなようにお見受けした。女王陛下は酒はほとんど口にされず、食前にはシェリーを一杯、食事中はワインをほんの少し、それもどれか一種類を召しあがるだけ。磁器類はもちろん極上のもので、クリスタルグラスは決まってロシア製。何を食べるときも、お二人は必ずフィンガーボウルをそばに置いていた。陛下のお好きな花はカーネーションで、食事のたびに新しいのに替えなくてはならないのはもったいない気もしたが、テーブル花はいつもとてもきれいだった。

晩餐がすむと、映画鑑賞その他の余興がある。ぼくが勤めていたとき、ラグタイム音楽のピアニスト、ウィニフレッド・アットウェルが登場したが、結果はいまひとつ。弾くのが調律したてのグランドピアノでは、安酒場風の持ち味がうまく出なかったのだ。

女王ご夫妻に提供されるのは続き部屋だった。主寝室に化粧室と浴室がついている。屋敷の使用人はだれひとり、ここに入ることを許されない。女王は朝の食事は自室ですませ、いつもきちんと調理されたしっかりした朝食を召しあがった。土曜日には遊猟会があり、男性陣は朝早いうちに出発し、ご婦人方はあとから合流する。ここで陛下が示した気配りには、さすがだと思わされた。昼食をとりに戻ってきた際に、スリッパを手にした侍女が玄関で出迎えるよう手配しておいて、粗末なマットの上で汚れた靴を脱いでスリッパに履き替えるのだ。昼食後、ご婦人方はふたたび狩猟隊と合流し、今度はいっしょに戻ってくる。午後のお茶は食堂で供された。これは合理的なやり方で、労力を大幅に節約したうえに事故も防ぐことができた。

日曜の朝、王家のご一行は地元の教会に足を運ぶ。いつだったか、お抱え運転手のひとりが女王ご夫妻を教会まで乗せていくよう命じられたのを覚えている。かつてはレーサーだったこの運転手に、レディ・ジアはこう指示していた。「どなたをお乗せしているのか忘れないように。沿道の人々も陛下のお姿を見るのを楽しみにしているし、とにかくゆっくり、ゆっくり進んでちょうだい。レース場仕込みの派手な芸当は、今日はなしにしてもらいますよ」

階下のサーヴァンツ・ホールは、昼間はもちろん夜もかなり遅くまで騒がしかった。昼食は昔ながらのやり方で供され、すわる場所は序列に従って決められる。こちらのほうが階上の食堂よりもよほど格式ばっていた。ぼくが勤めていた時期の女王陛下のお付きメイドはかの有名な〝ブーブー〟ことミス・マクドナルドで、フィリップ殿下の従僕はマクネア氏。一度だけ、殿下が義父である故ジョージ六世に仕えていたマクドナルド氏を連れてきたことがある。同じ名前の人間が二人いると、なんともややこしい。秘書、役人、ロンドン警視庁犯罪捜査部の面々、応援の地元警察官などで、サーヴァンツ・ホールはいつもにぎわっていた。

ずっと王室の方々はチップは払わないと聞いていたけど、そんなことはない。毎回ご訪問のあとで、ぼくは一ポンド入りの封筒を渡されている。同僚たちの話によると、金額は地位によって違うらしい。封筒には陛下の直筆でぼくの名前が書かれていた。来訪者名簿の筆跡と比べてみたから、これは間違いない。

そしてある日、ハウスキーパーのパレット夫人が言った。「ねえピーター。あなたもそろそろ執事になっていいころじゃない？」

よそに移ることなど考えていなかったのに、そう言われると、そうかもしれないという気がしてくる。そこで一九六〇年に『タイムズ』で執事の求人広告を見て、応募することにした〔年は著者または語り手の記憶違い。このあと、その前の奉公先として、一九六一、六二年に下男を務めたフィッツウィリアム家が登場する〕。気になったのは、これが匿名広告で、郵便私書箱の番号以外に連絡先が記されていないこと。多くの同僚から、その手の広告には後ろ暗い点が山ほどひそんでいるものだと言われていたからだ。でも、この場合は違った。

応募の手紙に返事をくれたのはボイド卿、政界関係者のあいだではレノックス・ボイドと言ったほうが通りのいい、かつての植民地相だった。ボイド卿じきじきの面接の場は、ベルグレイヴィアのイートン小路にあるロンドンの別邸。お互いに印象は上々で、ぼくはその後三年にわたってご一家に仕えている。

ロンドンの別邸にいるスタッフは、ほんの数人だった。ボイド夫妻の結婚当初から仕え、レディ・パトリシアの身のまわりの世話もしているハウスキーパー。料理人。通いのメイド。執事兼従僕のぼく。旦那様には通いの秘書もひとりついていた。

ボイド家の本邸はコーンウォールのソールタッシュにあるインス城。これは大きな屋敷で、レディ・ボイドの手で改装され、奥方の洗練された趣味のよさを物語っていた。ここにもスタッフが常駐していたが、ぼくは旦那様のお供でしばしばインス城を訪れている。

ボイド卿は政治家として働くかたわら、パーク・ロイヤルにあるビール醸造会社〈ギネス〉の重役もしていた。またレディ・ボイドは、この会社の創業者の息子である第二代アイヴァ伯爵〔正しくは初代アイヴァ伯爵がギネス創業者アーサー・ギネスの孫〕の令嬢に当たる。ボイド夫妻には息子が三人いたが、ぼくがいちばんよく顔を合わせたのは末っ子のマーク様だ。

ボイド卿はぼくが仕えたなかでいちばん多忙な人だった。朝七時十五分に起こしに行くと、すでにベッドの上で身を起こし、まわりに積みあげた書類の山をせっせと片づけていたりする。とにかく片時もじっとしていないのだ。毎日渡される予定表には、その日の会議や面会の予定が記されていて、いつどんな服を着るかがちゃんとわかるようになっていた。基本的には毎朝九時に屋敷を出て、ボタンホールに深紅のカーネーションを挿し、大型のロールスロイスでパーク・ロイヤルに向かう。何かの都合で出社できないときは、秘書の群れが押しかけてきて、屋敷内にけたたましいタイプライターの音が鳴り響く。忙しすぎて着替えに戻る時間がないことも多く、そんなときはぼくが必要な服を鞄に詰め、タクシーを飛ばしてそのとき旦那様がいる場所に駆けつけ、ロールスロイスに飛び乗って、旦那様がぱりっとした姿で目的地に着けるように、着替えを手伝わなくてはならない。一度、このやり方でロンドン市長主催の晩餐会のために大礼服を着せるはめになったことがある。市長公邸に到着したのは、ちょうどボイド卿が白貂の毛皮をあしらった緋色の外套をはおっていたとき。旦那様は車が止まると同時に「急げ、プライス。さっさとドアを開けろ」と運転手をせっつき、ぼくたちが言われたとおりにすると、「サンタクロースに万歳三唱」と叫んで、正面階段周辺に並んでいた人々の度肝を抜いた。

ボイド卿はありとあらゆる時代と国のステッキを収集していて、インス城の廊下にはコレクションがずらりと並んでいた。そしてインス城のもうひとつの呼び物が、白い孔雀だった。見た目は美しいこの孔雀たち、午後のお茶が芝生で出されるときは要注意だ。近くに立っていて、みんながよそを向いたとたんにそれっとばかりに食べ物に襲いかかり、ものの数秒でケーキひと皿を平らげてしまう。

ボイド家に勤めていたときの最大のイベントは、アスコット・ウィークをウィンザー城で過ごしたこと。今度はぼくが女王陛下のもてなしを受けたのだ。一九六四年のある朝、マーク様が配膳室におりてきて、折りいって頼みがあるのだが聞いてもらえるだろうかと切りだした。ぼくは用心深く、私にできることでしたらと答えた。「親父の許可が出たらだけど、アスコット・ウィークにいっしょにウィンザー城に来てもらえないかな？　滞在中の身のまわりの世話を頼みたいんだ」

来てもらえないかって？　返事など必要なかった。ぼくの顔を見れば一目瞭然だっただろう。これはおそらく年間最大の社交行事で、それに参加する機会を与えられることは、すべての使用人の夢だったのだ。ボイド卿はぼくのウィンザー城行きをあっさりと認め、奥方ともどもコーンウォールの本邸に移ったため、ぼくたちは心おきなく準備に没頭できた。

ウィンザー城に行くのは月曜日。午後のお茶の時間までに着けばいい。そこで、昼食がすむとぼくは列車に乗るためにウォータールー駅に向かった。マーク様は車で現地に向かう。プラットホームは従僕やお付きメイドで埋めつくされ、最後尾の車掌車には荷物がぎゅうぎゅうに詰まっていた。

ウィンザー駅はまるでサウサンプトンの波止場のようなありさまだった。「その大荷物じゃ税関を通りっこないよ」そう軽口をたたいた相手はレディ・ハーレフのメイド。山のようなトランクとともにたたずむ姿が哀れを誘う。ぼくたちと荷物を運ぶためにワゴン車が何台も待っていたが、このメイドは二往復するはめになり、本人もワゴン車の運転手もご機嫌ななめだった。

町に入ったところで足止めを食らう。ちょうどガーター叙任式典が終わるところだったのだ。マイケル・アスター邸でミス・タムズから聞いた話のように、入っていくのと出てくるのが別々の道を使って同時進行で行なわれる。城の使用人たちの表情も、その話をしたときのミス・タムズを思わせた。

ワゴン車が止まったのは、ランカスターの塔とエドワード一世の塔のあいだにある奥まった中庭。これら二つの塔がぼくたちの宿舎だ。ここで荷物とともにワゴン車からおろされ、ハウスキーパーのホームズ夫人を待つよう言われる。ホームズ夫人は魅力あふれる女性で、すばらしく親切で思いやりがあった。まずマーク様のお部屋に案内してくれ、ついでぼくの部屋への行き方を教えてくれる。もうひとりの従僕と相部屋だという。

片方のベッドに腰をおろし、周囲を観察する。ぱっとしない部屋だ。尻の下にあるベッドの感触もいただけない。黒い鉄製の枠のなかで、でこぼこした固いマットレスが英仏海峡さながらに波打っている。もうひとつのベッドを試してみた。こちらも似たり寄ったりだ。二つのベッド以外の調度品は、洗面器と水差しとまだらになった古い鏡がのった時代遅れの洗面台、薄汚れたカーテン、服をかける木の横木、それに籐椅子がひとつだけ。床はリノリウム張りで、擦り切れた敷物を敷いてある。塔の部屋だから形が丸いのはしかたないにしても、もう少しなんとかしようがありそうなものだ。なんといってもマーク様の部屋は美しく内装され、作りつけの衣装だんす、ベッド兼用の寝椅子、何脚かの安楽椅子など至れり尽くせりなのだから。ちょっぴり幻滅を感じながらすわりこんでいると、これから一週間、寝起きをともにすることになるリチャード・ウッドが入ってきた。部屋をぐるりと見まわして「おやおや」と口を開く。「いつもながら王者にふさわしい豪奢な家具調度だな、血塗られた塔で寝起きをともにするわが弟王子よ」そして彼は、王家の人々が滞在客の使用人にどんな宿舎をあてがうかについて、にぎやかにさえずりはじめた。

「詳しいみたいだね」ぼくは言った。

「そりゃそうさ。スノードン卿〔エリザベス女王の妹マーガレット王女の夫〕の従僕だからな。宮殿のことなら任せとけ」と応じたリチャードは、ありとあらゆるものや人を情け容赦なく茶化しはじめ、おかげでこっちも気分が上向いてきた。この分だと、どうやら愉快で楽しい一週間を過ごせそうだ。

やがてぼくたちは夕食におりていった。リチャードといっしょでなければ、食いっぱぐれていただろう。螺旋階段をぐるぐるとおり、だだっ広い廊下を次々に通りぬけ、いくつもの中庭を横切る。その途中でリチャードは何度も呼びとめられ、道を訊かれた。

「ぼくの努力にも限度があるからな」リチャードは言った。「たぶん帰り道でも、同じ連中がまだ道を探してるのにでくわすだろうよ。その昔、ようやくご主人と会えたのがここを引き払う当日で、結局荷造りしかできなかった従僕がいるってくらいだし」

やっとのことでたどりついた使用人食堂は、以前昼食をとったバッキンガム宮殿のサーヴァンツ・ホールにどことなく似ていた。ただし、ここでは料理はきちんと食卓に並べられ、細長いテーブルにはリネンのテーブルクロスがかかり、リネンのナプキンもセットされている。料理はとてもおいしく、食器は上等の磁器で、給仕の仕方も申し分ない。給仕役は軍服姿の男たちと、きれいなウェートレスたち。ずいぶん待遇がいいんだねと感想を言うと、アスコット・ウィークのときは特別なのだと教えられた。ぼくたちが陛下をお迎えするときのように、陛下も客人をもてなすために心を砕いてくださっている。そう思うと、いい気分だった。

使用人食堂の隣にはブラッシングルームがあって、ぼくたちはここでスポンジを使ってご主人の衣類の汚れを落とし、アイロンをかける。その光景は巨大なクリーニング屋さながらで、朝一番と夕方はいつも大変な騒ぎだった。

夕食後、リチャードに連れられていったん部屋に戻ってから着替えを手伝いに行くと、マーク様はもうすっかりくつろいでいる様子だった。服装は毎晩、ホワイトタイに燕尾服。初日の晩餐の座席表はすでに渡されていて、翌日以降はぼくがオレンジジュースを持って起こしに行くたびに、一日分の座席表をお渡しした。そこには昼食と晩餐の座席と、競馬場に行くときにどの馬車に乗るかが記されている。お城から南に伸びる遊歩道、ロングウォークを馬車で競馬場に向かうのは、マーク様にとってすばらしい経験だったに違いない。ある日、エリザベス皇太后とごいっしょすることになったときは、当のマーク様よりぼくのほうが興奮したと思う。「替われるものなら一年分の給料をそっくりあげますよ」ぼくは言い、皇太后様はぼくにとっては王室のどなたよりも偉大で恵み深い方なのだと説明した。身近に接したために上流階級の人々に幻滅した経験はあっても、王族方への敬意を失ったことは一度もない。

マーク様は朝はひとまずくつろいだ服装をし、正午前後にモーニングスーツに着替えてアスコットタイを結ぶ。お仕着せに身を包んだ城の使用人がカーネーションを届けてくれれば、出発の準備完了だ。ぼくも中庭におりてお見送りをする。警察の連中はあまりいい顔をせず、ひとりが言った。「おい、そんなに押すなって。もういいかげん、あのおばさんの顔のしわまで一本残らず目に焼きついてるだろうが」

そんなことを言われては、黙ってはいられない。「ああ、焼きついてるとも、あんたの首の後ろのしわが一本残らずね。だから、たまにはもっと目の保養になるものを見たいんじゃないか」

すると別の警官が、腹に肘をめりこませてきた。「いいから下がれ、ほら。今日はヒッチハイクはお断りだとさ」これには何も言い返すことを思いつかなかったので、じろりとにらむだけにしておいた。

最高なのは夜だった。だれもが華やかに着飾っている。初日の夜にリチャードが、今夜は御前上演があって、みんなウィンザーの王立劇場に行くはずだと教えてくれた。そこで仕事を片づけると、二人で劇場にすっ飛んでいった。いたるところに投光照明があり、車内灯もついている。皇太后のお姿をばっちり見たのは、このときがはじめてだ。お召し物はピンクのドレス。チュールとオーガンジーのふわふわで、スカートはクリノリンでふくらませてある。ティアラの下では髪がまばゆく輝いていた。

一連の行事のクライマックスは金曜の夜。いよいよロイヤル・アスコット大舞踏会が催されるのだ。いつもはワーテルローの間で開かれる舞踏会は、この年は城内の兵舎で催され、晩餐だけがワーテルローの間で供された。ご主人のお供で来ている使用人たちは、宴会の準備の様子を見物することを許された。室内には何百人分もの食事の席が用意され、シャンデリアの明かりを受けて、金、銀、クリスタルの食器が美しくきらめいている。すでにしつらえがすんだサイドボードには食卓と同じ薄紫と白のスイートピーが飾られ、あたり一面に花の香りが漂うなか、靴を脱いだ男たちがテーブルの上で重い装飾品を配置している。見物している最中に、一ダースばかりのシェフがのぞきに来た。全員が機嫌よさそうに笑っている。晩餐会の直前に十二人ものシェフが揃ってにこにこしている図なんて、めったに見られるものじゃない。ぼくの乏しい描写力では、あの光景のすばらしさを十分に伝えられないのが残念だ。

そのうちにハウスキーパーのホームズ夫人がやってきて、王族方と客人たちが食事におりていくところを見たい者は、あとで大階段の近くに集まるようにと告げた。今回は警察の連中に邪魔されることもなく、ぼくはほとんど一番乗りで階段脇に陣どった。次にやってきたのは、黒いワンピースに白いフリルのエプロンをつけたお城のメイドたち。ついでご主人のお供で来ているお付きメイドたちも集まってきて、お辞儀の練習を始める。ふと気づくと、ぼくもつられてお辞儀を返してしまっていた。やがて姿を現わしたリチャードは、ルパート・ネヴィル卿の執事フィールド氏といっしょだった。雑談のなかで、ぼくが皇太后陛下への思いを語ると、フィールド氏は「おや」と言った。「では私の隣に立つといい。皇太后様はちょくちょく当家に滞在されているから、私を見れば足を止めて声をかけてくださるはずだ」ぼくはそれを話半分に受けとり、それでも駄目で元々だと考えて、提案どおりにした。

ご一行が近づいてきていると告げられると、あたりはしんと静まり返った。ついで女王陛下とフィリップ殿下が現われると、だれかがはっと息をのんだ。実際、それは息をのむような光景だった。殿下は海軍の軍服姿で、女王は頭上のシャンデリアさながらにきらめいている。お次はマーガレット王女とスノードン卿。そして、ああ、ついに皇太后陛下のお出ましだ。白貂のマントに身を包んだ、砂糖菓子の妖精のようなその姿。肩からななめにかけたガーター勲章の赤い帯をウエストで留め、前のとはまた違う美しいティアラをつけ、真珠とダイヤモンドが頭のてっぺんから指先まで埋めつくしている。ほかのご婦人方同様、白い手袋の上から指輪をいくつもはめているのだ。そのお姿のまばゆいことといったら。あれ以上は飾りピン一本つける余地もなかったに違いない。

そしてフィールド氏が予告したとおりの最高の瞬間が訪れた。ぼくたちのそばにさしかかると、陛下はこちらに顔を向け、フィールド氏を認めて近づいてきたのだ。元気かと声をかけ、また会えてうれしい、前回のネヴィル家滞在は実に楽しかったとおっしゃり、そうやってフィールド氏と言葉をかわしながら、こちらに笑顔を向けてくださる。ぼくはいまにも気絶しそうだった。やがて皇太后様はふたたび歩きはじめた。磨きあげられた階段の前まで進んだところで、ぼくは思わず息を詰めた。クリノリンでふくらませたドレスと銀色のハイヒールで、はたして無事にこの階段をおりられるのか。けれども陛下はそれをやってのけたばかりか、ぼくたちみんなに手をふる余裕さえ見せた。行列はまだ続いていたが、それはぼくにとっては、もはや見劣りする二番手、三番手でしかなかった。

その夜は、使用人食堂でも祝宴があった。特別のビュッフェ形式の夕食で、ワインもつく。のちほど舞踏会で演奏を披露する予定のスコットランドのバグパイプ奏者の一団も、キルトとスポーランの民族衣装に身を包んで同席した。宴会は大いに盛りあがった。みんなほっとして気が大きくなっていたのだ。なんといってもこの一週間、無事にご主人のお世話をしてのけたのだから。どんちゃん騒ぎは一度だけ中断された。グロスター公爵の執事レズリー・マクラウドが、テーブルにぬっと出てきた犬の前足に気づいたのだ。「おいおい、なんだ、そいつは？」

皇太后の侍女のミス・サックリングが、女主人以上に威厳たっぷりに見せようとしながら口を開いた。「そいつとはなんです、そいつとは！　言葉に気をつけてちょうだい。それはね、この王家のお犬様のものですよ、ほら」そう言って持ちあげたのは、彼女が面倒を見ている皇太后のコーギーだった。

翌日はあわただしく準備をすませてお城を離れた。お屋敷に戻ると、マーク様はよくやってくれたとねぎらってくださった。驚いたのは、大袈裟なほどの感謝の言葉のあとにチップが出てこなかったこと。でも心配は無用だった。二週間後、呼び鈴に応えてドアを開けると、ボンド街の宝石店〈アスプレー〉のメッセンジャーから小さな包みを渡された。驚いたことに、宛て名はぼくになっている。中身は金のネクタイピンで、ぼくの名前と宮殿滞在の年月日が刻まれていた。身につけるのは特別な日だけながら、これはぼくの使用人人生のなかで最も忘れがたい一週間のすばらしい記念品だ。

ここで説明しなきゃいけないことがある。年代順ではボイド家より先に来るはずの勤め先を、ひとつ飛ばしているのだ。なぜそんなことをしたかというと、ミルトンとウェントワースのフィッツウィリアム家には、二度にわたって奉公しているからだ。一九六一年と六二年の二年間は下男として、一九七一年と七二年の二年間は執事として〔執事としての奉公時期については著者または語り手の記憶違い。後述のとおり、語り手はフィッツウィリアム家の執事の職を辞したあと、いくつかの屋敷をへて、一九七〇年に〝現在〟の奉公先に採用されている〕。

フィッツウィリアム家は古い名門で、初代フィッツウィリアム男爵は一六二〇年に叙爵されている。

ノーフォーク公爵を家長とするハワード家と同じく、カトリック系の一族だ。それだけに、奥方が前に一度結婚していて、しかも最初の夫であるフィッツアラン・ハワード子爵がまだご存命というのが不思議でならなかった。のちに知ったところによると、法王に特別に離婚を許されたらしい。

ぼくがお仕えしたフィッツウィリアム卿は直系の相続人ではなく、旦那様より前に爵位を継いだ相続人のひとり、ピーター・ミルトン卿は、ケネディ大統領の妹キャスリーン・ケネディと婚約中、飛行機事故で婚約者とともに亡くなっている。

フィッツウィリアム卿とレディ・フィッツウィリアムがどちらも気持ちよくお仕えできる雇い主だったことは、ぼくがその後、いわば〝お代わり〟をもらいに戻ったのを見れば明らかだろう。

ぼくが勤めはじめたとき、スタッフ同士の関係はぎくしゃくしていた。執事のニーズ氏は奥様が再婚したときに連れてきた人で、ニーズ夫人がお付きメイド、ニーズ氏の姪が料理人。完全に身内で固めていた。それに対してハウスキーパーのグレッグ夫人は、独身時代の旦那様に仕えていた人だ。威厳たっぷりで、雇い主夫妻よりも偉そうにしていた。自分は正しいやり方を知っていると思っていて、執事とその一党が違うやり方をするため、ひっきりなしに火花が散ることになる。ぼくは中間地帯にいて、とばっちりを食わないようにしじゅう身をかわさなくてはならなかった。共感できたのはニーズ氏のほうだ。よく訓練された昔ながらの執事で、奥さんも経験豊富で見聞が広い。ひとつだけいただけなかったのは、二人が自作し、ことあるごとに口にした警句、「私らにフィットすることこそフィッツウィリアム」だった。

地元にはフィッツウィリアムの名のついた狩猟会があって、ミルトンでは猟犬の群れが飼育されていた。ご夫妻はどちらもすでに狩りには参加していなかったが、シーズン最初の勢揃い《ミート》〔狐狩りに出発する前に、騎乗した猟師たちと猟犬が集合すること〕はミルトン・ホールで行なわれ、毎週日曜日には猟犬係が猟犬を屋敷の前に連れてきて客人方に披露した。馬に乗った狩りの参加者たちに、執事とぼくが出発の杯とフルーツケーキを配ってまわる。これはカレンダーやクリスマスカードに描かれる類いの楽しくなごやかな作業ながら、ときとして危険をはらんでいた。

ある朝、騎手たちのあいだを縫うようにして動きまわっていると、若いご婦人を乗せた馬がひょいと尻尾を持ちあげた。とっさに飛びすさり、危うく盆を落としかけながらも、馬糞をもろに足に浴びるのはどうにか避けられた。ほかの騎手たちは、これを面白いと思ったらしい。盆が直撃を食らっていたら、もっと面白がっただろう。そしてぼくは、受けを狙ったわけではないのに、彼らをいっそう喜ばせてしまった。

「まあ、本当にごめんなさいね」馬上のご婦人が謝ってくれた。

「お気になさいませんよう」ぼくは応じた。「お嬢様の落ち度でないことは承知しております」とたんに、あたりは爆笑の渦に包まれた。狐狩り愛好家はときとして下卑た人間の群れと化す。

ミルトンの名物のひとつは、ヤコブ羊の群れだった。チョコレート色とクリーム色のまだら模様で、聖書の創世記に登場する羊たちの子孫とされている。肉はとても味がよく、毛皮は暖炉の前の敷物に打ってつけだ。

ご一家がいちばん忙しいのは銃猟シーズンだった。まずヨークシャーのウェントワース・ウッドハウスに行ってライチョウを撃ち、次にミルトンに戻ってキジを撃つ。ライチョウ狩りとキジ撃ちのシーズンは重なっているのだ。ウェントワースはカントリー・ハウスというよりむしろ宮殿だった。ヨーロッパ全体を見ても、あれだけ間口の広い屋敷はそうはない。寝室は全部で三百六十五室。一日にひと部屋ずつ使ったとして、ちょうど一年で全部の部屋を使いおえる勘定になる。ご一家の居住区は翼館のひとつだけで、本館部分は大学として使われていた。少数ながらも常駐スタッフがいて、ぼくは執事として古巣に戻ってくるまで、一度も訪れたことがない。はじめてのウェントワース行きは、緊急事態の発生を受けてのことだった。ライチョウ狩りのシーズンが始まった直後に、執事がほかの使用人たちとなにやら口論をしたあげく、出ていってしまったのだ。連絡を受けてミルトンからぼくが駆けつけ、仕事を引き継いだ。とにかくはじめてだから、ウェントワースの流儀など知るはずもない。それでもどうにかその場を納めるのに成功し、やれやれと思ったところで名案がひらめいた。遊猟会の企画運営に詳しく、経験も豊富なチャールズ・ディーンなら、先約さえなければ力になってくれるに違いない。幸いチャールズは体が空いていて、助っ人に来てくれた。謙虚で有能なチャールズのもと、準備は軌道に乗り、すべてが最後まで順調に進んだ。この年の遊猟会はめったにないほどの成功を収めている。またしてもアスター家との縁に助けられたのだ。

さて、これからする話はあまり自慢できるものではない。だが、これを伏せておくのは偽りの人生を送るようなものだ。ぼくはいまや執事として、ときには大きな屋敷を二つも預かる身になった。いっしょに屋敷を切りまわすスタッフは、まったく訓練されていないか中途半端にしか訓練されていない者ばかり。しかもその多くはイギリスの流儀に不慣れな外国人で、みなそれぞれに変わっているとあって、ぼくはしだいに過労気味になっていった。そしてぼくは、いちばん手っとり早く思える解決策をとった。とくに疲れがひどいときは、とりあえず次の数時間を切り抜けるために、強い酒を一杯ひっかけたのだ。これは効くことは効いたが、ご多分に漏れず、一杯が二杯に、二杯が三杯にという具合に飲む量が増え、ついには酒のせいでかえって疲れ、いらだつようになった。あとはもう坂道を転がり落ちるようなもので、自分の身に何が起きているのかはわかっていながら、どうしてもやめられなかった。

そんな調子では、雇い主に気づかれないはずがない。ある朝、ぼくはレディ・フィッツウィリアムに呼ばれた。奥様はめったにいないほど潔癖な方だった。みずからを高く持し、ほかの人間もそうするべきだと考えている。呼ばれた理由は見当がついた。ぼくは恥ずべきまねをしたのだ。馘になって当然だし、きっとそうなるに違いない。だが雇い主に恵まれたという意味では、ぼくは世界一の果報者だった。奥様はぼくの言い分に耳を傾け、もし自分が手を貸せば治るために必要な努力をする気はあるかと尋ねてくれた。そして、こうなったのは自分にも責任があるとおっしゃり、こうつけ加えたのだ。「それはただの病気ですよ、ピーター。わたしも手伝うから、がんばって治しましょう」

レディ・フィッツウィリアムが費用を出してくれて、ぼくはその分野では国内最高レベルの医者の治療を受けることになった。何度も通院しなくてはならず、それからの数週間は地獄の苦しみを味わった。仕事にもしわ寄せが来たが、奥様は意に介さず、やがて医者が完治を宣言すると、まるでわが子のことのように喜んでくださった。その後は酒はいっさい飲んでいないし、この先も飲むことはないだろう。

それから数か月間フィッツウィリアム家で働いたが、ぼくが道を踏みはずす原因になった状況が変わったわけではない。使用人の質が落ちているなか、自分の仕事と折り合いをつけるのは日に日に難しくなっていった。事情をお話しすると、レディ・フィッツウィリアムはぼくの悩みを理解し、お暇をいただきたいという申し出をこれ以上ないほど快い態度で受けいれてくださった。それだけではない。最後にもう一度、すばらしく太っ腹なところを見せてくれたのだ。「ピーター、あなたはよくこの屋敷にある四柱式ベッドを褒めていたわね。手放してもいいのがひとつあるから、お餞別として受けとってちょうだい」身に余る幸せに胸が熱くなり、それと同時に、目頭も熱くなった。ぼくの部屋にはいまもチッペンデール風の四柱式ベッドがある。このベッドを持っていけない職場には勤める気はない。ぼくを採用するならベッドもごいっしょに！　というわけだ。

ミルトンで経験した使用人の問題は、その後の勤め先でも繰り返された。経験があったらあったで年寄りばかりで、忠実だけが取り柄の老僕たちと屋敷を切りまわす仕事は面白みに欠け、苦労のしがいもない。雇い主が昔のままの水準が維持されるのを当然視している場合はなおさらだ。これまたアスター家のお子様であるレディ・アンカスターの居館、グリムソープ城でもしばらく働いてみたが、これはひたすら呼び鈴の音に追われるだけの毎日だった。

ついにぼくは、状況をじっくりと検討してみた。まだ認めようとしない人間もいるけれど、由緒あるカントリー・ハウスの時代はもはや過去のものになったとしか思えない。上流人士のなかにはすでにそんな状況の変化に気づき、分相応の暮らしをするために、執事と料理人兼ハウスキーパー、通いの掃除婦だけで十分に切りまわせる小さな屋敷に移った人もいる。幸い、ぼくはそういう勤め先を見つけることができた。入念に趣味よくしつらえられた古く美しい屋敷――バッキンガムシャーのストーニー・ストラットフォードにあるパセナム・マナーだ。ぼくがここでローソン海軍中佐夫妻のお世話をするようになったのは一九七〇年のこと。残念ながらローソン夫人はそれからじきに亡くなったが、屋敷はいまも奥様の洗練された趣味のよさを物語っている。この屋敷には、ぼく専用の居間と寝室がある。そしてもちろん、身を横たえて過去の栄華を夢見ることのできる四柱式ベッドも。

ピーターの回想についてひとこと

　ピーター・ホワイトリーが過去のイメージを胸に抱いて家事使用人になったことには疑問の余地がありません。第一次世界大戦前、ピーターの父親は馬車係の下男を、母親は客間メイドをしていました。当然ながら二人は当時の思い出を語り、息子が奉公先で直面するはずの規律や状況についても話して聞かせたでしょう。ピーターはそれを信じてお屋敷奉公の世界に足を踏みいれたものの、二度の世界大戦によって損なわれた、イギリス社交界の豪奢と格式と洗練を味わうことはできませんでした。ピーターがこの業界に身を投じたのは、自分のなかの満たされない役者の部分に背中を押されてのこと。新たな舞台で多少はそれらしいせりふを口にし、それらしい身ぶりをし、それらしい見得を切ることができたとはいえ、〝劇場〟の閉鎖や老朽化が進むなかでは、ときたま〝昔の栄華〟を垣間見るだけで満足するしかありませんでした。

　アスター家の方々に出会ってお仕えしたことは、ほかのすべての友人同様、ピーターにとっても幸運なことだったはずです。アスター家のお子様方は幼いころから、母親の陰に隠れがちだったとはいえ、当代一の名ホステスが招いた社交界・政界の大物たちに囲まれて育ちました。どなたも母親の流儀をそっくりまねようとはしなかったものの、その経験が自分の流儀を作りあげるうえで役立ったことは間違いありません。しかもみなさんお金持ちで、かつては富と地位を持つ者の義務だった奉仕の精神を受け継いでいました。もうひとつピーターが幸運だったのは、本人も認めているとおり、アスター家との縁のおかげでリー氏の下で働くことができ、チャールズ・ディーンやジョージ・ワシントンとも出会えたことです。

わたしが思うに、だれもが好意を抱き、愉快に感じるピーターの美点は、洒落っ気と大袈裟な態度、何事についても長いあいだ深刻ぶっていられない性格、そして自分自身を笑い物にできる能力でしょう。

その能力は、ピーターが見せた熱狂的なまでの王室ファンぶりのなかにも見てとれます。王室の方々と接した経験を嬉々として語りながらも、本人好みの表現を使えば、ピーターはそんな自分を少しばかり〝茶化してのけて〟いるのです。

ピーターの話のなかでいちばん感心させられたのは、いわゆる〝執事病〟にかかったことを包み隠さず率直に認めたところ。告白したことそれ自体も勇気がありますが、本人は多くを語ってはいないとはいえ、この病を克服できたという事実は、ピーターがまれに見る勇気と強い意志の持ち主であることを物語っています。本人は、それができたのはレディ・フィッツウィリアムの援助と思いやりのおかげだと述べていますが、そうだとしても、ピーターの意志の強さが称賛に値するものであることに変わりはありません。

現在四十六歳のピーターにとって、家事使用人としての人生が幕を閉じるのはまだまだ先のこと。とはいえ、業界がこの先どんな方向に向かうかを予測するのはたやすいこととは思えません。わたしにできるのは、ただ彼の幸運を祈ることだけです。

7　エピローグ

というわけで、わたしの巡礼の旅は終わりました。わたしにとっては魅惑に満ちた旅でした。十九世紀の回想から始まって、二十世紀初頭ののどかな日々をふり返り、二度の大戦間の時期、つまりわたし自身の時代を通り抜け、家事使用人を雇う経済力も意味もなくなるまでをたどる時間旅行。

母ならば「文句を言ってもしょうがないよ。なくなったものは二度と戻っちゃこないんだから」と言ったことでしょう。でも過去をふり返ったことが無意味だったとは思いません。お屋敷奉公の世界の衰退は、ある意味では大英帝国の没落と重なっていて、抜きつ抜かれつしながら同じ道をたどっています。

わたしたちが失ったものはなんでしょう？　イギリスの名門はかつての権勢を失いました。努力もせずに先祖から受け継いだ権勢など、失ったほうがいいのだと言う人もいるでしょう。けれどもその結果として、わたしたちは名門の方々が示していたお手本と影響力を失った気がします。それに代わって手本を示し、影響力を与えるようになったのは、政治家や労働組合指導者――前よりも格の落ちる連中です。カントリー・ハウスでの活気に満ちた生活も、その格式と洗練とともに失われました。一部の建物は美術館として残っているものの、どれも霊廟のように生気が感じられない抜け殻ばかり。サザビーズやクリスティーズの競売を見ればわかるように、かつてお屋敷にあふれていた貴重な品々の多くは失われ、今後もさらに大量に失われつづけるでしょう。

　そしてコインの裏側に目を転じれば、お屋敷奉公をする人間からも、かつてはあったものが失われています。見返りを求めずに奉仕に励み、ご満足いただける仕事ができたことに喜びを感じるという姿勢が。

解説

新井潤美

本書の原題は*Gentlemen's Gentlemen*、つまり「紳士づきの紳士」である。回顧録『おだまり、ローズ』の著者ロジーナ・ハリソンが、今度は自分の思い出ではなく、一緒にお屋敷づとめをしていた五人の男性使用人を一人ひとり訪ねて話を聞き、それをまとめたものだ。五人ともそれぞれ個性があるし、年齢も違う。ハリソン自身が序文で書いているように、彼らの話をとおして、使用人の状況や社会がどのように変わっていったかがわかる。しかし彼らに共通していることがひとつある。いずれの人物も才能、勤勉さ、そして野心を持ち、出世をなしとげたことである。

「紳士づきの紳士」という名称は普通は、男性の身の回りの世話をする従僕を指すのに使われる。とはいえ、それは使用人側の呼称であり、主人側は従僕をたんにman（男）と呼ぶ。「私の男のワシントンが」という風になり、従僕の話だとわからないとかなり奇妙に聞こえるかもしれない。しかし従僕が自らを「紳士づきの紳士」と名乗るのには、かなりのプライドが感じられる。基本的には労働者階級出身者の男性使用人は階級的には「紳士」ではないが、従僕ともなると、一種の「名誉称号」として、「紳士」なのである。

じっさい、使用人になってその世界で昇格していくというのが、労働者階級の人間にとっては最もてっとり早い出世コースだと言える。雑用係から始まり、下男となり、その後従僕や執事などの「アッパー・サーヴァント」と呼ばれる、特別な権限を与えられた使用人の仲間入りをする。そうなれば引退する頃には退職金や年金を与えられるし、酒の管理が仕事の一部である執事は、引退後に居酒屋や宿屋の主人になることも多いという。

このような経済的な恩恵だけでなく、大きな屋敷の使用人は、テーブルマナー、ワイン、狐狩りや宴会などの社交イベントでのふるまい方やディナー・パーティでの会話など、ミドル・クラスの人々にも無縁なことがらについても知識を得られるのである。主人について海外旅行に行くこともできる。優秀な使用人は何度も職場を変えるが、能力や経験を得るにつれて、より社会的階級の高い雇用者のもとで働きたいと思うのも無理はない。

大きな家の使用人は、別の家の使用人を、その主人の名前で呼ぶ習慣がある。大きな屋敷では、週末などに数人の客を泊まりがけで招待する。これは「ハウス・パーティ」と呼ばれる社交であり、その際、客は自分のメイドや従僕を連れてくる場合が多い。もてなす側の使用人としては、泊まりにきた使用人の名前をいちいち憶えるよりも、誰の使用人かがすぐにわかることのほうが便利なのである。こうして主人の名前で呼ばれると、使用人にとっても、主人との一体感が増すことが想像される。使用人どうしの競争意識も刺激されるだろう。ロンドンのハイド・パークは、昔は乳母が主人の子供を連れて散歩するので有名な場所だった。ある新米の乳母がいわゆる「公園デビュー」をしてベンチに腰掛けようとしたら、「このベンチは、称号つきの子供専用ですよ」とベテランの乳母にたしなめられたという逸話があるが、主人の栄光は自分の栄光なのである。

しかし一方では、自分があくまでも良い使用人の役を演じているという、演劇的な要素が男性の使用人には見られる。女性の使用人は、メイドならば掃除や雑用をしているところを主人や客には見られてはいけないので、人の目にさらされることはあまりない。料理人ならば台所、乳母は子供部屋という風に持ち場が決まっている。アッパー・サーヴァントであるハウスキーパーや女主人つきのメイド以外は公の場に出ることはない。一方で、男性使用人の場合は、下男はディナーで給仕をするので、常に主人や客に見られている。そのために彼らは派手なお仕着せを与えられ、背が高くて堂々としていることが要求される。常に人の目を意識し、演技をするようになるのである。本書のゴードン・グリメットのように、「(舞台の)袖で出番を待つあいだはふざけていても、舞台に出た瞬間に完全に役になりきってしまう」ことができる役者であったり、エドウィン・リーのように「使用人仲間といるときはグロスターシャーのお国訛り丸出しなのが、玄関ホールではすばやく上流風のよそゆきの発音に切り替わる」という、「バイリンガル」だったりする。このように話し方を変えるというのは、そう簡単にできることではない。イギリスではその話し方によって階級がわかることはよく知られているが、ミュージカル『マイ・フェア・レディ』(バーナード・ショーの劇『ピグメイリオン』が原作)でもわかるように、アクセントや訛りを変えるには訓練を必要とする。リーが自分で「気取った話し方」ができるようになったのであれば、よほど良い耳を持っていたのだろう。また、ピーター・ホワイトリーのように、実際に役者を志望していた人物が使用人になることを選んだのも、不思議はない。

しかしこのようなお屋敷づとめはごく一部の使用人にのみ可能だったのも事実である。第二次世界大戦の前までは小規模のミドル・クラスの家庭にも使用人がいるのは当たり前だった。使用人をひとりでも雇うのが「ミドル・クラス」と呼ばれる条件だったのである。女性のほうが男性よりも賃金が安く雇えるので、使用人をひとりしか置けない家では「すべての仕事をするメイド」を雇ったが、彼らの生活は厳しく、しかも孤独で、みじめなものだった。もう少し裕福な、複数の使用人を雇える家でも、まず女性の使用人を雇い、力仕事や庭仕事をやる雑用係の男性をひとり雇うくらいである。

また、上流階級のお屋敷づとめと違って、ミドル・クラス、特に労働者階級に近いロウワー・ミドル・クラスの家では、使用人と主人の階級がそう違うわけではない。戦前のイギリスの大衆小説では、ミドル・クラスの家における「使用人問題」が扱われているものが多い。使用人が主人に十分な敬意を示さず、態度が悪いが、代わりの使用人が雇えないので解雇できないという、ミドル・クラスの主人のジレンマが描かれる。あの有名な乳母メアリー・ポピンズが勤めるミドル・クラスのバンクス家でも、バンクス夫人は使用人の管理がきちんとできないし、メアリー・ポピンズをありがたがりながらも、恐れている。

一方で、上流階級の家の使用人は、主人を尊敬することができる。本書でも、使用人が分をわきまえるのと同様に、主人も分をわきまえているといった記述が何度か出てくる。朝は使用人が運んでくる紅茶をベッドの中で飲み、着替えや髭剃りにさえも使用人の助けを借りる、贅沢な暮らしをしている主人たちだが、彼らにも義務や仕事があり、それが決して楽なことばかりでないことを目の当たりにしているのである。たとえば華やかなディナー・パーティではすべての参加者は会話を絶やしてはいけない。右側に座っている人とひととおり会話をしたら、頃合いを見はからって左の人と会話をしなければならないのだが、このタイミングがなかなか難しい。食事が終わると、女主人は食卓を囲んでいる女性たちに視線を送り、女性は全員すっと立って食堂から応接間に移る。言葉を使わず、目線だけで退場のメッセージを送り、女性の客も「そろそろだな」と思うと、女主人を注目しなければいけない。残った男性たちはポートの瓶を回し、政治や、「淑女には聞かせられない」話をひとしきりしてから、応接間に向かう。こうしたしきたりを知らない客は恥をかくことになる。

このような面倒な社交だけでなく、本書にも書かれている狐狩りのような娯楽も、落馬して怪我したり、泥だらけになったり雨でずぶ濡れになったりする主人たちを見る使用人にとっては羨むようなものではないだろう。男爵の娘で、人気小説家でもあったナンシー・ミットフォード（一九〇四～七三）はその小説『愛の追求』（一九四五年）で、上流階級のラドレットの子供たちが動物をこよなく愛しながらも、狐狩りもこよなく愛するさまを書いている。「狐狩りへの愛は彼らの血と骨の中にあり、私の血と骨の中にもあり、それは決して消されることのないものだった。一種の原罪だと私達は思っていた」という語り手の言葉を読むと、違法になった後も、イギリスの上流階級が狐狩りをやめない理由がわかるような気がする。狐狩りをするのは上流階級だけではないが、狩りで泥だらけになった彼らの服を必死で綺麗にする使用人たちには、自分が狩りをする側になりたいとは思わないだろう。隣り合わせの階級が最も仲が悪いとよく言われるが、上流階級と労働者階級との間の距離が、かえって彼らの関係を良いものにしているのである。

ハリソンが描く「紳士づきの紳士」たちは、上流階級の家の使用人であり、この世界のスターであり、特別な存在なのである。そして彼らが揃って、古い階級社会を讃え、過ぎ去りつつある時代を憂うのもこのためだろう。クリヴデンは今ではナショナル・トラストが所有し、ホテルになっている。ゴードン・グリメットの勤めたロングリートは今でもバース侯爵の居住地だが、戦後に館の一部を観光客に公開し、さらに一九六六年には敷地内にサファリ・パークをオープンしている。二十世紀に入ってから、イギリスの大きな屋敷に課せられる税金が大幅に引き上げられ、屋敷の運営が困難になって、所有者は代々続いた家をホテルや学校、あるいは金持ちのアメリカ人などに売らざるを得なくなった。屋敷を手放すことは免れた所有者も、バース侯爵のように、屋敷の一部を公開し、敷地内にレストランやみやげもの屋を開いて観光客を呼び寄せる。時々観光客の前に姿を現したり、さりげなく、みやげもの屋のレジに立ったりすることもある。また、映画やドラマのロケや、最近では結婚式のレセプションの会場や企業の研修所として提供したりと、さまざまな手段で屋敷を残そうとしている。この本が出版された一九七六年にはすでに、ハリソンたちが懐かしむ時代は明らかに終わってしまっていた。本書でも後の章にいくにつれ、時代の移り変わりが感じられる。

二十世紀の終わり頃からイギリスは急速に変わっていった。言葉づかいや習慣にアメリカの影響が強く見られるようになり（アクセントは変わらないが）、イギリスの古くからの伝統を知らないイギリス人が増えてきた。そんななか、過去の使用人文化が、自らの体験を通して語られる本書は読み物として楽しいだけでなく、資料としても貴重なものである。小説や演劇で見る使用人の仕事や生活が、本当にあったんだなと改めて感心させられることもしばしばだった。そしてその資料がこのように正確で読みやすい翻訳で出版されたことは、イギリス文化愛好者にはきわめて喜ばしいことだろう。

（上智大学文学部教授）

訳者あとがき

三十五年にわたって生活をともにした型破りなメイドと型破りな貴婦人の、刺激に満ちた日々と、身分や立場の違いを超えた絆を描いた四十年ほど前のベストセラー、『おだまり、ローズ――子爵夫人付きメイドの回想』をご紹介してから二年あまり。今回お届けする『わたしはこうして執事になった』は、著者ロジーナ（ローズ）・ハリソンが聞き書きの形でまとめ、処女作出版の翌年に世に出した、男性使用人五人の回想録です。語り手は登場順にゴードン・グリメット（正確には彼は執事にならず、他の業界に移っています）、エドウィン・リー、チャールズ・ディーン、ジョージ・ワシントン、ピーター・ホワイトリー。最初の三人は前作『おだまり、ローズ』でもおなじみの面々です。

ともにパワフルで毒舌家の奥様とメイドが丁々発止のバトルを繰り広げつつ、いつしかお互いにとってなくてはならない存在になっていく過程を描いて、映画のようにドラマチックだった前作と比べると、もしかしたらこちらはインパクトが弱いのではないか。翻訳のお話をいただいたときは、正直ちょっと心配でした。同じ業界の人間、しかも男性ばかりが五人も次々に思い出話をするのでは、途中で〝おなかいっぱい〟になってしまうのではないか、と。

ところが読みこんでみれば、これが生の声の持つ力というものでしょうか、五人それぞれが十分に肉声を響かせ、同工異曲とはほど遠く、個性豊かにそれぞれ異なった人生と経験を語っているではありません か。各章に添えられた著者による紹介文と感想文も、あたかも額縁のように五つの文章による自画像の魅力を高めてくれています。ローズやレディ・アスターをはじめ前作でおなじみの人々があちこちに顔を出しているのも楽しく、アスター卿の従僕だったアーサー・ブッシェルが、こちらでもあれこれとふざけたまねをしているかと思えば、前作でスウェーデンの王宮に滞在中、真夜中に寝室を水浸しにし、駆けつけてきた王様といっしょに床に四つん這いになって水を拭きとるはめになった奥方は、なんと、ある語り手のマドンナとして登場していたり。ちなみに訳者にとっては、てっきり○○だとばかり思っていたリー氏が回想の最後の最後で、実は×××だと告白していたのが最大の驚きでした。それから、この作品を読んで気づいたのが、そういえば前作には古いお屋敷に付き物の幽霊話がひとつも出てこなかったな、ということ。著者の超現実的な性格のせいでしょうか。こちらには幽霊話のほか、多感な若者たちの恋物語もいくつか登場し、これまた前作ではお目にかかった記憶のない、ちょっぴり下がかったエピソードもちらほら。

というわけで、とても盛りだくさんで愉快な作品なのですが、それだけにちょっと気になるのが冒頭のプロローグ。著者自身の言葉を借りれば「この本の真面目な面を強調しすぎて」いるのです。一読の価値はある文章ですし、著者が自負しているとおり、この作品がイギリス社会の変遷を語る貴重な資料であることは事実にしても、こちらとしてはむしろ一般の方々に、純粋な娯楽としてこの本を読んでいただきたい。それにこういうものは、むしろ本文を読んだあとのほうがすんなりと胸に落ちるのではないか。というわけで、あんまり堅いものはちょっと、という方は、プロローグはいったん飛ばしてまずは本文から読んでしまうのも手かもしれません。

やんちゃでサービス精神豊かなゴードン・グリメット。威厳たっぷりで、そのくせシャイな業界のレジェンド、エドウィン・リー。謙虚でお人よしな鷲異の靴墨男（どういう意味かは本文でご確認ください）、チャールズ・ディーン。生まれつき足が不自由というハンデを人一倍の努力で克復した繊細な食欲魔神ジョージ・ワシントン。熱狂的な王室ファンでお調子者のピーター・ホワイトリー。愛すべき彼らの五者五様のお屋敷人生をじっくり味わっていただければ幸いです。

翻訳に当たっては、『おだまり、ローズ』でもチームを組んだ監修者の新井潤美先生と白水社の糟谷泰子さんにお世話になりました。ご多忙ななか、前回と同じく鋭い太刀さばきで疑問点の数々を解決し、さらには訳者が見落としていた不備もどっさり見つけてくださった新井先生、これまた前回同様、調べ物の段階から訳者をサポートし、校正作業に当たっても終始、的確なご指摘・ご提案をくださった糟谷さん。ローズのまえがき風に言えば、お二人のご助力がなければここまで漕ぎつけられませんでした。心からの感謝を捧げます。

新井雅代

二〇一六年十月

監修者略歴

東京大学大学院博士課程満期退学（比較文学比較文化専攻）
上智大学文学部教授　学術博士

主要著訳書

『執事とメイドの裏表――イギリス文化における使用人のイメージ』（白水社）、『階級にとりつかれた人びと　英国ミドルクラスの生活と意見』（中公新書）、『不機嫌なメアリー・ポピンズ　イギリス小説と映画から読む「階級」』（平凡社新書）、『パブリック・スクール――イギリス的紳士・淑女のつくられかた』（岩波新書）、ジェイン・オースティン『ジェイン・オースティンの手紙』（編訳・岩波文庫）

訳者略歴

津田塾大学学芸学部国際関係学科卒

主要訳書

リン・ピクネット他『トリノ聖骸布の謎』
ロバート・ウーリー『オークションこそわが人生』
ポール・カートリッジ『古代ギリシア　11の都市が語る歴史』
ロジーナ・ハリソン『おだまり、ローズ――子爵夫人付きメイドの回想』（以上、白水社）

わたしはこうして執事になった

二〇一六年一一月一五日　印刷
二〇一六年一二月　五日　発行

著　者　ロジーナ・ハリソン
監修者 © 新《あら》井《い》潤《めぐ》美《み》
訳　者 © 新《あら》井《い》雅《まさ》代《よ》
発行者　及川直志
印刷所　株式会社理想社
発行所　株式会社白水社

東京都千代田区神田小川町三の二四
電話　営業部〇三（三二九一）七八一一
　　　編集部〇三（三二九一）七八二一
振替　〇〇一九〇-五-三三二二八
郵便番号　一〇一-〇〇五二
http://www.hakusuisha.co.jp
乱丁・落丁本は、送料小社負担にてお取り替えいたします。

株式会社 松岳社

ISBN978-4-560-09527-0
Printed in Japan

おだまり、ローズ

子爵夫人付きメイドの回想

ロジーナ・ハリソン 著／新井潤美 監修／新井雅代 訳

大富豪のアスター子爵夫人は才色兼備な社交界の花形で英国初の女性下院議員、おまけにとってもエキセントリック！　型破りな貴婦人に仕えた型破りなメイドの、笑いと涙の三十五年間。